新编21世纪高等职业教育精品教材
通识课系列

"十四五"职业教育国家规划教材

"十三五"职业教育国家规划教材

沟通技巧

（第五版）

谢红霞 编 著

中国人民大学出版社
·北京·

第五版前言

2021 年 9 月 26 日，国家主席习近平向 2021 年世界互联网大会乌镇峰会致贺信，指出：数字技术正以新理念、新业态、新模式全面融入人类经济、政治、文化、社会、生态文明建设各领域和全过程，给人类生产生活带来广泛而深刻的影响。

数字时代的到来，为人们的沟通交流提供了前所未有的便利，它不仅改变了我们获取信息的方式，也重塑了人与人之间的沟通方式。无论是社交媒体还是在线教育平台，人们可以即时发送消息、评论或反馈。这种即时性打破了时间和空间的限制，使沟通变得更加高效。随着科技的飞速发展，一方面，沟通的理论与方式需要与时俱进；另一方面，教育数字化也需要丰富和完善教学内容与教学资源。基于此，我们对本教材内容进行了修订。

一是坚持立德树人。在教材中，通过素养目标，确定课程铸魂育人目标。通过“沟通素养”专栏，挖掘课程思政元素，结合沟通知识与技能的学习，实施育人教育。结合党的二十大精神，在“课堂互动”“拓展阅读”等栏目的学习中，用习近平新时代中国特色社会主义思想铸魂育人，实施新时代立德树人工程。

二是更新教学内容。在本次修订中，替换和更新了过时的内容和案例，并结合数字化对沟通理论和方式的影响，完善了网络沟通方式的相关内容，增加了数字化时代的语言沟通方式、数字沟通能力的提升、AI 提问技巧、线上会议沟通技巧、直播沟通技巧等内容，确保了教学内容的前瞻性。

三是优化教学资源。本次修订补充了 20 个微课资源，以二维码的形式放在对应的教学内容中。同时，“沟通技巧”课程作为省级线上金课，在智慧职教平台上有丰富的在线课程资源，教师可以根据课程教学目标实施教学改革，提升教学效果。

四是强化实践技能。沟通能力的提升需要在实践中进行。本次修订，在原有“沟通游戏”和“课堂互动”栏目的基础上，对课后的技能训练进行了更新。同时，补充了与数字化沟通方式相关的技能训练题，以提高学生的数字沟通能力。

基础篇和技能篇的修订由谢红霞教授完成，应用篇情境一、二、三、四由贺静副教授完成，情境五、六、七、八由李武玲副教授完成。

由于编者水平有限，书中难免有错误与疏漏，敬请广大读者和同行批评指正。

编著者

第一版前言

沟通在我们生活当中无处不在。从某种意义上说，沟通已经不再是一种职业技能，而是一种生存的方式。现代科技的发展拉近了我们的距离，让我们的沟通更便利，但却无法减少沟通中的误解，因为我们常常戴着有色眼镜与人交往。我们的文化背景、成长阅历、教育背景和家庭环境等，形成了独特的过滤器。这个过滤器决定了我们如何表达、倾听，如何诠释和评价语言信息与非语言信息。正是这些，让人与人之间的沟通变得复杂而充满挑战。

对于大学生而言，随着大学生就业的市场化，大学生的沟通能力越来越重要，学校对大学生沟通能力培养教育的要求也越来越高。大学生如何在市场法则面前将自己最优秀的品质、最突出的才能表现出来，除了应具备过硬的专业知识外，更重要的是要有较强的沟通能力。事实证明，良好的沟通能力是大学生走向成功的通行证。沟通能力强的大学生，在学校学习期间很容易成为学生干部和各项活动的积极分子，并能获得多项兼职。参加工作以后，他们能很快地融入一定的生活圈和交际圈，将自己所学的知识应用到工作中，迅速适应工作环境，在工作中他们还能够获得他人的帮助，与其愉快合作，在事业上取得成就。

作为旨在提高沟通能力的教材，本书有以下几个特点：

（1）理念新。根据职业教育的目标，本教材把培养学生的综合职业能力作为人才培养的重点，而沟通能力既是一种最基本的生存能力，又是一种可持续发展的能力，是职业能力中的关键能力。对最关键的能力进行强化训练，不仅有助于学生沟通能力的提高，而且有助于学生综合职业能力的提高。

（2）内容新。知识是基础，能力是核心，素质是关键。本教材按照知识、能力、素质三个层次来安排全书的结构，共分为三篇：基础篇、技能篇和应用篇。在基础篇中通过四个活动使学生掌握沟通的基本知识；在技能篇中通过七个技能使学生掌握单项沟通技巧；在应用篇中通过八个情境使学生学会综合运用沟通知识和技能来提高在不同情境下的沟通技巧，培养综合素质。

（3）体例新。本教材每部分内容都按照能力测试、情景导入、教学内容、技能训练来安排，教学内容中穿插安排一些沟通故事、小资料、沟通游戏等，使教材体例活泼新颖，趣味性强。这种安排既遵循教学原则，符合认知规律，又突出情景训练和能力培养。

本教材的基础篇、技能篇以及应用篇中的情境一、五、六、七、八由谢红霞编写，应用篇中的情境二、三、四由贺静编写。全书由谢红霞进行整体框架设计并统稿。

本教材适合高职高专各专业学生使用，也可以作为企业各类管理人员培训和自学参考的读物。本教材是编著者在总结多年教学经验的基础上，参考了大量有关文献及网络资源完成的。由于编写时间紧迫，加上水平有限，书中难免有不足乃至错误之处，真诚地希望广大读者提出宝贵意见与建议。

编著者

2011 年 4 月

目　录

上篇　基础篇

活动一　**沟通认知** …… 003

学习单元一　认识沟通 …… 005
学习单元二　沟通的类型与原则 …… 009
学习单元三　了解沟通的重要性 …… 013

活动二　**沟通障碍表现及消除方法** …… 020

学习单元一　沟通的模式 …… 021
学习单元二　沟通的障碍及消除 …… 026
学习单元三　沟通的三个环节 …… 033

活动三　**沟通方式的选择与应用** …… 042

学习单元一　沟通方式的类型 …… 044
学习单元二　沟通方式的选择 …… 050
学习单元三　网络沟通方式 …… 056

活动四　**沟通心态及沟通能力培养** …… 062

学习单元一　沟通心态的养成 …… 063
学习单元二　沟通能力的培养 …… 073

中篇　技能篇

技能一　说的技巧 …… 083
技巧一　根据沟通对象决定说什么 …… 084
技巧二　选择恰当的话题 …… 088
技巧三　恰当地表达 …… 090
技巧四　把难听的话说得好听 …… 094
技巧五　掌握好说话的分寸 …… 095
技巧六　诙谐幽默 …… 099
技能二　听的技巧 …… 102
技巧一　积极聆听 …… 104
技巧二　排除倾听障碍 …… 107
技巧三　掌握倾听的方法 …… 110
技能三　问的技巧 …… 116
技巧一　提问的目的要明确 …… 117
技巧二　掌握好提问的方式 …… 120
技巧三　提问要讲究艺术性 …… 123
技能四　答的技巧 …… 127
技巧一　慎重回答 …… 128
技巧二　恰当表达 …… 130
技巧三　巧妙应对 …… 133
技能五　写的技巧 …… 136
技巧一　确定恰当的写作文体 …… 137
技巧二　掌握写作的流程 …… 140
技巧三　了解不同文体的写作要求 …… 142
技能六　看的技巧 …… 147
技巧一　从穿着打扮看人 …… 149
技巧二　肢体语言暴露内心世界 …… 150
技巧三　看人说话 …… 152
技能七　笑的技巧 …… 156
技巧一　自信的微笑 …… 157

技巧二　用微笑传递自己良好的情绪 …… 160
技巧三　学会正确微笑 …… 163

下篇　应用篇

情境一　演讲沟通技巧 …… 169
子情境一　命题演讲的技巧 …… 171
子情境二　即兴演讲的技巧 …… 176
子情境三　论辩演讲的技巧 …… 180
情境二　谈判沟通技巧 …… 185
子情境一　谈判中的语言沟通技巧 …… 188
子情境二　谈判中的非语言沟通技巧 …… 192
情境三　电话沟通技巧 …… 197
子情境一　打电话的技巧 …… 198
子情境二　接电话的技巧 …… 201
子情境三　转接电话的技巧 …… 204
子情境四　特殊电话的处理技巧 …… 206
情境四　会议沟通技巧 …… 210
子情境一　组织会议的技巧 …… 211
子情境二　主持会议的技巧 …… 214
子情境三　线上会议沟通技巧 …… 219
情境五　与同事沟通技巧 …… 224
子情境一　受同事欢迎的技巧 …… 225
子情境二　与同事融洽相处的技巧 …… 230
子情境三　与同事沟通的技巧 …… 234
情境六　与上级沟通技巧 …… 237
子情境一　向上级请示汇报的技巧 …… 238
子情境二　说服上级的技巧 …… 242
子情境三　与上级沟通的艺术 …… 245
子情境四　应对棘手问题的技巧 …… 248
情境七　与下级沟通技巧 …… 253
子情境一　下达命令的技巧 …… 254

子情境二　赞扬下级的技巧 ………………………………………… 257
子情境三　批评下级的技巧 ………………………………………… 258
子情境四　拒绝下级的技巧 ………………………………………… 262
子情境五　有效说服下级的技巧 …………………………………… 263

情境八　与客户沟通技巧 ……………………………………… 267

子情境一　接近客户的技巧 ………………………………………… 268
子情境二　与客户洽谈的技巧 ……………………………………… 272
子情境三　处理异议的技巧 ………………………………………… 274
子情境四　说服成交的技巧 ………………………………………… 278
子情境五　直播沟通技巧 …………………………………………… 280

主要参考文献 ………………………………………………………… 284

上篇　基础篇

沟通是为了更好地相处与交流！

世界上的人形形色色，没有哪一个是专门为你准备的。一个了解你的思想、懂得你的想法、不会误会你的人就在你身边的概率不高，要不然也不会有人感叹“知音难觅”了。

沟通会让人了解你、懂你，从而减少生活中无谓的苦恼，使你生活得更快乐。

活动一 沟通认知

知识目标

1. 正确理解沟通的内涵，了解沟通的要素与层次；
2. 掌握沟通的类型与原则，了解沟通的重要性。

能力目标

1. 具备良好的沟通能力；
2. 具备灵活应变能力。

素养目标

1. 在沟通中树立正确的价值观，培养合作共赢的理念；
2. 通过沟通意识的培养，共建良好的社会风尚。

能力测试

沟通能力测试

具有良好的沟通能力可以使你很好地表达自己的思想和情感，获得别人的理解和支持，保持良好的人际关系。沟通能力较差的人常常会被别人误解，给别人留下不好的印象，甚至无意中对别人造成伤害。想测一下你的沟通能力吗？那就开始吧！

1. 你跟新同学打成一片一般需要多少天？

A. 一天　　B. 一个星期　　C. 十天甚至更久

2. 当你发言时有些人起哄或者干扰，你会：

A. 礼貌地要求他们不要这样做　　B. 置之不理　　C. 气愤地走下台

3. 上课时家里有人来找你，恰好你坐后排，你会：

A. 悄悄地暗示老师，得到允许后从后门出去

B. 假装不知道，但心里很焦急，老走神

C. 偷偷从后门溜出去

4. 放学了，你有急事要快点走，而值日的同学想让你帮忙打扫教室，你会：

A. 很抱歉地说："对不起，我有急事，下次一定帮你。"

B. 看也不看地说："不行，我有急事呢。"

C. 故意装作听不见，跑出教室

5. 开学不久你就被同学选为班长，你会：

A. 感谢同学们的信任和支持，并表示一定把工作做好

B. 觉得没什么大不了的，默默地要求自己把工作做好

C. 觉得别人选自己是别有用心，一个劲儿地推托

6. 有同学跟你说："我告诉你一件事儿，你可不要跟别人说哦……"这时你会说：

A. "哦！谢谢你对我的信任。我不是知道这件事的第二个人吧？"

B. "你都能告诉我了，我怎么不能告诉别人呢？"

C. "那你就别说好了。"

7. 老师布置你和另一位同学一起完成一项任务，而这位同学恰恰对你不怎么友好，你会：

A. 大方地跟他（她）握手："今后我们可是同一条船上的人哦。"

B. 勉强接受，但工作中决不配合

C. 坚决向老师抗议，宁可不做

8. 你和别人为一个问题争论，眼看就要闹僵了，这时你会：

A. 立即说："好了好了，我们大家都静一静，也许是你错了，当然，也有可能是我错了。"

B. 坚持下去，不赢不休

C. 愤然退场，不欢而散

计分方法：选 A 计 3 分，选 B 计 2 分，选 C 计 1 分。

解析：

1. 总分为 8～12 分：你的沟通能力较弱。由于你对沟通能力的重视不够，而且也没有足够的自信心，导致在成长的道路上，一些机遇常常与你擦肩而过。你应该以轻松、热情的面貌与同学进行交流，把自己看作集体中的一员。同时，对别的同学也不可存在任何偏见。经常与人交流，取长补短，改变自己拘谨封闭的状态。记住：沟通能力是成功的保证和进步的阶梯。

2. 总分为 13～19 分：你的沟通能力较强，在大多数集体活动中表现出色，但有时缺乏自信心，还需加强学习与锻炼。

3. 总分为 20～24 分：你的沟通能力很强。无论你是学生干部还是普通学生，你都表现得非常好，在各种社交场合大方得体。你待人真诚友善，不狂妄虚伪。在原则问题上，你既能善于坚持并推销自己的主张，又能争取和团结各种力量。你自信心强，同学们都信任你，你可以使你的班级充满团结和谐的气氛。

你的沟通能力如何？你想成为一个沟通高手吗？你对沟通了解多少？什么是沟通？在什么情况下需要沟通？沟通为什么如此重要？如何与人进行沟通？通过本次活动，我们帮你解决这些问题。

学习单元一　认识沟通

情景导入

何谓“沟通”?

张三问李四：“请问你今年贵庚?”

李四：“我不耕田，我是养鸭子的。”

张三：“我不是问你这个，我是问你今年多大?”

李四：“二斤重、二斤重。”

张三：“我也不是问你这个，我是问你今年几岁?”

李四：“哦！养鸭也要缴税。”

问题与思考：

1. 张三与李四之间沟通的问题出在哪里?
2. 什么是沟通?
3. 沟通涉及哪些要素?
4. 应该如何沟通?

一、什么是沟通

课堂互动

请在白纸上用一句话描述你对沟通的理解与定义。

对于沟通的含义，可以说是众说纷纭，莫衷一是。据统计，关于沟通的定义已达150种左右，具体可以概括为以下几种类型：

（1）共享说：强调传者与受者对信息的分享。

（2）交流说：强调沟通是有来有往的双向活动。

（3）影响（说服）说：强调传者对受者施加影响的行为。

（4）符号（信息）说：强调沟通是符号或信息的流动。

总之，沟通的内涵是信息的传递、被理解与准确理解、互动反馈，目的是希望达成一致。因此，我们将沟通定义为：沟通是两个或两个以上的个体或群体之间通过语言或非语言的形式，传递信息、交流信息、加强理解的过程。

什么是沟通

根据沟通的定义，沟通的具体内涵可概括为以下几个方面。

（一）沟通不是只说给别人听

有人认为，沟通是“我说给你听”。我是说话者，你是听话者，我发出一项信息，并传递给你，你收到信息后，把它“译解”，然后采取令我满意的行动。但是我说给你听，你未必都愿意听；就算听了，也不见得真正听懂了我的意思；即使听懂了我的意思，你也不一定就会按我的意图去行动。所以，沟通并不是片面的“我说给你听”。

（二）沟通不是只听别人说

“世事洞明皆学问”，多听别人的话，可以学到许多书本上没有的东西，对自己有很大的益处。然而仅仅你说我听，也不算是有效的沟通。因为仅仅你说我听，我以为听懂了，其实没听懂，就照着去做，结果却证明“原来我听错了”，等于没有沟通，甚至带来了危害。

（三）沟通是“通”彼此之“理”

沟通是人与人之间传达思想、观念或交换情报、信息的过程，等于“你说给我听”加上“我说给你听”，以求得相互了解，并彼此达到某种程度的理解。

与他人沟通，“理”是基础，但“通理”首先要寻求共鸣。常言说：“酒逢知己千杯少，话不投机半句多。”寻求共鸣便可使你成为对方的知己，避免话不投机。所谓“共鸣”，是沟通双方思想感情上达到一致的体验，产生共鸣意味着沟通双方的情绪已经融洽，从而为“通理”铺平了道路，使对方从心理上愿意接受你的观点和主张。

拓展阅读

如何讲好中国故事

二、沟通的要素

沟通游戏

搭纸牌

游戏目标： 让学生领会到协调、合作、交流的重要性。

参加人数： 每组 5～6 人，可有 3～4 组。

游戏时间： 15 分钟。

游戏工具： 新纸牌 4～5 副。

要求：

1. 各小组有 15 分钟的时间进行准备；
2. 小组成员将纸牌搭高；
3. 纸牌搭得最高的小组胜出。

讨论：

1. 在完成该游戏的过程中需要沟通吗？
2. 沟通中有哪些要素？

沟通过程必须具备以下三个要素。

（一）一个明确的目标

沟通要有一个明确的目标，这是沟通最重要的前提。所以，我们在和别人沟通的时候，见面的第一句话应该说：“这次我找你的目的是……”这是非常重要的，也是你的沟通技巧在行为上的一个表现。

沟通的目标有三个：第一是要求别人理解我们的意图。因为不管什么时候，沟通都会有理解或不理解的问题，但是人们希望对方能理解他们所说或所做的。因此第一个目标是非常重要的，沟通要以理解为前提。第二是清楚彼此的观点是否一致。在沟通中，无论对方的回答是肯定或是否定，都会告诉我们一些信息，这些信息会让我们知道彼此的观点是否一致或分歧在哪里。第三是与对方保持一定的友好关系。现代工作或生活中越来越强调合作精神，与人保持良好的关系也是沟通中的一个重要目标。

（二）达成共同的协议

沟通是否结束的标志就是是否达成了一个协议。沟通结束以后一定要形成一个双方或者多方都共同承认的协议，只有形成了这个协议，沟通才算完成。在实际的工作过程中，常见的情形是大家一起沟通过了，但由于对沟通的内容理解不同，又没有达成协议，最终造成工作效率低下，增添了很多矛盾。

（三）沟通信息、思想和情感

沟通的内容不仅仅包括信息，还包括更加重要的思想和情感，相比较而言，信息更容易沟通。例如：今天几点钟起床？现在几点了？几点钟开会？往前走多少米？而思想和情感是不太容易沟通的。在我们工作的过程中，很多障碍使思想和情感无法得到很好的沟通。事实上，我们在沟通过程中传递更多的是彼此之间的思想和情感，而信息的内容并不是主要的内容。

课堂互动

请思考并回答以下问题：

1. 你在日常沟通中如何明确沟通目标？
2. 沟通结束时是否需要达成一定的协议？
3. 在沟通过程中，信息、思想和情感哪一个更容易沟通？
4. 你的每一次沟通是否三要素全部具备？
5. 你通常如何利用沟通三要素达到有效沟通？

三、沟通的层次

沟通一般可以划分为四个层次：第一是不沟不通；第二是沟而不通；第三是沟而能通，比较顺利；第四是不沟而通，这是比较高的层次。

（一）不沟不通

从本质上讲，不沟不通算不上沟通，甚至可以说是沟通的反面。不沟不通，是指人们没有沟通的欲望或沟通的必要，处于不相往来的状态。比如，两个人虽然彼此认识，但是工作、生活基本没有交集，不需要“通”，所以也没有“沟”的必要。

（二）沟而不通

有时候，人们虽然在滔滔不绝地说话，但是一方说的话，另一方根本没听进去；

甚至听的人很生气，当面加以指责，使说的人下不了台，或者听的人表面上装作无所谓，内心却很愤怒。这就是沟而不通的现象。其实，在现实生活中，很多沟通都停留在沟而不通的层次上，无法达成预期的沟通目标。

古人常说："武死战，文死谏。""文死谏"无非是沟而不通导致的悲惨结局。中国历朝都有专门的官员负责向皇帝进谏，但常常因沟而不通触怒皇帝，最后丢了性命。在现代社会中，沟而不通虽然不至于让我们没了性命，但会产生巨大的障碍，使我们寸步难行。

沟通游戏

秀才买柴

有一个秀才去买柴，他对卖柴的人说："荷薪者过来！"

卖柴的人听不懂"荷薪者"（担柴的人）三个字，但是听得懂"过来"两个字，于是把柴担到秀才面前。

秀才问他："其价如何？"

卖柴的人听不太懂这句话，但是听得懂"价"这个字，于是就告诉秀才价钱是多少。

秀才接着说："外实而内虚，烟多而焰少，请损之。"（你的木材外表是干的，里头却是湿的，燃烧起来会浓烟多而火焰小，请便宜些吧。）

卖柴的人因为听不懂秀才的话，于是担着柴就走了，这个买卖就黄了。

故事启发：

沟通中最好用简单的语言、易懂的言辞来传达信息，而且对于说话的对象、时机要有所掌握，过分的修饰反而达不到目的。在平时人与人之间的沟通中，发出信息的一方首先要考虑接收信息一方的身份、背景、地位、知识结构等，如果有必要，还要考虑沟通的时间、地点、环境等。

（三）沟而能通

沟而能通当然是人们喜闻乐见的情况。误会也好，分歧也罢，只要沟而能通，都不是问题。

沟通故事

父亲与女儿

一个女儿向父亲抱怨她的生活，抱怨事事都那么艰难。

她的父亲是位厨师，他把她带进厨房。他先往三个锅里倒入一些水，然后把它们放在旺火上烧。不久锅里的水烧开了。他往第一个锅里放些胡萝卜，第二个锅里放个鸡蛋，最后一个锅里放入碾成粉末状的咖啡豆。

女儿纳闷父亲在做什么。大约20分钟后，他把火关了，把胡萝卜捞出来放入一个碗内，把鸡蛋捞出来放入另一个碗内，然后又把咖啡倒进一个杯子里。做完这些后，他才转过身问女儿："亲爱的，你看见什么了?""胡萝卜、鸡蛋、咖啡。"她回答。

他让她靠近些，并让她用手摸摸胡萝卜。她摸了摸，注意到它们变软了。父亲又让女儿拿起那只鸡蛋并打破它，把壳剥掉后，她看到的是一个煮熟的鸡蛋。最后，他让她喝了咖啡。品尝着香浓的咖啡，女儿问道："父亲，这意味着什么?"

父亲说："这三样东西面临同样的逆境——煮沸的开水，但其反应各不相同。胡萝卜入锅之前是硬实的，但进入开水之后，它变软了；鸡蛋原来是易碎的，它薄薄的外壳保护着蛋液，但是经开水一煮，变硬了；而粉末状咖啡豆则很独特，进入沸水之后，反倒改变了水。""哪个是你呢?"他问女儿，"当逆境找上门来时，你该如何反应? 你是胡萝卜，是鸡蛋，还是咖啡豆?"

故事启发：

这位父亲运用高超的沟通技巧，把想要告诉女儿的人生哲理通过具体的事例传达出来，充分实现了沟而能通的效果。

（四）不沟而通

不沟而通是一种高度的艺术。中国人十分讲究人与人之间的默契，高度的默契便是不沟而通，是一种难得的沟通境界。有时候人们不需要说话，光靠眼神、动作就能传达意思。

不沟而通的关键在于双方的默契，而要建立默契，就要关注对方，随时随地注意对方的举动，不依赖对方的言语表达，却主动地捕捉对方的肢体语言。毫不关心对方，不注意观察对方的举动，当然无法不沟而通。将心比心，通过心与心的感应，使对方的心意能够畅通地传递，心意相通，自然不沟而通。

学习单元二　沟通的类型与原则

情景导入

不会沟通致使同事变冤家

小贾是公司销售部一名员工，为人比较随和，不喜争执，和同事的关系都比较好。但是，前一段时间，不知道为什么，同一部门的小李老处处和他过不去，有时候还故意在别人面前指桑骂槐，遇到跟他合作的工作任务也都有意让小贾多做，甚至还抢了小贾的好几个老客户。起初，小贾觉得都是同事，没什么大不了的，忍一忍就算了。但是，看到小李如此嚣张，小贾一赌气，告到了经理那儿。经理把小李批评了一通，从此，小贾和小李成了冤家。

问题与思考：

1. 小贾、小李和经理之间在沟通上的问题出在哪里？
2. 本“情景导入”中有哪些沟通类型？
3. 在沟通中应该坚持什么原则？

一、沟通的类型

（一）按沟通的方向分为下行沟通、上行沟通和平行沟通

上行沟通是指居下者向居上者陈述实情、表达意见，即我们通常所说的下情上达，如臣对君、子对父、下属对上司的沟通等。下行沟通与上行沟通正好相反，是居上者向居下者传达意见、发号施令等，即我们通常所说的上情下达。平行沟通是指同级人员的横向联系，如公司内部同级部门之间都需要平行沟通，以促进彼此的了解、加强合作。平行沟通的目的是交换意见，以求心意相通。

这三种方向的沟通，对任何人而言，都是常用的，而且流动的方向不是一成不变的，随着具体情况的不同而随时改变。

沟通故事

小孩子的“磨功”

有个小孩要出去玩，妈妈正在厨房忙，没好气地说：“不准出去！”

“为什么？”小孩问。

“不为什么！不准就是不准！”妈妈说。

“为什么？”小孩又问。

“不为什么！就是不准！”

“为什么？”小孩又问。

“不为什么！”

“为什么？”小孩又问了好几遍。

妈妈实在受不了了：“好啦、好啦，你出去玩吧！”

故事启发：

小孩与父母的沟通属于上行沟通，他在沟通中采用了要赖的方法和“磨”的功夫，最终达到了自己的沟通目的。可见，不同的沟通形式需要采用不同的沟通方法。

（二）按沟通的组织结构特征分为正式沟通和非正式沟通

正式沟通是指按照组织明文规定的渠道进行信息的传递和交流。例如，组织内部的文件传达，上下级之间例行的汇报、总结，工作任务分配以及组织之间的信函往来等都属于正式沟通。正式沟通具有严肃性、程序性、稳定性、可靠性及信息不易失真

的特点，它是组织内沟通的主要方式。

非正式沟通是指正式沟通渠道以外自由进行的信息传递和交流，它是正式沟通的补充。例如，员工之间私下交换意见、交流思想感情或传播小道消息等。其特点是自发性、灵活性、不可靠性。非正式沟通作为正式沟通的补充有其积极的作用，通过它可以掌握群体成员的心理状况，并在一定程度上为组织决策提供依据。但由于在非正式沟通中信息失真比较大，所以管理人员既不能完全依赖它获得必要的信息，又不能完全忽视它。

（三）按信息发送者与接收者的位置是否变换分为单向沟通和双向沟通

单向沟通是指信息的发送者与接收者之间相对位置不发生变化的沟通，即信息的交流是单向的流动。例如，演讲、做报告、广播消息等都属于单向沟通。单向沟通的优点是信息传递快，其缺点是缺少信息反馈，沟通的信息准确性差，当接收者不愿接受意见或任务时，容易引起不满与抗拒。

双向沟通是指信息的发送者与接收者的位置不断变化的沟通，即信息交流是双向的活动。例如，组织间的协商、讨论或两个人之间的谈心等都属于双向沟通。双向沟通的优点是能及时获得反馈的信息；沟通的信息准确性较高，通过沟通有助于联络和巩固双方的感情。其缺点是信息完整传递速度较慢；接收者可以反对信息发送者的意见，在一定条件下可能给发送者造成心理上的压力。

（四）按信息沟通的过程是否需要第三者加入分为直接沟通和间接沟通

直接沟通是指信息发送者与接收者直接进行信息交流，无须第三者传递的沟通方式，如面对面交谈、电话交谈等。直接沟通的优点是沟通迅速，双方可以充分交换意见、交流信息，迅速了解对方。其缺点是信息的有效传递需要时间和空间的一致性，有时直接沟通存在一定困难。

间接沟通是指信息发送者必须经过第三者的中转才能把信息传递给接收者。间接沟通的优点是不受时间和空间条件的限制。其缺点是比较浪费人力和时间，且可能使信息失真。

（五）按信息沟通时所凭借的媒介分为口头沟通和书面沟通

口头沟通是指以口头语言为媒介的沟通，如演讲、口头汇报等。口头沟通是人际关系中最常用的一种形式，人们借助口头语言传递不同的信息、情感和思想。口头沟通的优点是信息的发送和反馈快捷、及时。其缺点是信息传递经过的中间环节越多，信息被曲解的可能性就越大。

书面沟通与口头沟通都属于语言沟通的过程，但书面沟通更加规范、正式和完整。书面沟通是以书面文字为媒介的沟通，如通知、文件、备忘录等。在组织和群体正式的、比较规范的沟通中通常采用书面沟通的形式。书面沟通的优点是沟通的内容具体化、直观化；沟通信息能够被永远保存，便于查询。其缺点是花费大量时间，缺乏及时的反馈，而且不能保证接收者完全正确地理解信息。

课堂互动

1. 你最常用的沟通类型是什么？生活中与工作中最常用的沟通类型有什么不同？
2. 请举出一些非正式沟通的例子。

二、有效沟通四原则

管理学家彼得·德鲁克曾指出，人无法只靠一句话沟通，总是得靠整个人来沟通。沟通需要构建通信设施（如电话、计算机、电视等），同时还要理顺组织内部的沟通渠道，但这些只是形成了沟通的客观条件，沟通的关键还是人的因素。彼得·德鲁克提出了有效沟通的四个基本原则，具体如下所述。

（一）沟通是一种感知

禅宗曾提出过一个问题："若林中树倒时无人听见，会有声响吗？"答曰："没有。"树倒了确实会产生声响，但除非有人感知到了，否则就是没有声响。沟通只在有接受者时才会发生。所以，无论使用什么样的渠道，沟通的首要问题必须是："这一信息是否在接受者的接收范围之内？他能否收到？他如何理解？"

（二）沟通是一种期望

在进行沟通之前，了解接受者的期望是什么是很重要的。只有这样，我们才可以知道是否能利用他的期望来进行沟通。人们的心智模式会使他们强烈抗拒任何不符合其"期望"的企图，出乎意料的事情通常是不会被接受的。

（三）沟通产生要求

一个人一般不会做不必要的沟通。沟通总是会产生要求，它总是要求接受者成为某人、完成某件事情、相信某种理念，它也经常诉诸激励。换言之，如果沟通能够符合接受者的期望、价值与目的，它就具有说服力。假如沟通违背了接受者的期望、价值与目的时，可能一点也不会被接受，最坏的情况是受到接受者的抗拒。

（四）信息不是沟通

沟通以信息为基础，但和信息不是一回事。例如，某公司年度财务报表中的数字是信息，但在每年一度的股东大会上董事会主席的讲话则是沟通。当然，这一沟通是建立在年度财务报表中的数字之上的。

信息不涉及诸如情感、价值、期望与认知等人的成分，而沟通是在人与人之间进行的。信息是中性的，而沟通的背后都隐藏着目的。沟通由于传递者和接受者认知与意图不同而显得多姿多彩。尽管信息对于沟通来说必不可少，但信息过多也会阻碍沟通，也会让人无所适从。

总之，彼得·德鲁克提出的有效沟通四原则可以归纳为四个"简单"问题：一个人必须知道说什么；一个人必须知道什么时候说；一个人必须知道对谁说；一个人必须知道怎么说。

课堂互动

你在沟通中是如何运用德鲁克的有效沟通四原则的？

小资料

美国公共关系专家特立普、森特在他们合著的《有效的公共关系》中提出了有效沟通的“7C原则”：

1. Credibility：可信赖性，即建立对沟通者的信赖。

2. Context：一致性（又译为情境架构），指沟通须与环境（物质的、社会的、心理的、时间的环境等）相协调。

3. Content：内容的可接受性，指沟通内容须与受众有关，必须能引起他们的兴趣，满足他们的需要。

4. Clarity：表达的明确性，指信息的组织形式应该简洁明了，易于公众接受。

5. Channels：渠道的多样性，指应该有针对性地运用传播媒介以达到向目标公众传播信息的作用。

6. Continuity and consistency：持续性与连贯性，这就是说，沟通是一个没有终点的过程，要达到渗透的目的，必须对信息进行重复，但必须在重复中不断补充新的内容，这一过程应该持续地坚持下去。

7. Capability of audience：受众能力的差异性，这是说沟通必须考虑沟通对象能力的差异（包括注意能力、理解能力、接受能力和行为能力），采取不同方法实施沟通才能使沟通易为受众理解和接受。

学习单元三　了解沟通的重要性

情景导入

张北的转变

张北极不满意自己的工作。

有一次，张北愤愤地对朋友说：“我的上司一点也不把我放在眼里，改日我要对他拍桌子，然后辞职不干。”

张北的朋友说：“你对你们公司的业务完全弄清楚了吗？对于搞国际贸易的窍门完全搞通了吗？”

张北说：“没有，我要辞职了为什么还去弄懂那些。”

张北的朋友说：“我要是你，就好好地把你们公司的一切贸易技巧、商务文书和公司组织结构完全搞通，甚至连怎样修理复印机的小故障都学会，然后再辞职不干。”

张北觉得朋友的建议有道理，把公司看作免费学习的场所，把什么东西都弄通了之后再一走了之，这样不是既出了气，又有许多收获吗？自此，张北默记偷学，甚至下班之后还留在办公室里研习写商务文书的方法。一晃一年过去了。

一天，张北和朋友又见面了。

张北的朋友问：“你现在大概把公司的一切都学会了，可以准备拍桌子不干了吧？”

张北却红着脸说：“可是我发现近半年来上司对我刮目相看了，最近更是委以重任，又升职，又加薪，我怎么能辞职不干呢？那对不起上司。”

问题与思考：

1. 该案例中，张北最终为什么没有辞职？
2. 如果你是张北的朋友，你会如何劝说他？

一、沟通无处不在

沟通的重要性

为了获得一份工作，你要在面试中与用人单位沟通，沟通技巧有助于获得满意的工作。当你工作以后，你要与领导、同事、下级沟通，还要与客户、生意伙伴沟通，沟通技巧将有助于你事业的成功。生活中沟通无时不在，无处不在。与家人沟通，能使你享受天伦之乐；与恋人沟通，能使你品尝到爱情的甘甜；在孤独时，沟通会使你得到安慰；在忧愁时，沟通会使你得到快乐。英国文学家、哲学家弗朗西斯·培根有句名言：如果把快乐告诉朋友，你将获得两份快乐；如果把忧愁向朋友倾吐，你将被分担一半忧愁。

沟通不是万能的，但没有沟通是万万不能的。

沟通故事

教授的裤子

一位教授正在精心准备一个重要会议上的演讲，会议规格之高、规模之大都是他平生第一次遇到的。全家人都为教授的这次露脸而激动。为此，妻子专门为他选购了一套西装。晚饭时，妻子问他："西装合身吗？"教授说："上身很好，裤腿长了那么两厘米，倒是能穿！"

晚上教授早早就睡了。他妈妈却睡不着了，她琢磨着儿子这么隆重的演讲，西裤长了怎么能行，就翻身下床，把西装的裤腿剪掉两厘米，缝好烫平，然后安心地入睡了。

第二天早上五点半，妻子醒了，想起丈夫西裤的事，心想时间还来得及，便拿来西裤又剪掉两厘米，缝好烫平，惬意地去做早餐了。

过了一会儿，女儿也起床了，看见早餐还没有做好，就想起爸爸西裤的事情，寻思自己也能为爸爸做点事情了，便拿来西裤，再剪短两厘米，结果……

故事启发：

没有充分的沟通，就会造成事倍功半，甚至阴差阳错。故事中的主人公们因为沟通不到位，付出了三倍的劳动，得到的结果却是废了一条裤子。究其原因，首先，教授没有明确目标和分工——裤子要不要剪短，由谁来剪短；其次，教授的妈妈、妻子、女儿在行动之前没有征询家庭其他成员的意见，所以造成吃力不讨好的结局。

课堂互动

在工作和生活中，什么情况下需要沟通？你是如何进行的？

二、沟通的必要性

在我们的工作和生活中为什么沟通必不可少？原因有以下几点。

（一）价值观与立场的误区

人与人是不同的，不同的思维，不同的成长环境，不同的立场角度，不同的思考方式，就会带来不同的看待世界的方式。所以“公说公有理，婆说婆有理”的情况，在生活中比比皆是。

沟通故事

老太太与两个儿子

一位老太太有两个儿子，大儿子卖伞，二儿子修鞋。常理推断，下雨天伞就好卖，而晴天摆摊修鞋的生意就要好些。但是无论天晴还是下雨，老太太都没有开心的时候，这是因为她非常爱她的两个儿子，希望他们两个的生活都能好起来。每当下雨的时候，她就会替二儿子担心：连下好几天雨了，他肯定都没法摆摊做生意了。好不容易天晴了，她又担心大儿子的伞卖不出去，整天都陷入这种心急如焚的状态中，心情一直都不好。

后来有人就告诉她应该换个角度想想：天晴的时候你应当为二儿子高兴，因为他摆摊修鞋的生意会好；而当下雨的时候，大儿子的伞会卖得好，你应当替他高兴。老太太试着这样改变自己，终于不再像以前那样不开心了，心情越来越好，因为无论天晴还是下雨都有让她开心的事情。

故事启发：

对于同一个问题，考虑的角度不同，获得的感受就会不同。

沟通素养

沟通创造价值

有一个妈妈把一个橙子给了邻居的两个孩子，这两个孩子便讨论起来如何分这个橙子。两个人吵来吵去，最终达成了一致意见，由一个孩子负责切橙子，而另一个孩子选橙子。两个孩子按照商定的办法各自取得了一半橙子，高高兴兴地拿回家去了。第一个孩子把半个橙子拿到家，把皮剥掉扔进垃圾桶，把果肉放到果汁机上打果汁喝；另一个孩子回到家把果肉挖掉扔进垃圾桶，把橙子皮留下来磨碎，混在面粉里烤蛋糕吃。

一个橙子平分两半，形式上看似公平，实际上一个人取果皮而扔了果肉，另一个人取果肉而扔了果皮，资源并没有充分利用。原因就在于事前没有经过充分的沟通交流，就以假想的大前提为分配标准，导致资源配置到了不合理的地方。人是社会关系的总和，人与人分工合作，能产生“1+1>2”的力量。充分地沟通交流，能消除信息不对称的障碍，让资源得到合理配置，减少浪费，实现最大效用。从某种程度上，我们可以这样说，沟通创造价值。

任何一个社会都存在多种多样的价值观念和价值取向，要把全社会意志和力量凝聚起来，必须有一套与经济基础和政治制度相适应并能形成广泛社会共识的核心价值观。核心价值观在一定社会的文化中是起中轴作用的，是决定文化性质和方向的最深层次要素，是一个国家重要的稳定器。如果没有共同的核心价值观，一个民族、一个国家就会魂无定所、行无依归。

在我们的工作和生活中，价值观不同，往往导致人们彼此观点不一致，最终导致沟通失败。因此，作为沟通主体，一定要树立正确的价值观，这样才能通过沟通实现共赢。

课堂互动

结合自身实践，总结一下长期以来自己在沟通过程中由于价值观和立场误区导致沟通失败的例子，并说说根源。

（二）沟通理念模糊

在沟通过程中，每个人都有自己的思考模式，并且总是自觉或不自觉地以自己的思路去代替别人的思路。此时，就会不可避免地产生沟通问题。

（三）沟通信息不对称

沟通信息不对称将会导致信息传递和反馈的不及时，这样就可能导致信息的失真，就会出现信息传递量过大或过小。同样，信息传递的途径、媒介不一样，也会出现沟通问题。

（四）沟通技能缺乏

要想在沟通中取得较好的效果，还需要掌握一定的沟通技能，技能的缺乏也会成为沟通的障碍。

在我们的工作和生活中，彼此观点不一致或沟通方法不当会导致沟通失败，而沟通失败会产生以下后果：事业受损失、家庭不和睦、个人信誉降低、身心疲惫、失去热情和活力、产生错误和浪费时间、自尊和自信降低、团体合作性差、失去创造力。因此，沟通必不可少，沟通可以让我们了解别人的想法，以正确的心态与对方平等地进行交流，实现有效沟通。

沟通故事

请客

有一个人请了甲、乙、丙、丁四个人吃饭，临近吃饭的时间了，丁迟迟未来。

这个人着急了，一句话就顺口而出："该来的怎么还不来?"甲听到这话，不高兴了："看来我是不该来的?"于是就告辞了。

这个人很后悔自己说错了话，连忙对乙、丙解释说："不该走的怎么走了?"乙心想："原来该走的是我。"于是也走了。

这时候，丙对他说："你真不会说话，把客人都气走了。"那人辩解说："我说的又不是他们。"丙一听，心想："这里只剩我一个人了，原来是说我啊!"也生气地走了。

故事启发：

人与人的交往，就是一个反复沟通的过程，沟通好了，就容易建立起良好的人际关系；沟通不好，闹点笑话倒没什么，但因此得罪人、失去朋友，就后悔莫及了。

三、沟通的重要性

（一）沟通是个人身心健康的保证

正常的人际沟通是人的心理健康的一个重要保障，这可以从人际沟通的功能中看出来。

首先，人际沟通是人们适应环境、适应社会的必要条件。沟通是人与人之间发生相互联系的最主要的形式。通过信息沟通，我们了解周围的许多情况，哪些是有利的，哪些是不利的，从而及时调整行为，实现目标。

其次，人际沟通具有协调功能。人际沟通可以使沟通者的心理得到满足；人际沟通可以调节自己的行为，从而消除人际交往的障碍，如隔阂、误会、矛盾等，增进情感，促进团结，使人与人之间的关系更加和谐。

最后，人际沟通具有保健功能。人是社会性的生物，人际沟通是其特有的需求，如果这种需求得不到满足，就会影响人的身心健康。保持人与人之间充分的思想情感的交流，保持实现沟通行为所必需的条件，是保证个人心理健康成长所必需的，这就是沟通的保健功能。实践证明，能够保持正常人际沟通的人更容易获得幸福感，这正是人际沟通保健功能的有力证明。

（二）沟通是社会交往的需要

我们每个人都生活在一定的社会群体之中，人际关系是个人和社会交往的一个纽带。人际关系并不是凭空建立起来的，沟通在其中起了非常重要的作用。在现代社会，不善于沟通的人不但会失去许多机会，而且也将导致自己无法与别人协作。我们每一个人都不是生活在孤岛上，只有与他人保持良好的协作，才能获取自己所需要的资源，才能获得人生的成功。

沟通故事

人际交往的木桶效应

张强毕业于成都某高校，是一名非常优秀的平面设计师。大学毕业以后，张强一直供职于深圳某知名广告公司。凭借优异的美术功底和突出的平面设计能力，他用几年时间从一名普通的职员做到了公司的创意总监，继而又被提升为副总经理。与此同时，他买了房子和车，银行里还存了几十万元。

眼看创业已经水到渠成，张强便辞去公司的职务，自己成立了一家广告公司。原来，张强主要负责创意和设计等方面的工作，很少与客户直接协调、沟通，而现在他必须与客户面对面。张强是一个非常恃才傲物的人，人际交往能力更是捉襟见肘。有一次跟客户探讨一个平面广告的设计时，客户对张强提交的方案提出了几点意见。张强不但没有尊重对方的意见，反而反唇相讥："我做了好几年广告了，我对自己的作品有足够的信心，稍微有点艺术欣赏力的人都不会像你一样对我的作品提出这么不专业的意见。"

没过多久，原本就非常有限的几家客户都相继跟张强断绝了来往。老客户尚且相继流失，要想拓展新的业务自然难上加难。一年以后，张强的房子和车子都被变卖了，银行里的几十万元存款也在转眼之间变成十几万元贷款。走投无路之际，他只好解散了自己的公司，另外找一家广告公司打工去了。

故事启发：

木桶是由多块木板围合而成的，其容积并不是取决于最长的那块木板，而是取决于最短的那一块，这便是人们常说的木桶原理。一个人要想取得成功需要多方面的能力，如果说其他方面的能力分别是木桶桶身的一块块木板，那么这些能力中最差的一项决定着成功的大小，而人际交往能力则是整个木桶的桶底，桶底决定着能不能装水，人际交往能力则决定着究竟能不能成功。因为没有一个结实的桶底，张强的整桶水在顷刻间流走了，尽管桶身的每一块木板都那么高。

（三）沟通是提高工作效率的关键

实践证明，各行各业的工作人员不仅需要专业知识和技能，而且越来越需要加强与他人沟通的能力。据统计，企业中约75%的工作停顿、问题是因为沟通。管理上有一个著名的双50%理论：经理人50%以上的时间用在了沟通上，如开会、谈判、指示、评估等；但同时，工作中50%以上的障碍都是在沟通中产生的。因此，在一个组织中，上下级之间的沟通，同事之间的沟通，部门与部门之间的沟通，是提高工作效率的一个有效途径。及时的沟通，能使下级很快了解上级交办工作的意图，使上级随时掌握下级工作中遇到的困难，能及时得到其他部门的大力支持，这对干好一件工作能起到事半功倍的作用。

课堂互动

党的二十大报告提出要加快建设数字中国。某市政府部门计划推进一项数字化政务服务平台的建设项目，该项目涉及多个科室和技术团队的协作，需要在规定时间内完成平台的设计、开发、测试和上线工作。在这个项目中，可能会出现哪些沟通问题而影响工作效率？如果在项目进行中，两个团队因为对平台功能的理解不一致而产生了分歧，应该如何通过沟通来解决这个问题，以确保项目顺利推进？

技能训练

通过排队游戏训练认识沟通

目的：通过训练来了解当环境及条件受到限制时，你是怎样去改变自己，用什么方法来解决沟通问题的。

形式：将全班学生分成 14～16 人一组。

时间：30 分钟。

材料：眼罩。

场地：教室。

要求：

（1）请每位学生戴上眼罩；

（2）给每位学生一个号码，但这个号码只有本人知道；

（3）请各小组根据每人的号码，按从小到大的顺序排列成一条直线；

（4）整个训练过程中，任何人都不能说话或摘下眼罩，只要有人说话或摘下眼罩，游戏即宣告结束。

思考：

（1）你用什么方法来通知小组其他成员你的位置和号码？

（2）在此沟通中你遇到了什么问题？你是怎么解决这些问题的？

（3）你觉得还有什么更好的方法来进行这样的沟通？

活动二 沟通障碍表现及消除方法

知识目标

1. 了解沟通的模式与过程，正确把握沟通过程中的要素；
2. 掌握沟通的障碍及消除方法，正确把握有效沟通的步骤；
3. 正确把握沟通三个环节的要点。

能力目标

1. 具备消除沟通障碍的能力；
2. 具备良好的信息表达能力；
3. 具备较强的信息接收与理解能力；
4. 具备一定的信息反馈能力。

素养目标

1. 通过对沟通障碍及消除内容的学习，培养学生面对挫折的能力；
2. 通过对沟通反馈重要性的掌握，培养学生的责任心和担当意识。

能力测试

沟通障碍在哪里？

在工作和生活中，总能发现一些人，你好像很难与他们沟通，有些事情、有些道理和他们怎么也说不清，你们就好像是生活在两个世界中的人。下面这个测试就是测一测你属于哪种类型的人。

1. 你准备换手机，你最好的朋友说，你看中的那款手机他知道有家店可以给出比你了解到的市场最低价还要便宜20%的折扣价，你的第一感觉会是：

A. 去那家店买一部

B. 不可能，因为我已经调查过了

C. 为什么？听听朋友的合理解释

D. 是不是缺了配件或者有其他问题

E. 真的吗？没骗我吧

2. 你最后在朋友推荐的那家店里买了那款比市场价便宜的手机，并在里面装了些常用软件，但是刚用了一天，突然屏幕不动了，重启以后又好了。此时，你的第一感觉会是：

A. 估计是意外吧，也不妨碍用

B. 果然便宜无好货

C. 查查看是不是这款手机容易死机

D. 查查看是不是软件有问题，自己动手重装一下试试

E. 是不是朋友收回扣了

解析：

有相似观念的人大多会沟通顺利，反之则会出现沟通障碍。那么来看看你属于哪种类型的人吧！

如果你选择A的话，说明你是权威主义者，遵从先人的教导，却没有过多考虑先人的道理是否适用，这类人欣赏权威，并把他们当成偶像。

如果你选择B的话，说明你是经验主义者，坚持的是自己从以往经历的各种成败得失中所获得的经验。经验主义者有时候会固执于自己的经验，而听不进他人的劝告。

如果你选择C的话，说明你是理性主义者，做事情、讲道理之前会先想一下合不合理，有没有违反自己的一贯行为准则。理性主义者是懂得内省的一部分人。

如果你选择D的话，说明你是实用主义者，做事更讲求实用。

如果你选择E的话，说明你是怀疑论者，认为这个世界上没有什么真理。怀疑论者质疑一切，从他们身上常能感觉到消极的情绪。

你属于哪种类型的人？你与人沟通的障碍在哪里？造成这些障碍的原因是什么？如何消除这些障碍？通过本次活动，我们帮你解决这些问题。

学习单元一　沟通的模式

情景导入

酒店里的沟通

1. 领班李花："丁一，请把调味盅拿过来。"服务员丁一："好的，是蒜泥的调味盅吗？"

2. 大堂经理何涛："夏敏，请清洁一下台面。"服务员夏敏点头，转身去备餐柜拿抹布。

3. 迎宾王玫："何经理，今天北京的客人听了我讲解的刀削面的故事后非常高兴，他们说下次到太原一定还来并州饭店。"何经理露出赞许的笑容点了点头，并伸出大拇指。

问题与思考：

1. 根据上面几个例子，说明什么是沟通的过程。
2. 上面几个例子中信息的发送者、接收者、信息、反馈各是什么？

一、沟通的模式和过程

课堂互动

与你座位左边和右边的同学握手，如果是男生，就看着他，告诉他，你长得很帅；如果是女生，就告诉她，你长得很漂亮。请问：这是一个沟通过程吗？在这个沟通过程中有哪些要素？

（一）沟通的模式

根据信息的难易程度，可以将沟通模式分成以下两种：

（1）简单模式。这种模式包括信息的发送者和信息的接收者，以及信息和反馈。信息在发送者和接收者之间来回地传递、反馈，如图 1－2－1 所示。

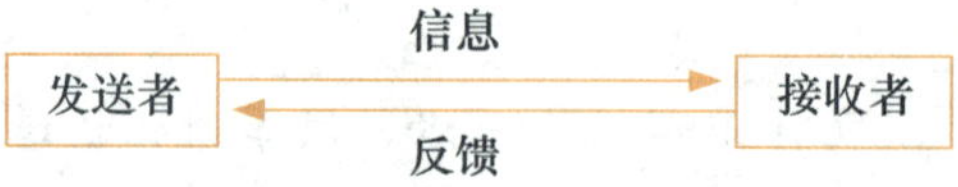

图 1－2－1　简单沟通模式

（2）复杂模式。在日常的商务活动当中，沟通是多元化的，它包括以下几个必备的要素：信息的发送者、信息的接收者、传递的信息、渠道等。这些要素对于信息的有效传递起着非常重要的作用。具体如图 1－2－2 所示。

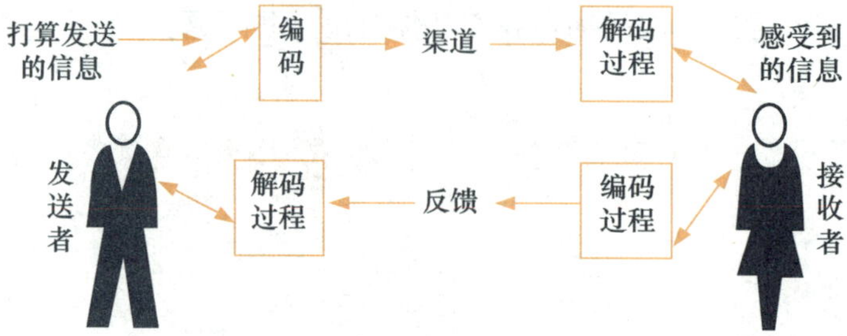

图 1－2－2　复杂沟通模式

沟通的过程是一个完整的、双向的过程：发送者要把他想表达的信息、思想和情感，通过语言发送给接收者；当接收者接到信息、思想和情感以后，会提出一些问题，给对方一个反馈，这就形成了一个完整的双向沟通的过程。

沟通游戏

蒙眼作画

人人都认为睁着眼睛画画比闭着眼睛要画得好，因为看得见，是这样吗？在日常工作中，我们自然是睁着眼睛的，但为什么总有些东西我们看不到？当发生这些问题时，我们有没有想到可以借助他人的眼睛？试着闭上眼睛，也许当我们闭上眼睛时，我们的心却敞开了。

游戏目标：

1. 使学生明白单向沟通方式与双向沟通方式可以取得不同效果。
2. 说明当我们集中所有的注意力去解决一个问题时，可以取得更好的效果。

游戏时间：10～15 分钟。

游戏工具：眼罩，纸，笔。

要求：

1. 教师给每位学生分发纸和笔，每人一份。所有学生用眼罩将眼睛蒙上，将自己的家或者其他指定的东西画在纸的另一面。完成后，教师让学生摘下眼罩，欣赏自己的大作。
2. 教师用语言描述某一样东西，让学生蒙着眼睛画下他们所听到的，然后比较他们所画的图，并思考为什么每个人听到的是同样的描述，而画出的东西却是不同的。

讨论：

1. 为什么当人们蒙上眼睛时，所完成的画并不像他们所期望的那样？
2. 如何使这一工作更容易一些？
3. 在工作场所中应如何解决这一问题？

（二）沟通的过程

（1）发送者获得某些观点或事实（即信息），并且有把信息传送出去的意向。

（2）发送者将其观点、事实以言辞来描述或以行动来表示（即编码），力求不使信息失真。

（3）信息通过某种通道传递。

（4）接收者由通道接收到信息。

（5）接收者将获得的信息解码，转化为其主观理解的意思。

（6）接收者根据他理解的意思加以判断，以采取不同的反应或行动。

沟通的过程如图 1-2-3 所示。

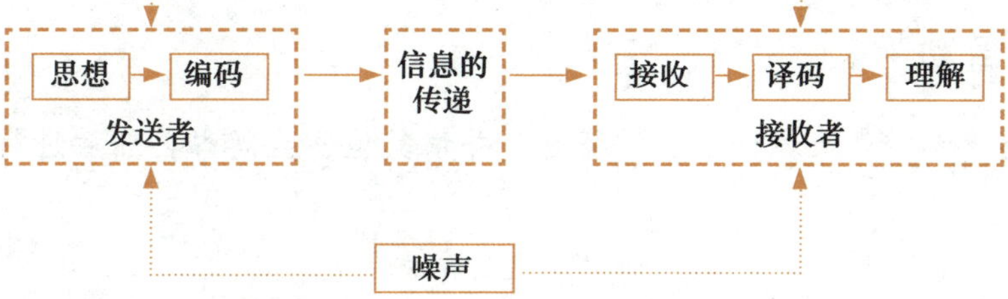

图 1-2-3　沟通的过程

二、沟通过程中的要素

（一）发送—接收者

沟通过程中的要素

因为人们有要分享的信息、思想和感情，所以人们要进行沟通。然而，这种分享不是一种单向过程，即一个人表达思想、其他人接收，然后这种过程逆向进行。在大多数沟通情景中，人们是发送—接收者，即在同一时间既发送又接收。

（二）信息

信息是由发送—接收者要分享的思想和情感所组成的。思想和情感只有在表现为符号时才能得以沟通。符号在我们的生活中无处不在，任何一个符号根据不同的理解可以有数百种解释，任何基本的符号在各个时代或各个地方都能代表许多不同的事物。所有的沟通信息都是由两种符号组成的：语言符号和非语言符号。

1. 语言符号

语言中的每一个词都是表示某一个特定事物或思想的语言符号。语言符号是被限定的和复杂的。例如，当我们用“椅子”这个词时，是在谈论我们坐着的某种东西。“椅子”是一个具体符号，一个代表着一件物品的符号。然而，当我们听到“椅子”这个词时，可能有不同的印象，如躺椅、安乐椅、藤椅等，各种各样。

表达思想的抽象符号更为复杂。想一想我们在理解诸如家、饥饿以及伤害这些词时的巨大差别。我们怎样理解这些词是由经验决定的，因为不同的人的经验在一定程度上是有区别的，所以给这些抽象的词赋予不同的含义。

2. 非语言符号

非语言符号是我们不用词语而进行沟通的方式，如面部表情、手势、姿势、语调和外表等。像语言符号一样，我们都给非语言符号赋予特定的含义。打呵欠意味着厌烦或疲倦，皱眉表示疑惑，不看着某人的眼睛可能意味着隐瞒了什么。和语言符号一样，非语言符号也会误导别人。

许多非语言符号在不同文化间有区别。在西方文化中，黑色是葬礼的颜色；而在东方文化中，白色是葬礼的颜色。非语言符号对所有文化都是极其重要的，据统计，人们发出和接收的信息 90％以上是非语言符号。

课堂互动

分别请男、女学生演练以下各种姿态，并请其他学生解释，然后进行课堂讨论与交流。

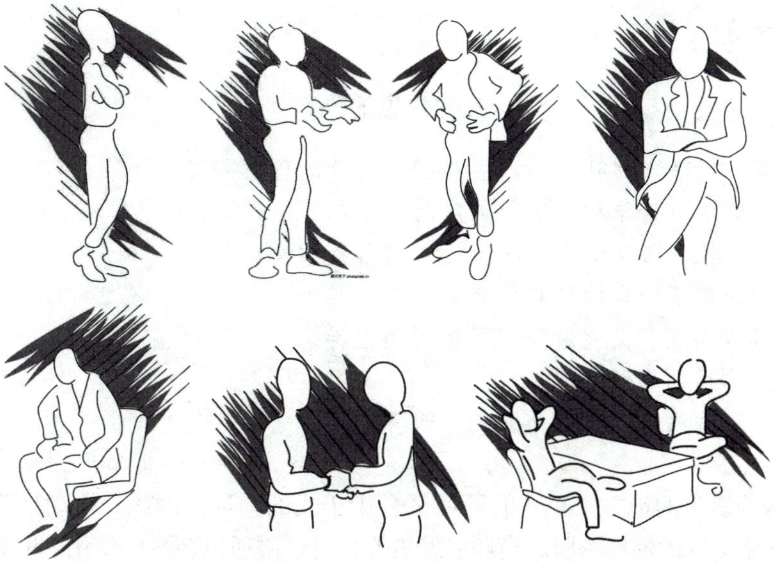

（三）渠道

渠道是信息经过的路线，是信息达到发送—接收者的手段。在面对面沟通中，渠道主要是声音和视觉：我们相互听和看。我们都熟悉大众媒体中的收音机、电视机、CD机、报纸和杂志渠道。其他渠道传递非语言符号，例如，当你要申请一份工作时，可以利用一些非语言符号发出一种明确的信息，如诚恳地握手（接触）、职业装（视觉）以及尊重的语气（声音）。

（四）反馈

反馈是发送—接收者相互间的反应，它对沟通是至关重要的。面对面的发送—接收者有最多的反馈机会，特别是在没有其他事物分神时。在这种环境中，我们有机会知道他人是否理解并领会了信息传达的意思。例如，辅导孩子的家庭教师，能很容易地通过孩子的面部表情发现他是否心存疑惑，也能通过孩子的动作察觉到孩子什么时候开始厌烦。然而，一个报告厅中的演讲者是不能从听众那里接收这种反馈的。总而言之，沟通中包含的人越少，反馈的机会越多。

（五）噪声

噪声是理解和准确解释信息的障碍。噪声发生在发送者和接收者之间，它分为三种形式：外部噪声、内部噪声和语意噪声。

（1）外部噪声来自环境，它阻碍发送—接收者听到信息或理解信息。外部噪声不总是来自声音。

（2）内部噪声发生在发送—接收者的头脑中，这时他们的思想和情感集中在沟通以外的事情上。内部噪声也可能源于信念或偏见。例如，多数人不相信年轻的女孩能成为大公司的经理或董事长，所以，当她要求做某些事时，人们经常不重视她的一些命令。

（3）语意噪声是由人们对词语情感上的反应而引起的。许多人反感用亵渎语言讲话的人，因为这些词语是对他们的冒犯。所以它也能干扰全部或部分信息。

小资料

几种常见的噪声

1. 价值观、伦理道德观等个人主观因素导致的理解差异。
2. 沟通时的不佳情绪和态度，如激动、愤怒、冷淡等。
3. 身份、地位、教育背景等导致的心理落差和沟通距离。
4. 编码和译码所产生的信息代码差异等。
5. 客观环境因素、文化背景、风俗习惯差异。
6. 不适宜沟通的场所。
7. 模棱两可的语言、难以辨认的字迹等。

（六）环境

环境是沟通发生的地方。正式的环境适合于正式的沟通。例如，礼堂是演讲和表演的好地方，但不是交谈的理想场所。当环境发生变化时，沟通也会发生变化。例如，当一个教室被布置成新年联欢会的场所时，学生就会一改往日上课时的安静，轻松地说唱笑闹。

环境经常影响权力关系。“去你那儿还是去我那儿?”这样的问题暗示着一种平等的关系。然而，当大学的校长让某个学生去他办公室时，这显示校长有更大的某种权力。而当两个学生发生冲突时，老师会选择在自己的办公室里解决，因为这里是一个解决问题的中性环境。

所有的沟通都是由发送—接收者、信息、渠道、反馈、噪声和环境构成的。人们在进行沟通时，这些因素都有所不同。然而，它们并不是影响沟通的所有因素，沟通也受我们所赋予的内容的影响。

所有的沟通都是一种相互作用，不仅包括身体方面，也包括心理方面。印象是在沟通参与者的头脑中形成的，人们对另一个人的所思所想直接影响他们之间的沟通。

课堂互动

1. 在用公用电话与朋友联系的这一沟通中，沟通的各个要素是什么？
2. 在通过电子邮件联系外地的朋友这一沟通中，沟通的各个要素是什么？

学习单元二　沟通的障碍及消除

情景导入

奶奶与孙子

到吃饭的时间了，奶奶开始催促9岁的孙子：

“快点，准备吃饭了！”

“赶紧把作业收起来，把手洗一下！”

不一会儿，见孙子从洗手间出来了，奶奶又不放心地问：

“手洗干净了吗？你要洗得认真一点呀，用香皂了没有？”

见孙子没有反应，奶奶又说：“再去洗一遍，一定要洗干净，要不然会生病的！”

…………

孙子有点不耐烦了：“奶奶，你好烦呀！”

“你这是什么话？我还不是为你好吗？”奶奶有点生气了，“我每天忙里忙外的，为了谁？还不是为了你，你这个没良心的！”

孙子装着没听见，赶紧跑到客厅看电视去了。

“你怎么还看电视呀？跟你说吃饭了，没听到吗？”

“你看看，刚洗干净的手又弄脏了吧，再去洗一下！”

…………

奶奶喋喋不休地说着。孙子的眉头不知不觉皱得更紧了。

问题与思考：

1. 祖孙之间的沟通障碍到底在哪里？问题出在谁的身上？
2. 如何解决祖孙之间的沟通障碍？

一、沟通的障碍

课堂互动

在我们平时的工作和生活中，不好的沟通给我们带来的伤害是非常大的，它比任何一种不好的习惯给我们带来的伤害都大。如果在工作中你缺乏沟通技巧，那么就无法和同事正常地去完成一项工作，工作效率降低，同时也会影响到个人职业生涯的发展。在家庭中，不好的沟通会造成家庭的破裂。所以，沟通对于我们来说是一个非常重要的基本技能。导致沟通失败的原因有哪些？请列出日常生活中存在的沟通障碍，并说明你是如何消除这些障碍的。

沟通的障碍

所谓沟通障碍，是指在传递和交换信息的过程中，由于信息意图受到干扰或误解，而导致沟通失真的现象。

沟通游戏

撕纸

游戏目标：了解沟通过程中的障碍，选择恰当的沟通方式。

参加人数：20 人左右。

游戏时间：15 分钟。

游戏工具：总人数两倍的 A4 纸（废纸亦可）。

要求：

1. 给每位学生发一张纸。

2. 老师发出以下单项指令：
(1) 大家闭上眼睛；
(2) 整个过程中不许问问题；
(3) 把纸对折；
(4) 再对折；
(5) 再对折；
(6) 把右上角撕下来，转 180 度，把左上角也撕下来；
(7) 睁开眼睛，把纸打开。

3. 这时，老师可以请一位学生上来，重复上述指令，唯一不同的是这次学生可以问问题。

讨论：

1. 为什么会有这么多不同的结果？
2. 沟通的障碍有哪些？

在沟通过程中，信息发送者、信息接收者、信息沟通中三个环节都可能出现沟通障碍。为了提高沟通效果，必须设法克服这些障碍的消极影响。

(一) 信息发送者的障碍

1. 目的不明确，导致信息内容的不确定

信息发送者对自己的沟通目的不明确，不知道自己到底要向对方说些什么、怎么去说，也不知道接收者想听些什么，这使得信息沟通遇到无法逾越的障碍。因此，发送者在传递信息之前必须有一个明确的目的和清楚的概念，即要通过什么形式的沟通、向谁传递什么信息、达到什么目的。

2. 表达不清，导致信息传递失真

无论是口头交流或书面沟通，都要求发送者必须清晰地表达自己的意思或意图。如果发送者含糊其词、语无伦次、口齿不清，或字迹模糊、文理不通、词不达意，都会造成信息失真，使接收者无法了解发送者所要传递的真实信息。

3. 选择失误，导致信息误解的可能性增大

信息发送者对传送信息的动机把握不准，缺乏审时度势的能力，会大大降低信息交流的价值，时间上的耽搁与拖延会使信息过时而无用；信息沟通通道选择失误，则会使信息传递受阻，或延误传递的时机；沟通对象选择错误，无疑会造成“对牛弹琴”或自讨没趣的局面，直接影响信息交流的效果。

4. 形式不当，导致信息失效

当人们使用语言或非语言形式表达同样的信息时，一定要相互协调，否则会使人“丈二和尚摸不着头脑”。例如，当我们传递一些十万火急的信息时，若不采用电话、传真或互联网等现代化的快速通道，而是通过寄信的方式，那么接收者收到的信息往往会由于时过境迁而毫无价值。

5. 信息发送者形象不佳导致接收者编码失误

如果信息接收者认为信息发送者不守信用，并对其持有偏见或看法，即使发送者

所发出的信息是真实的，接收者也极有可能用怀疑的目光去理解它。因此，发送者一定要注意自己在对方眼中的形象，选择适当的沟通策略。

课堂互动

党的二十大报告指出，要增进民生福祉，提高人民生活品质，加强和改进人民信访工作，畅通和规范群众诉求表达、利益协调、权益保障通道。有一天，社区信访办公室来了一位老年居民，他听力不太好，说话也有些含糊不清，他想反映小区内健身设施损坏的问题。如果你是信访办公室的工作人员，面对这位居民，可能会遇到哪些沟通障碍？如何克服这些障碍，从而更好地与居民沟通，了解他们的诉求并解决问题？

（二）信息接收者的障碍

1. 过度加工，导致信息模糊或失真

在信息交流过程中，接收者有时会按照自己的主观意愿对信息进行“过滤”或“添加”。现实生活中，许多沟通失败的主要原因是接收者对信息做了过多的加工。我们常可以看到，由下级向上级所进行的上行沟通中，某些部下“投其所好”，报喜不报忧，所传递的信息经过层层“过滤”后或变得片面，或变得完美无缺，使上级难以了解实际情况；而上级向下级所进行的下行沟通中，所传递的信息经过逐级领会而“添枝加叶”，变得或断章取义，或面目全非，从而导致信息模糊或失真。

2. 知觉的选择性，导致对信息理解的偏差

由于人们的个性特点、认知水平、价值标准、权力地位、文化修养、智商情商等方面的不同，在信息交流过程中总习惯于以自己为准则来选择接收哪些信息。一般来说，信息接收者接收的往往是自己感兴趣的内容、与自己利益紧密相连的事情等，对不利于自己的信息，要么视而不见，要么颠倒黑白，以达到防御的目的。

3. 心理定式，导致对信息理解的片面和极端

接收者若在人际沟通或信息交流过程中曾经受到过伤害，有过不良的情感体验，造成“一朝被蛇咬，十年怕井绳”的思维惯性和心理定式，对发送者心存疑惑、怀有敌意，或内心恐惧、忐忑不安，就会拒绝接收对方所传递的信息，甚至抵制参与信息交流。

沟通故事

疑邻偷斧

从前有一个人遗失了一把斧头，他怀疑被隔壁的小孩偷走了。于是，他就暗中观察小孩的行动，不论是言语与动作，或是神态与举止，怎么看，都觉得小孩是偷斧头的人。由于没有证据，所以也就没有办法。隔了几天，他在后山找到了自己遗失的斧头，原来是自己不小心弄丢了。之后，他再去观察隔壁的小孩，就觉得再怎么看这小孩也不像是会偷斧头的人。

故事启发：

切忌以自己的主观想象作为衡量别人的标准，主观意识太强，经常会造成识人的错误与偏差。

4. 思想差异，导致信息交流的困难和中断

由于接收者与发送者在知识水平、社会阅历、性别、年龄等方面有所不同，因而往往会出现发送者用心良苦而仅仅换来“对牛弹琴”的局面，或者造成二者思想上的隔阂与误解，甚至引发冲突，导致信息交流的中断以及人际关系的破裂。

沟通故事

孩子的画

4岁的强强正在画画，可是，他画的铁路是弯的，太阳也不圆。妈妈一个劲儿地在旁边指点：“铁路是直的，太阳是圆的，红色不要涂到外面……哎呀，你怎么这么笨啊！”强强生气地把笔扔到桌上，不画了。

故事启发：

怎样评价孩子的画？大人通常按照自己的眼光来评价，说画的技法应怎样，画得像不像等，而很少站在孩子的立场来评价，这是一种谬误。评价孩子的画，首先要看的是这幅画是否符合孩子的年龄、符合孩子的心理，孩子的画应该是稚嫩的、天真的，技法上还略显生涩，只有能最大限度发挥孩子的想象力的绘画才是好的。

5. 文化差异，导致对同一信息有不同的理解和认识

文化差异对人际交流产生了重要影响。例如，在世界上大部分国家里，点头表示“同意”，摇头表示“不同意”，而在印度的一些地区却截然相反，点头表示“不同意”，摇头表示“同意”。

课堂互动

在工作和生活中为什么会有不满、埋怨和误会？为什么“理解万岁”会让那么多的人产生共鸣？

6. 忽视反馈，导致信息传递受阻或重复

反馈的实质是接收者给发送者一个信息，告知自己收到发送者的信息，以及理解信息的程度。在沟通过程中，如果沟通双方不能及时反馈信息，可能产生以下问题：一是导致发送者再次发出信息。由于发送者没有收到反馈信息，他不知道接收者是否接收或理解了信息，因此会导致信息的重复发送，影响信息传递的时效性。二是导致接收者可能按不确定的信息行动。如果接收者对信息的理解正确，那么不会产生严重后果；一旦接收者对信息的理解错误，后果不堪设想。

课堂互动

销售部张经理让下属小王与某个大客户洽谈下一步合作问题。过了好几天，张经理想起了这件事，不知道有没有结果，就问小王：“你与客户洽谈完了之后怎么不和我说一下？”请问：这一沟通问题出在谁的身上？属于什么问题？

（三）信息沟通中的障碍

1. 空间障碍

信息的发送者和接收者面对面的交流沟通，是最有效的沟通方式。沟通双方距离

太远，接触机会少，或者只能借助于通信设施或大众媒介来传递信息，则会造成沟通障碍。另外，社会文化背景的不同，如城市、乡村的差异，老年、青年的代沟等形成的社会距离，也会影响信息的沟通。

2. 时间障碍

沟通要选择有利的时机，时机不成熟不要仓促行事；贻误时机，会使某些信息失去意义，沟通者应对环境和事态变化非常敏感。

3. 组织机构障碍

庞大的组织机构、过多的管理层级，不仅容易使信息传递失真，而且还会浪费时间，影响信息沟通的及时性和效率。

4. 环境障碍

外界环境往往会对信息沟通带来一定的影响，稳定有序的环境有利于信息传递的速度与效率，而杂乱无序的环境往往会使信息在一定范围内受阻。

二、沟通障碍的消除

尽管在沟通过程中可能遇到各种各样的障碍，但是，只要人们树立正确的沟通理念，采取科学的沟通方法，仍然能够克服沟通中的障碍，实现有效沟通。

（一）信息发送者沟通障碍的改善

拓展阅读

讲好中国故事 突围文明话语困境

（1）明确沟通的目的并认真做好准备；

（2）正确选择信息传递的方式；

（3）沟通的内容要准确和完整；

（4）要努力缩短与信息接收者之间的心理距离；

（5）注意运用适当的沟通技巧。

（二）信息接收者沟通障碍的改善

（1）以正确的态度去接收信息；

（2）学会“倾听”的艺术。

（三）信息沟通中障碍的改善

（1）尽量减少沟通的中间环节，缩短信息的传递链；

（2）充分运用现代信息技术，提高沟通的速度、广度和宣传效果；

（3）避免信息传递过程中的噪声干扰。

三、有效沟通的步骤

有效沟通的步骤

（一）事前准备

事前准备包括以下内容。

1. 设立沟通的目标

我们在与别人沟通之前，一定要有一个目标，即希望通过这次沟通达成什么样的效果。

2. 制订计划

有了目标要有计划，计划主要解决怎么与别人沟通、先说什么、后说什么等具体问题。

3. 预测可能遇到的异议和争执

沟通中遇到异议和争执是很正常的。如果能在事前正确地预测出这些异议和争执，事先周密地做好各种应对的准备，我们就可以节省不少时间来迅速而妥善地解决这些问题。一方面，这样可以增强我们在沟通中的主动性；另一方面，这也有利于在较短时间内使沟通顺利地展开。

可通过以下办法来预测这些异议：首先，对比自己和对方的目的之间究竟存在着多大的差距，这些差距正是产生争执的最主要原因；其次，考虑这个差距可能通过怎样的方式来逐渐缩小；再次，考虑自己的最终底线是什么；最后，给对方提供几个备选方案。

4. 对情况进行 SWOT 分析

即明确双方的优劣势，设定一个更合理的目标，使沟通双方都能够接受。

（二）确认需求

确认沟通双方的需求，明确双方的目的是否一致。

我们在沟通过程中首先要确认对方的需求是什么，如果不明白这一点，就无法最终达成一个共同的协议。要了解别人的需求、了解别人的目标，就必须通过提问来达到。沟通过程中有三种行为：说、听、问。提问是非常重要的一种沟通行为，因为提问可以帮助我们了解更多更准确的信息。同时，提问还能够帮我们控制沟通的方向。其次要积极聆听，要设身处地地去听，用心和脑去听，以理解对方的意思。最后还要及时确认。当你没有听清楚、没有理解对方的话时，要及时提出，一定要完全理解对方所要表达的意思，做到有效沟通。

（三）阐述观点

阐述观点即如何发送和表达你的信息。

怎样把你的观点更好地表达给对方，这是非常重要的。也就是说，我的观点说完了，对方是否能够明白，是否能够接受。在阐述观点的时候，有一个非常重要的原则，即 FAB 原则：F 就是 Feature，意为属性；A 就是 Advantage，这里翻译成作用；B 就是 Benefit，即利益。在阐述观点的时候，按这样的顺序来说，对方既能够听懂，也能够接受。

（四）处理异议

沟通中的异议就是没有达成协议，对方不同意你的观点，或者你不同意对方的观点。这个时候应该如何处理？我们可以采用一种类似于借力打力的方法，叫作“柔道法”。在沟通中遇到异议之后，首先了解对方的某些观点，然后当对方说出了一个对你有利的观点的时候，再用这个观点去说服对方。即在沟通中遇到了异议，要用“柔道法”让对方自己来说服自己。

（五）达成协议

完成了沟通的过程即形成了一个协议。在实际沟通中，任何一个协议并不是一次工作的结束，而是沟通的结束，意味着一项工作的开始。

（六）共同实施

达成协议是沟通的一个结果。但是在工作中，任何沟通的结果意味着一项工作的开始，要共同按照协议去实施。如果我们达成了协议，可是没有按照协议去实施，那么对方会觉得你不守信用，就会失去对你的信任。我们一定要注意，信任是沟通的基础，如果你失去了对方的信任，那么下一次沟通会变得非常困难。

课堂互动

1. 请列出你向上级汇报工作情况的几个步骤。
2. 对照有效沟通的六个步骤，你缺少了哪些步骤？为什么？
3. 有效沟通的六个步骤是如何影响沟通效果的？

学习单元三　沟通的三个环节

情景导入

侍者劝客

一位顾客坐在一家高级餐馆的桌旁，把餐巾系在脖子上。这种不文雅的举动很让其他顾客反感。经理叫来一位侍者说："你要让这位绅士懂得，在我们餐馆里，那样做是不允许的，但话要说得尽量含蓄。"怎么办呢？既不能得罪顾客，又要提醒他。侍者想了想，走过去很有礼貌地问："先生，您是要刮胡子呢，还是理发？"话音刚落，那位顾客立即意识到自己的失礼，赶快取下了餐巾。

问题与思考：

1. 这位侍者是如何劝说顾客的？他为什么会成功？
2. 在本案例中，你能看出沟通的三个环节是什么吗？
3. 沟通中每个环节的关键是什么？

在沟通活动中，有三个非常重要的环节，信息的表达与发送、信息的接收与理解以及信息的反馈。每个环节缺一不可，否则沟通就会出现障碍，影响沟通的效果。在信息发送的环节，要掌握好如何表达信息与如何发送信息；在信息接收的环节，要掌握好如何接收信息与如何理解信息；在信息反馈的环节，要掌握好如何给予反馈以及如何接受反馈。

沟通游戏

回旋沟通

游戏目标：

1. 彼此交换信息，了解他人的想法、感受与经验。
2. 自由表达自己的感受、情绪。
3. 用开放的态度接纳不同的观念。

游戏时间：30 分钟。

游戏过程：

1. 学生 12 人为一组，围成圆圈，每组一至二重复报数，数一的人向圈内走一步，站在内圈，再向后转，与外圈者一对一、面对面。

2. 由教师说出某个话题，内圈学生先讲，外圈学生听，两分钟后换外圈学生讲，内圈学生听，时间也是 2 分钟。

3. 教师换第二个话题，此时内圈的学生向左移一个位子，外圈学生不动，以同样的方式进行。如此完成六个话题，让学生有机会与不同的人沟通。

准备话题：

1. 如果医生告诉你，你只剩下半年的生命，你将如何安排这半年的生活？
2. 假如你有 100 万元，你将如何使用？
3. 假如你是教育部部长，你最想做的是什么？
4. 假如你是市长，你最想为市民做什么？
5. 假如你有机会环游世界，你会如何安排你的旅程？
6. 假如你能回到十年前，你会如何度过这十年？

要求：

1. 讲述者必须用第一人称来表述自己的观点。
2. 倾听者不得打断或反驳。
3. 交谈双方不得将话题岔开。

讨论：

1. 分享活动后的感受，说明沟通游戏中沟通的三个环节是什么。
2. 每组学生分别推选出最佳倾听者，并说明原因。
3. 每组学生分别推选出最佳表达者，并说明表达的技巧。

一、信息的表达与发送

（一）信息的表达

表达有语言表达、非语言表达（文字、身体语言、平时的行为等）两种形式。其中，有效的语言表达要求能够准确地传达自己的信息，并使对方容易接收。有效表达的要求是：

（1）使用合适的语法，把话说“对”。
（2）使用合适的词汇，把话说“准”。
（3）使用合适的修辞，把话说“好”。
（4）使用合适的语气，把话说“柔”。
（5）使用合适的角度，把话说“活”。

（二）信息的发送

在沟通中，发送的不仅仅是信息，还有思想和情感。在发送信息的时候，需要注意以下几个问题。

1. 选择有效的信息发送方式（How）

当你在工作中要发送一个信息时，首先要考虑到用什么方式去发送，而这些发送方式是我们在工作中经常用到的方式，包括电话、E-mail、传真、面对面的会议沟通等。在任何一次沟通的过程中，我们都会发送信息、思想和情感。在我们选择方式的过程中，首先要考虑到沟通内容是以信息为主还是以思想和情感为主，根据不同内容来选择合适的方式。

课堂互动

在日常工作中，你常用哪些方式传递信息？如果要通知对方开会，你会选择电话通知还是亲自通知？这两种方式各有什么优缺点？如果改用其他的方式，是否会带来更好的效果？

小资料

常用的信息发送方式

1. 即时通信软件

（1）微信。这是一种非常流行的方式。通过微信可以发送文字、语音、图片、视频、文件等多种类型的信息。微信适合朋友之间聊天、家人沟通、工作交流等各种场景。例如，同事之间可以通过微信群发送工作文档，方便快捷。

（2）QQ。功能丰富，除了基本的聊天功能外，还有群文件共享、在线文档编辑等功能。它的消息记录保存功能比较强大，对于需要查阅历史消息的情况很有帮助。

2. 电子邮件

（1）工作邮件。在商务场合和正式的工作沟通中广泛使用。可以发送长篇报告、合同文件等重要文档。发送时需要注意格式规范，包括主题明确、称呼恰当、正文条理清晰、附件标注清楚等。例如，可通过电子邮件向合作伙伴发送合作方案。

（2）个人邮件。用于比较正式的个人事务沟通，如向学校申请资料、向组织咨询活动详情等。

3. 短信

手机短信是一种比较传统的方式。虽然现在主要用于接收验证码等简单信息，但在没有网络或者需要确保信息到达的情况下仍然有用。例如，一些紧急通知或者提醒服务会通过短信发送。

4. 社交媒体平台

（1）微博。适合快速发布消息、资讯、观点等。微博可以通过@功能提及特定用户或者话题，从而扩大信息传播范围。比如，演员可以通过微博发布活动信息，引起粉丝关注。

（2）抖音、快手等短视频平台。这些短视频平台主要通过短视频来传递信息。创作者可以在视频描述中添加文字说明，或者通过语音旁白来发送信息，如美食博主分享烹饪技巧等。

（3）小红书。小红书是以分享笔记的形式发送信息，内容包括产品推荐、生活经验、旅游攻略等。用户通过图文并茂的方式展示内容，信息更加直观，如美妆博主分享化妆产品的使用感受等。

2. 何时发送信息（When）

要选择合适的发送信息的时间，比如在对方情绪比较稳定的时间来发送信息，效果会比较好。

课堂互动

你与别人沟通时，如果没有注重时间的选择（包括时间长短），会产生哪些不好的后果？

3. 确定信息内容（What）

发送、传递信息内容有两种方式：一种是口头语言，另一种是肢体语言。在同别人沟通的时候，你说什么话是很重要的，但只有加入相应的肢体语言，你所要传递的信息内容才会更加确切。只注重口头语言却不注重肢体语言，沟通效果会非常不好。就像我们每个人每天都会听到很多句话，如欢迎光临。这句话是否让你感觉到真正地受欢迎呢？很少。我们接收到的仅仅是“欢迎光临”这四个字带给我们的信息，却没有人们说这句话时通过肢体语言传递给我们的情感。所以，在选择具体内容的时候，我们一定要确定要说哪些话，用什么样的语气、什么样的动作去说，这些在沟通中非常重要。

4. 由谁接收信息（Who）

我们在发送信息的时候还需要考虑以下问题：

（1）谁是你的信息接收对象？

（2）先获得接收者的注意。

（3）接收者的观念。

（4）接收者的需要。

（5）接收者的情绪。

5. 在何处发送信息（Where）

发送信息时，还需要考虑在什么样的环境和场合下发送给对方。一般要在比较安静、整洁、温度适宜、光线明亮的环境下发送信息。

现在人们已经越来越重视对沟通场地的选择。在实践中，很多管理者越来越清晰地认识到，环境对沟通效果的影响非常大。

课堂互动

你认为什么场合下发送信息的效果会好一些？发送信息时需要注意哪几个问题？

二、信息的接收与理解

（一）选择性注意

人们在接收信息时，总是不由自主地、自动地把那些与自己毫不相干的信息排除在自己的注意范围之外，同时也会主动地回避那些与自己固有观念相悖、自己不感兴趣的信息，只注意那些与自己固有观念一致的以及自己需要的、关心的或者对自己有用的信息。

影响信息接收者选择性注意的因素主要有：

（1）信息接收者原先的态度和立场；

（2）信息内容同信息接收者的接近程度。

人们出于认知和谐和自我确认的需要，总是更乐于注意那些支持其态度和立场的信息，因为这些信息有助于其认知的和谐和自我确认。当然，对相反的信息则会加以排斥和回避。

（二）选择性理解

选择性理解意味着不同的人以不同的方式对同样的信息作出解释和反应。通常，人总是依照某些经验来接受和理解传播内容，或根据自己已有的观念来理解信息，对那些与自己原有观念相反的内容则加以排斥或歪曲，使它符合自己已有的观念和立场。

影响选择性理解的因素主要有：

（1）信息接收者的需要和动机；

（2）信息接收者原有的态度；

（3）信息接收者的情绪状态；

（4）信息接收者的个性特点。

沟通故事

乐观与悲观

一位父亲有两个儿子，一个儿子非常乐观，另一个儿子非常悲观。父亲觉得过于乐观或过于悲观都不好，于是，他在一间房间里堆满了马粪，让乐观的儿子在里面待一天；在另一间房间里堆满了各种各样吸引人的玩具，让悲观的儿子在里面待一天。到了傍晚，父亲走进堆满马粪的房间，看见乐观的儿子正喜气洋洋，挥汗如雨地刨着马粪，丝毫没有沮丧或悲伤，他告诉父亲在马粪的下面肯定藏着好东西。父亲又到另一间房间，发现悲观的儿子坐在玩具堆前伤心地哭着，他告诉父亲担心这些好玩的玩具会被弄坏。

故事启发：

选择性理解的存在使得在实际的信息传播过程中，编码和解码两个过程并不对称，信息接收者所接收的信息常常并不等于所传递的信息，二者可能相去甚远甚至相反。信息传递者在传递信息时应该充分考虑接收者的选择性理解，控制和引导传播内容，尽量减少和消除接收者对内容可能产生的歪曲，提高沟通的质量。

（三）选择性记忆

选择性记忆是指对信息的记忆受到需要、态度及其他心理因素的影响，从而使记忆的结果常常表现为对记忆信息的某一部分印象很深，或只记忆其中对自己有利的部分，或只记住自己愿意记住的部分，而其余部分则被忽略。

如何增强接收者对重要内容的记忆？通过运用以下方法可以对接收者的选择性记忆产生影响，使他们更好地记住与沟通主题相关的内容。

（1）创造良好的记忆环境。如接收信息的场所与休息、娱乐的场所分开，对环境加以布置，使接收者不受其他信息的干扰和刺激。

（2）重视接收者的最初和最后印象。

（3）组织座谈讨论。

（4）进行必要的奖惩。

（四）从众行为

从众行为是指作为群体成员的个体放弃自己的意见和态度，采取与大多数人一致的行为，俗称“随大流”。接收者在传播活动中也经常表现出从众的行为，即接收者常常不知不觉地受到一个群体的真实的或臆想的压力的影响，从而按照群体中大多数人的意愿去接受和理解信息。

从众的原因主要有：

（1）人们对自己的判断并不十分确信，需要得到指导，这时往往就要借助于别人的意见或效仿别人的行动，尤其是那些缺乏自信心的人，更是成了群体不正确判断的俘虏。

（2）群体规范的压力。个人之所以遵从群体，最重要的原因也许是他不愿意被称为越轨者和“不合群的人”，或者是因为不愿意惹人注目或丢面子，于是便与群体规范保持一致，归根结底是由群体规范的一致性要求所致。

（五）逆反心理

逆反心理就是指人们对某种观点、立场或结论等有抵触情绪，进行反方向的思维，表示怀疑和不信任，进而得出与原结论相反的结论，表现出相反的行为。在信息传递中，接收者在逆反心理的作用下，对于传递者极力提倡的观念反而加以反对，而对传递者批评或禁止的东西却加以赞赏和接受。

接收者逆反心理的表现有：

（1）强化原有的态度，表现为更加坚定不移地确信自己原来的立场和态度。

（2）做出逆向选择，对传递的内容和观点反着听、反着看、反着想、反着做。总之，在行为表现上同传递者“唱反调”。

（3）贬损传递者。接收者的逆反心理有时还会进一步延伸到对传递者的看法和认识上，对传递者予以贬损或攻击。

三、信息的反馈

反馈就是沟通双方期望得到一种信息的回流。

（一）反馈的类型

反馈分为两种：一种是正面的反馈，另一种是建设性的反馈。正面的反馈就是对对方做得好的事情予以表彰，希望好的行为再次出现；建设性的反馈就是对别人做得不足的地方提出建议。

在反馈的过程中，我们一定要注意有的情况并不是反馈：

（1）指出对方做得正确的或者错误的地方，这不是反馈。反馈应是给对方的建议，为了使他做得更好。

（2）对于他人的言行的解释不是反馈，这是一种聆听。

（3）对于未来的建议不是反馈。

（二）如何给予反馈

（1）反馈应明确、具体，提供实例。

（2）反馈应具有平衡性、积极性与建设性。

（3）应在正确的时间给予反馈。

（4）反馈应集中于可以改变的行为。

（5）反馈应不具有判断性。

（6）反馈应充分考虑接收者的需求。

小资料

企业管理者如何给予积极的反馈

1. 零成本奖励

（1）说“谢谢”；

（2）在其他员工面前赞扬一名员工；

（3）写感谢信；

（4）给员工家人写感谢信；

（5）在公告板上张贴肯定的评论信；

（6）通过电话进行口头表扬；

（7）赞扬员工的努力；

（8）说鼓励的话。

2. 低成本奖励

（1）为员工支付午餐餐费；

（2）给予小额现金奖励；

（3）给予礼券；

（4）给员工发 T 恤衫或帽子；

（5）给予奖品；

（6）颁发证书。

（三）如何接受反馈

（1）聆听而不是打断；

（2）提出问题，澄清事实，询问实例；

（3）总结接收到的反馈信息，以确认对其的理解；

（4）表明你将考虑如何去采取行动。

（四）反馈技巧

1. 校正性反馈必须秘密地进行

这意味着，除了双方当事人之外，绝对不能有他人在场。最好选择在一个关着门的房间里进行，以免他人路过的时候走进来。

2. 总是以称赞开始

先称赞对方做得对的地方，然后再谈需要改进的事情。

3. 称赞要针对本人，提出建议不要针对本人

如果你友好的话语充满情感而且积极向上，对方的情绪就会得到提升。当你提出建议的时候，要确保它们是客观的。提出建议的时候，不要针对本人。

4. 不要加入任何责备

反馈绝对不是责备。讨论一件不正确的事情的唯一目的，是使之变正确，而不是责备某个人。一旦把问题解释清楚了，就要直接讨论可能的解决办法，不要纠缠于消极的事情上。同时，不要使任何人觉得他们受到了责备。

5. 不要使自己凌驾于他人之上

即使你的身份、学识或经验非凡，也不能施加压力给别人，这会让别人感觉压抑。你只要把问题解释清楚，然后请求对方在实施解决方法的过程中给予帮助。

6. 别对某件事情唠叨不停

对于一种情形，谈话一次就已经足够。一旦问题解决了，就不要再提起。

7. 总是以积极的方式结束反馈

要确保每次反馈都在友好的气氛中结束，达到解决问题、双方都满意的效果。反馈如何结束非常重要。要记住，无论是什么问题，友谊永远比问题更重要。谨记这一点，反馈就可以给予人们力量，而不是痛苦。

沟通素养

工作跟进：沟通中反馈的重要性

信息的及时传递对一项工作的重要性不言而喻，但是职场中很多人都会忽略工作跟进的重要性。领导不问，成员不说；成员不说，领导不问。于是使得上下级之间的信息不对称，对工作的正常开展造成很大的阻碍。

举个例子，老板后天要去北京，请他的助理订一张机票，助理马上订了，订完之后，又马上去干别的事了，而你作为老板，一直就不知道机票订了没有。一个靠谱的助理会将“订机票”分为两步：一是问清楚航班的型号、时间、座位的要求；二是订好机票后，将一切确定的信息反馈给当事人，让他知道这件事情已经结束。

因此，“反馈”是沟通中的最重要组成部分。首先，“反馈”是把目标分解，每到一个阶段就进行一次反馈，让提出目标的人知晓进度；其次，“反馈”是遇到困难，及时提出来，而不是导致不好的结果才被迫接受；最后，“反馈”让任务形成闭环，保证任务的执行。

因此，作为一个职场人，要有责任心和担当意识。对于工作中需要和多人进行对接、沟通、汇报的时候，因为涉及的工作内容复杂、流程较多、人员较多，如果不对自己负责的任务进度或是自己是否有遇到难题而需要协助，或是需要更多时间去解决进行及时反馈，那么自己的任务节点就会滞留，稍有不慎也会导致其他同事的工作停滞，不断引起众怒。因此，工作中的及时反馈非常重要，它反映了一个职场人的职业态度和职业精神，是一个人事业成功的关键。

技能训练

1. 公司质管部经理老吕在质量管理的总体目标、步骤、措施等方面与公司主要领导者有不同看法。老吕认为，质量管理的重要性在公司上下并未得到充分重视；公司领导则认为，他们是十分重视产品质量问题的，只是老吕的质量控制方案成本太高且效果不好。最近一段时间，这种矛盾呈现激化现象。一天上午，老吕接到公司周副总的电话，通知他去北京参加一个为期 10 天的管理培训班，老吕认为自己主持的质改推进计划正在紧要关头，一时脱不开身，公司领导应该是知道这个情况的，他们作出这样的安排显然是不支持甚至是阻挠自己的工作。因此，老吕不仅拒绝了领导的安排，还发了一通脾气。周副总也十分恼火，认为老吕太刚愎自用，双方不欢而散。你认为他们沟通失败的最主要原因是什么？

2. 一般人都可以分为“读者”或者“听众”两种类型。研究表明，对一个“读者”类型的人不停地说，那是徒费口舌，因为他只能在“读”后才能“听”得进去。同样，对于一个“听众”类型的人提交一份厚厚的报告，实在是白费笔墨，因为他只有在“听”过之后才能抓住要点。该研究说明了什么问题？谈谈你的看法。

活动三

沟通方式的选择与应用

知识目标

1. 了解语言沟通和非语言沟通的优缺点；
2. 掌握沟通方式选择的原则；
3. 了解网络沟通的方式与选择。

能力目标

1. 具备运用语言和非语言沟通的能力；
2. 具备选择恰当沟通方式的能力；
3. 具备良好的网络沟通能力。

素养目标

通过不同沟通方式的灵活应用，培养辩证思维，懂得与时俱进。

能力测试

选择沟通方式的能力

欢迎参加本次测试！在职场中，沟通方式通常指人们在同上级、平级、下级、客户沟通时所采用的语言、非语言、电话、书信、短信、E-mail 等方式。请通过下列 10 个问题对自己“选择沟通方式的能力”进行测评。

请按照你的真实想法回答每个问题，这样测试结果才会更加接近于你的真实能力水平。

选 A 得 3 分，选 B 得 2 分，选 C 得 1 分。

得分分为三个档次：15 分以下（弱）；15～24 分（一般）；24 分以上（强）。

1. 如果你在工作中犯了错误，需要向上级说明情况，你会选择哪一种沟通方式？

A. 当面沟通，解释清楚

B. 电话沟通，避免尴尬

C. 发 E-mail 进行解释

2. 如果你的下级提出辞职，你会选择哪一种沟通方式挽留他/她？

A. 直接谈话，问清原因

B. 先电话沟通，再当面沟通

C. 发 E-mail 表示挽留

3. 如果你因为错误的判断，错怪了你的下级，你会选择哪一种方式与其沟通？

A. 打电话道歉

B. 发 E-mail 道歉

C. 当面沟通，表示歉意

4. 如果你要向上级提出一些关于公司管理的意见，你会如何跟上级沟通？

A. 书信沟通，提出意见和方案

B. 直接找上级面谈

C. 通过 E-mail 陈述

5. 当你的团队取得了良好的成绩时，你会如何向成员表示祝贺？

A. 当面祝贺团队成员

B. 给每位成员发 E-mail

C. 给每位成员打电话

6. 如果你和你的同事因为某件事情发生了误会，你如何向他/她解释？

A. 当面说清楚

B. 电话沟通

C. 发 E-mail 讲清楚

7. 如果你打算辞职，你准备如何同你的上级沟通？

A. 递交正式辞职信

B. 找上级面谈

C. 电话沟通

8. 如果你向客户推销产品，你会如何跟他/她进行沟通？

A. 电话沟通，然后登门拜访

B. 电话沟通，同时发 E-mail 详细说明

C. 单纯通过 E-mail 联系

9. 如果你的客户向你抱怨公司的产品/服务，你会如何跟他/她沟通？

A. 电话沟通

B. 通过 E-mail 沟通

C. 上门沟通

10. 如果你是团队领导，你通常会如何跟你的团队成员进行沟通？

A. 以即时沟通为主，比如电话、短信或微信等

B. 通过 E-mail 沟通

C. 当面沟通

你在沟通时如何恰当地选择沟通方式？每种沟通方式有哪些利弊？如何扬长避短？本部分内容帮你解决这些问题。

学习单元一　沟通方式的类型

情景导入

聪明的宰相

从前有位很好的宰相，了解到广东发生大水灾，请求皇帝给予广东免缴粮食的恩惠，可是皇帝不置可否，只说“让我想想”，就把事情搁下了。于是这位宰相每天陪皇帝下棋时就唱着：“锵、锵、锵，广东免解粮。”一天唱、两天唱，有一天皇帝也跟着他敲着棋盘唱起来：“锵、锵、锵，广东免解粮。”宰相立刻跪在地上说：“谢主隆恩。”因为君无戏言，广东当年真的免缴粮食了。

问题与思考：

1. 这位宰相运用的是哪种沟通方式？
2. 沟通的方式还有哪些？
3. 如何选择恰当的沟通方式？

一、常用的沟通方式

沟通活动

父母一个和蔼的笑容，也许能改善你失落的情绪；老师一句鼓励的话语，也许能让你重拾学习的自信；朋友一个温暖的拥抱，也许能让你感受到友谊的温暖；而你的一句“对不起”，也能化解老师对你的误会，得到父母的谅解，找回属于你的友谊……

参照表 1-3-1，请填写你在日常沟通中经常采用的沟通方式。

表 1-3-1　沟通方式选择

沟通方式	表现形式	你采用的方式
语言沟通	口头	
	书面	
	图片	
	其他	
非语言沟通	手势	
	面部表情	
	姿态	
	其他	

沟通方式可以归纳为两类：语言沟通和非语言沟通。语言是人类特有的一种非常好的、有效的沟通方式。语言沟通包括口头语言、书面语言、图片或者图形等。口头语言包括面对面的谈话、会议等；书面语言包括信函、广告和传真等；图片包括一些

幻灯片和电影等，这些都统称为语言沟通。在沟通过程中，语言沟通更擅长于传递的是信息。

非语言即肢体语言包含的内容非常丰富，包括动作、表情、眼神等。实际上，在声音里也包含着非常丰富的肢体语言。人们在说每一句话的时候，用什么样的语调去说属于肢体语言的一部分。人与人之间的思想和情感通常通过肢体语言传递。

沟通素养

沟通方式见证时代变迁

沟通方式的变迁，有着明显的时代印记。什么样的经济基础，什么样的科学技术背景，便孕育出什么样的沟通方式。从原始人类所使用的烽火、鼓点到如今使用的光纤、卫星、互联网等通信工具，都是以当时的经济和技术为基础，并与之相适应的。

多少年来，书信一直是人们传递信息、交流情感的一种主要方式。不用说杜甫那个年代的“家书抵万金”，就是中华人民共和国成立之初的很长一个时期，人们的远距离沟通仍是以书信为主。二十世纪五六十年代，每当收到电报，人们心里便会忐忑不安，因为那是有急事才会使用的通信工具；长途电话更是高档消费，一般人很少问津。

星移斗换，时过境迁。信息时代给人们的沟通方式带来了很大的变化。我们看到百年“功臣”莫尔斯电报退出了历史舞台；看到昔日价格不菲的电话进入了普通百姓家；看到伴随着改革的春风，移动时尚从无到有，席卷中华大地；看到长途直拨、短信息、电子邮件等一步步取代普通信件往来，成为当今沟通方式的主流；我们还看到，人们正在通过网络沟通、远程在线办公等全新的生活和工作方式融入社会。

中国人从鸿雁传书飞跃到视频通话，沟通方式的变迁折射出中国改革开放40多年来社会、经济的飞速发展。它是中国共产党带领中国人民解放思想、求真务实的伟大成就，我们在改革开放道路上，在实现中华民族伟大复兴征程中，必须坚定中国特色社会主义道路自信、理论自信、制度自信、文化自信。

二、语言沟通方式

语言沟通

（一）口头沟通方式及其优缺点

1. 口头沟通方式的种类

口头沟通可以是员工会议报告、面对面的讨论、讲话、录音带、打电话、电话会议或者录像带。还有一种信息是发送者随意进行的，就是“小道消息”。“小道消息”会传得很快。

2. 口头沟通方式的优缺点

口头沟通方式的优点：

（1）由于沟通者会立即提问来确认不清楚的情况，所以减少了误解，容易达成一致。

（2）可以使沟通者用情绪的感染力说服听众。

（3）可以使听众的注意力集中在具体的重点上。

（4）使沟通者能看见彼此的面部表情，听见彼此的声音，增强了沟通效果。

（5）可以迅速得到反馈。

口头沟通方式的缺点：

（1）没有书面记录。

（2）浪费时间。

（3）也可能不方便。当人们面对面交谈或通过电话交谈时，有些人的工作就可能被打断。

（4）谈话内容有时可能变成闲聊。

（二）书面沟通方式及其优缺点

1. 书面沟通方式的种类

在一个组织内部，对内的书面沟通方式包括便函、报告、布告牌、工作说明、海报、便条、员工手册，甚至电子布告栏；对外的书面沟通方式有商务信函、报告、建议书、传真、合同、广告、产品目录、新闻发布会等。

2. 书面沟通方式的优缺点

书面沟通方式的优点：

（1）提供永久记录，在法治不断完善的现代社会，这是完全必要的。

（2）更加正式，能更有组织、更审慎地传递信息。

（3）比较方便，并能随时查阅。

（4）能传递复杂的或大量的财务数据。

（5）可以更详细地具体表述法律、政策或程序。

（6）弱化沟通者不必要的情绪。

书面沟通方式的缺点：

（1）需要特别仔细准备，要预测沟通效果。

（2）因有案可查，在有些情况下难以挽回失误或不良影响。

（3）书面沟通要求沟通者具备良好的写作技能，而这些技能不是天生的。

沟通故事

用纸条沟通的夫妻

一对夫妻有一天闹不和，打算各睡各的，互不讲话，有事写纸条。

晚上，丈夫给妻子留了一张纸条，上写：“明天我有个会议，早上 7 点叫我。”

然后放在妻子的床头边。第二天，丈夫醒来一看，已经8点了。他非常气愤，跑去质问妻子，但是发现妻子早已经出去了。他没办法，又回到卧室，发现枕边有一张纸条，写着："7点了，快起床。"

故事启发：

沟通方式决定沟通效果，应该运用正确的沟通方式解决问题。采取不恰当的沟通方式，则达不到沟通的目的。

小资料

数字化时代的语言沟通方式

在数字化时代，语言沟通方式主要有以下几种。

1. 即时通信中的语言沟通

人们在微信、QQ等软件上用文字进行交流。这种方式方便快捷，聊天记录还可以保存，方便回顾信息，比如朋友之间分享日常趣事，或者同事之间沟通工作细节等。语音消息也很常用，适合在双手不方便打字的时候，如在走路或者手上拿着东西的时候，人们可以长按说话按钮发送语音，对方接收后就能收听。

2. 视频会议里的语言沟通

在腾讯会议、钉钉会议等视频会议软件里，人们通过麦克风和耳机进行实时对话。在商务洽谈、远程教学等场景中，参与者可以直接对话，还能通过语音语调传达情绪和态度。

3. 语音社交软件

一些语音社交App允许用户进入语音房间，通过语音聊天来交友或者进行主题讨论。这种方式有点像传统的电台互动，大家围绕一个话题畅所欲言。

4. 电子邮件中的语言沟通

电子邮件中的语言比较正式和规范，一般用于商务合作、学术交流等场景。在书写邮件时，要注意措辞、语法和格式，以清晰准确地表达自己的意思。

三、非语言沟通方式

（一）非语言沟通的功能

1. 暗示补充语言信息

非语言沟通方式通过增添语言信息的含义来补充语言信息。例如，当你与他人谈某个问题时，可能说："真对不起！"并且拍对方肩膀或拥抱对方来加强这种信息。再比如，你的老板或老师怎样暗示你该结束谈话了呢？他可能从椅子上站起来，或者整理桌子上的文稿，这些都是向你传递谈话该结束了的信息。

非语言沟通方式

2. 代替语言信息

有些时候，非语言沟通会起到代替语言信息的作用。例如，老师抬起头，盯着班里一些正在说话的学生，几秒钟后直到所有的学生都安静下来，他才继续讲课，他的动作说明“同学们请安静，要认真听讲”。

（二）非语言沟通方式的种类

目光接触、面部表情、手势、体态和肢体语言、身体接触、空间距离等都属于沟通中的非语言。非语言沟通方式可分为以下三类：

1. 标记语言

如聋哑人的手语、旗语、交通警察的指挥手势、裁判的手势，以及人们惯用的一些表意手势，如“OK”、胜利的“V”等。货币符号以及许多现代企业的标识等也属于标记语言。

2. 动作语言

例如，饭桌上的吃相能反映出一个人的修养；一位顾客在排队，他不停地把口袋里的硬币弄得叮当响，这清楚地表明他很着急；在柜台前，一位顾客将某件商品拿起又放下，显示出他拿不定主意。

3. 物体语言

总把办公物品摆放很整齐的人，能看出他是个干净利落、讲效率的人；穿衣追求质地，不跟时尚跑，这样的人一般有品位。

（三）理解身体语言

不同的身体语言有不同的行为含义，具体如表1-3-2所示。

表1-3-2　身体语言的行为含义

身体语言	行为含义
手势	柔和的手势表示友好、商量，强硬的手势则意味着：“我是对的，你必须听我的”。
脸部表情	微笑表示友善、礼貌，皱眉表示怀疑和不满意。
眼神	盯着看意味着不礼貌，但也可能表示感兴趣或寻求支持。
姿态	双臂环抱表示防御，开会时独坐一隅意味着傲慢或不感兴趣。
声音	演说时抑扬顿挫表明热情，突然停顿是为了制造悬念，吸引注意力。

身体语言信息是潜意识的外在表现，最接近真实内心。身体语言信息在沟通中具有重要作用，据研究者估计，沟通中55%的信息受身体语言的影响。身体语言信息传递的正确性决定了语言沟通的有效性。

沟通游戏

身体语言

游戏目标：没有身体语言的帮助，一个人说话会变得很拘谨，但是过多或不合适的身体语言也会让人望而生厌，自然、自信的身体语言会使我们的沟通更加自如。

游戏时间： 10 分钟。

游戏场地： 不限。

游戏道具： 无。

要求：

1. 将学生分为 2 人一组，小组之间进行 2～3 分钟的交流，交流的内容不限。

2. 交流结束以后，请学生彼此说一下对方有什么身体语言表现，比如有人老爱眨眼，有人会不时地撩一下自己的头发。问问对方是否注意到了这些行为。

3. 小组间继续交流 2～3 分钟，但这次注意不要有任何身体语言，看看与前次交流有什么不同。

讨论：

1. 在第一次交流中，有多少人注意到了自己的身体语言？

2. 对方有没有什么动作或表情让你觉得极不舒服，你是否告诉他你的这种感觉？

3. 当你不能用动作或表情辅助谈话时，你有什么样的感觉？是否会觉得很不舒服？

总结：

1. 人与人之间的沟通涉及两个方面：一方面是语言的，另一方面是非语言的，这两个方面互为补充，缺一不可。有时候非语言传达的信息比语言还要精确。

2. 在日常的生活和工作中，为了让别人对你有一个更好的印象，一定要注意避免那些不招人喜欢的动作或表情，注意用一些良好的手势、表情帮助你进行沟通。

非语言沟通是沟通中重要的一部分。了解如何有效地运用身体语言，可以帮助我们有效地传递和理解信息。

1. 积极的身体语言

（1）正面注视表明精力集中。

（2）面带微笑表示态度友好。

（3）双手叉腰表示进行控制的决心和能力。

（4）整洁的外表表示信心十足、精明能干，还表示有修养和礼貌。

（5）手托下巴表示在评判。

（6）扬起眉毛表示感兴趣。

（7）微微侧着的头和友好的目光接触表明赞同地聆听。

（8）谈话时，如果对方将头侧向一边，尤其是倾向讲话者的一边，或者身体前倾，面向讲话者，眼睛盯住对方，说明对对方的话很感兴趣。

（9）两腿分开与肩同宽，双手背后，挺胸、抬头，目光平视对方，面带微笑，则说明对交谈有兴趣、有信心。

（10）慢慢打开记录本，表示关注对方讲话；快速打开记录本，说明发现了重要问题。

2. 消极的身体语言

（1）躲闪的目光意在回避。

（2）把头垂下表示对所讲的事没兴趣。

（3）肩部低垂表明缺乏信心。

（4）手臂环绕身体是自我安慰的表现。

（5）紧锁的眉头和紧闭的双眼表明心存疑惑。

（6）将手插入裤袋里或交叉在胸前，有下意识的小动作，表示不专心、不在意。

（7）摆弄手中的笔、打火机，抚弄衣带、发辫等，显得拘谨、缺乏自信、缺乏经验，而且也有失庄重。

（8）摘下眼镜，轻轻揉眼或擦镜片，表示精神疲劳，或对争论不休的问题感到厌倦。

（9）轻轻地拿起桌子上的帽子，表示要结束谈话或告辞。

（四）如何更好地进行准确的非语言沟通

（1）保持目光交流：目光交流表示兴趣、注意、力量和可信。

（2）用姿态表示兴趣：通过倾斜、直立、正坐鼓励沟通。

（3）减少或除去身体障碍：缩短沟通距离，会议座位应安排成圆形。

小资料

录像能显示有关自己的非语言沟通吗?

录像总是能告诉我们大量有关自己的未知内容。如果你能事先通过录像看自己在课堂上或其他演说场合的预演，你将会发现一些自己不知道的问题和要改进的行为。下面是一些你可能在录像中找出的问题：

（1）眼神。眼神接触可以传递兴趣、关注，提高可信度，所以要确保你的眼神是令人舒服的、自然的。

（2）表情。要经常保持微笑，微笑会让人觉得你更可爱、更友善和更好接近。

（3）手势。没有手势，会被认为很无聊、呆板、没有活力。适当地运用一些手势，你就可以抓住别人的注意力。

（4）姿势与形体定位。包括走路、站立和落座的方式。身体保持直立但不僵硬，稍微向前倾斜一点，这表明你是容易接近的、包容的和友好的。

（5）幽默。运用幽默可以营造一种让人心动的、温暖的和友好的谈话环境。

学习单元二　沟通方式的选择

情景导入

沟通成本与沟通方式

20 世纪 80 年代，有一对两地分居的夫妇，丈夫留学美国，妻子在国内上班。当时的电话费非常贵，国际长途每分钟要二三十元，这对夫妇沟通的成本很高。后来他们想了一个既省钱又能保证每天都能沟通的办法。他们约定：如果电话铃响一声就挂断，含义是：我很好，不要挂念；如果电话铃响两声挂断，含义是：你的回信我收到了，请放心；如果电话铃响三声挂断，含义是：我的信件寄出，注意查收；如果电话铃响三声以后还不挂断，代表对方确实有话要说，请接电话。

问题与思考：

1. 这对夫妇选择了什么样的沟通方式？
2. 当出现沟通成本问题时，他们是如何解决的？
3. 沟通方式的选择取决于哪些因素？

为了达到沟通的目的，让信息可以传递和交流，必须采用一定的形式和方法来表达和承载这些信息。沟通的方式多种多样，在沟通时，要选择合适的沟通方式，提高沟通效果。

一、选择沟通方式的原则

在日常工作、学习和生活中，我们常常会遇到选择沟通方式的问题。是见面沟通好呢还是采取电话等形式沟通好呢？无论选择何种沟通方式，关键在于是否适合自己，是否适合沟通对象，是否适合事情本身。

（一）适合自己的沟通方式

沟通也要讲求实际，只有根据自己的层次、能力和条件，才能充分发挥自己的专长，必要时，还要请他人来帮助完成沟通。如果不考虑选择适合自己的沟通方式，在得不到谅解和宽容的情况下，结果会很糟。

（二）适合沟通对象的方式

人在一生中接触的人会很多，面对不同的沟通对象，沟通的方式和方法亦不相同。以与长者沟通为例，面对面的交流比较适宜，电话沟通次之，假如以信息、QQ和委托他人等形式沟通就显得不合时宜了，不但有不尊重之嫌，而且会让对方误以为你对其有抵触情绪，从而影响沟通质量。

小资料

沟通的真谛

当与小孩沟通时，不要忽略了他的“纯真”；
当与少年沟通时，不要忽略了他的“冲动”；
当与青年沟通时，不要忽略了他的“自尊”；
当与男人沟通时，不要忽略了他的“面子”；
当与女人沟通时，不要忽略了她的“情绪”；
当与主管沟通时，不要忽略了他的“权威”；
当与老人沟通时，不要忽略了他的“尊严”。

（三）适合事情本身的沟通方式

大事大办，小事小办，特事特办，处理不同的事情有不同的沟通方式，应区分轻重缓急。该见面的，就不能以电话的方式沟通；该亲自去的，就不能委托他人办理；长期的事情，就不能以处理短期事情的方式沟通，欲速则不达。绝不能因为沟通对象的因素、事情的烦琐而简化沟通方式，那样会很容易导致事情的失败。

小资料

信息技术助力企业沟通方式的革新

当今世界，数字信息技术成为世界科技革命和经济产业变革的主导力量，日益进入国际社会发展的全领域和经济运行的全过程，转变了劳动生产方式、人民生活方式和社会治理方式。新一代信息技术也在悄然改变人们彼此之间的沟通方式。在企业的管理沟通方面，信息技术的兴起给管理沟通带来了飞跃式的发展。

1. 企业内部沟通方式——办公自动化系统

办公自动化系统（简称 OA）是近年来兴起的一种新型办公方式。这种办公方式是在公司内部搭建局域网络，实现电脑之间的信息即时传输，基于互联网科技和 IT 技术的发展，将原先的纸质载体转换为电子信息传递，实现“无纸化办公”，替代传统的手动办公和重复性的业务活动，高效处理办公事务和业务数据信息，实现对信息资源的高效利用，着力实现以计算分析、人工智能等方式提高办公效率和辅助决策的目标，将内部沟通的方式由“面对面”转变为“键对键”。这种沟通方式已然成为企业内部横向交流的重要方式，既能符合企业内部结构，又能有效保守企业秘密，极大地提高了员工的工作效率，改善了企业的工作环境。

2. 企业外部沟通方式——视频会议系统

企业外部沟通的重要场景主要是企业之间的合作洽谈、探讨研究等。沟通交流不仅仅是文字传输，同一段文字内容，说话的节奏语气、面部表情的变化、肢体的行为动作都影响着文字的表达意图和对方的感受。利用电话沟通虽然体现了语言表达的重要性，但是还不能实现沟通交流的对等性。因此，视频连线会议成为当今企业乃至国家层面之间的主要沟通方式，它不受时间和空间的影响，无需为了当面会晤而长途跋涉、颠倒时差，就能拥有面对面的交流环境，音视频的同步传输实现了对话语义的准确传递，既节约了沟通成本，又提高了沟通效果。未来，视频会议系统将会更加新颖，功能更加丰富，例如增强现实（AR）技术的运用，使参会人员身临其境，甚至可以进行握手和拥抱，视频会议系统还将向各行各业拓展渗透。

二、选择最好的沟通方式

慎重选择沟通方式是信息沟通的基础。

（1）当你想发布消息、分享个人信息时，选择面对面沟通；

（2）当你需要很快地发布或收集信息，或者沟通双方不能见面时，选择电话沟通；

（3）当你希望留下重要的或日常的信息，接收者能在方便时回复时，选择语音信箱沟通；

（4）当你的信息必须跨越时间和地域，或者书面记录很重要，需要快速传递信息时，选择传真沟通；

（5）当你不需要太快的反馈，不在意安全和保密性，需要与分散的群体有效沟通时，选择电子邮件沟通；

（6）当你需要获得群体决定和一致性时，或者单纯发布信息效率不高时，选择面对面会议沟通；

（7）当你需要获得群体决定和一致性，但成员分布在各地时，选择电话会议沟通；

（8）当你需要书面记录来解释政策、讨论程序或收集信息时，选择便函沟通；

（9）当你与外部的客户、政府部门、供应商或其他人沟通，需要书面记录或信函往来时，选择信函沟通。

三、沟通方式的互补

沟通方式可以分成五种：书面语言沟通、口头语言沟通、身体语言沟通、图像语言沟通以及各种方式的结合。尽管前四种方式独立运用也不错，但两种或多种方式结合使用，沟通效果更好。

将商业传媒与电子技术相结合（如多媒体、电视会议）进行沟通，是多种沟通方式结合使用的实例。多媒体使我们能更好地利用视像材料。我们在与许多人，尤其是与大型组织的员工进行沟通时，多媒体越来越受青睐。

下面就口头语言沟通中其他沟通语言如肢体语言、声音语言、文字语言互补使用来进行说明。

（一）口头语言沟通中的肢体语言

口头语言沟通始于肢体语言沟通。“先远观、后近看”就是沟通者先从较远处观察沟通对象的形象与仪态，后在近处细细地察看沟通对象的表情与行为礼仪。口头语言沟通中肢体语言信息包括形象、仪态、表情、接待礼仪、目光、手势等。

（1）形象：形象应该是整洁、美观、大方、朴实的。

（2）仪态：仪态反映了一个人的精气神，应“站如松、行如风、坐如钟”。

（3）表情：真诚的微笑是最美的语言。

（4）接待礼仪：招呼、握手、递接名片、倒茶、让座是一个连贯的过程，其中须以热情、笑脸为基础。

（5）目光：要保持与人目光交流，热情、友好、亲切、坦诚。

（6）手势：明确、精练、自如、和谐，千万注意别错误运用。

（7）其他：根据实际情况，本着“尊重人、方便人”的原则正确把握。

（二）口头语言沟通中的声音语言

声音语言指有声而无固定意义的声音符号系统，包括语速、音调、音量、节奏、声音补白、发音等。据研究者估计，沟通中38%的信息受声音的影响。

（1）语速。语速应快慢适中，“机关枪型”一般人受不了。

（2）音调。指声音的高低程度，柔和的中音、微向上升的音调最为悦耳。

（3）音量。指声音大小、响亮程度，适中为宜。

（4）节奏。应抑扬顿挫，保持均衡、规律。

（5）声音补白。如“嗯、啊、呀”“你知道”等，要连贯、流畅。

（6）发音：应发音准确、吐字清晰。

（三）口头语言沟通中的文字语言

口头语言沟通时所运用的文字承载了沟通的内容信息。在口头语言沟通中，是否了解客户心理需求、是否针对心理需求有效地组织语言文字进行表述、文字表述是否有条理，决定了口头语言沟通的有效性。据研究者估计，沟通有效性的7%取决于文字语言信息。

（1）有效：语言文字要针对需求展开，强调效用。

（2）清晰、有条理：语言表述要有条理、符合逻辑，让听者明晰。

（3）简洁：语言表述应尽可能简明扼要，切忌啰唆、滔滔不绝。

（4）恰当与敏捷：要敏捷地用词造句，做到出口成章，还要能随机应变，并能听出弦外之音。不灵活、反应慢、说话结结巴巴都不利于交流。

四、沟通空间与沟通方式

沟通空间与沟通方式

在人们的相互交流中，沟通者之间的距离对进行良好的沟通也有重要的影响。这里的“距离”有两层含义：一是指心理距离，二是指空间距离。心理距离和空间距离有相应的关系。“亲则近，疏则远”就表明两者的相互关系。心理距离越近，交际时的空间距离也就越近；反之，心理距离越远，交际时的空间距离也就越远。

不管空间是宿舍还是办公室，内部的设计和家具的组合都会显示主人的空间距离。一般来讲，家具位置安排得越正式，沟通环境就会越正式和封闭。一个主管把自己和客人用一排椅子分开表示一种距离感。一个经理把自己和员工的办公室安排在一起，只用分隔物分开表示他鼓励不受限制的沟通工作。

社交的四种距离区域见表1-3-3。

表1-3-3　社交的四种距离区域

场合类型	距离	适合人群
亲密场合	0.3米左右	适合家庭和其他亲密关系的人。
个人场合	0.3米～1米	适合私下与朋友交谈。
社交场合	1米～2米	适合老朋友、同事和陌生人；近则足以进行目光交流，远则足够使人舒服。
公共场合	3米以上	适合当众讲话。

沟通双方之间的空间距离如果属于亲密场合，由于没有心理防线，沟通效果非常好；如果空间距离属于个人场合，由于沟通环境好，沟通效果也比较好；如果空间距

离属于社交场合，沟通就有一定的难度，但只要掌握了沟通原则与沟通技巧，也可以取得良好的沟通效果；如果空间距离属于公共场合，由于没有沟通的必要，就没有交集，也就无所谓沟通效果。

五、人际风格与沟通方式

人际风格
与沟通方式

在工作和生活中，我们会遇见不同类型的人。只有了解不同的人在沟通过程中不同的特点，才有可能用相应的方式与其沟通，最终达成一个完美的结果。

（一）人际风格分类

我们依据一个人在沟通过程中情感流露的多少，以及沟通过程中做决策是否果断，可将其分为四种不同的类型，即分析型、和蔼型、表达型和支配型。

1. 分析型

该类型的人在决策的过程中非常不果断，感情流露也非常少，说话非常啰唆，问了许多细节仍然不做决定。

2. 和蔼型

该类型的人感情流露很多，他总是微笑着看着你，语速很慢。

3. 表达型

该类型的人感情外露，做事果断、直接，热情、有幽默感、活跃，动作非常多，而且非常夸张。在说话的过程中，他往往会借助一些动作来表达他的意思。

4. 支配型

该类型的人感情不外露，但是做事非常果断，喜欢指挥和命令别人。

只有很好地了解这四种类型的人的特征，并且采用与他相似的沟通方法，才可能得到一个更好的沟通效果。

（二）各类型人际风格的人的特征与沟通技巧

1. 分析型的人的特征与沟通技巧

分析型的人的特征：严肃认真；动作慢；有条不紊；合乎逻辑；语调单一；语言准确，注意细节；做事有计划、有步骤；寡言缄默；面部表情少；喜欢有较大的个人空间。

在与分析型的人沟通时要注意：注重细节；遵守时间；尽快切入主题；要一边说一边拿纸和笔记录，像他一样认真、一丝不苟；不要有太多眼神的交流，更要避免有太多身体接触，身体不要过多地前倾，应该略微地后仰，因为分析型的人强调安全，要尊重他的个人空间。在同分析型的人沟通的过程中，一定要用很多准确的专业术语。

2. 和蔼型的人的特征与沟通技巧

和蔼型的人的特征：合作；面部表情和蔼可亲；友好；喜欢频繁的目光接触；说话慢条斯理；耐心；声音轻柔；爱使用鼓励性的语言。

在与和蔼型的人沟通时要注意：首先要建立好关系；要时刻充满微笑；说话要比

较慢，要注意抑扬顿挫；要时常注意同他有频繁的目光接触。

3. 表达型的人的特征与沟通技巧

表达型的人的特征：外向；合群；直率友好；活泼；热情；拥有快速的动作和手势；不注重细节；拥有抑扬顿挫的语调；语言令人信服；幽默。

在与表达型的人沟通时要注意：声音一定要洪亮；要有一些动作和手势，如果我们很死板，没有任何动作，那么表达型的人的热情很快就会消失。与表达型的人达成协议以后，最好与之进行一个书面的确认，这样可以提醒他。

4. 支配型的人的特征与沟通技巧

支配型的人的特征：果断；有作为；喜欢指挥人；强调效率；独立；有能力；说话快且有说服力；热情；语言直接，有目的性；面部表情比较少；情感不外露；计划性强；为人审慎。

在与支配型的人沟通时要注意：在最短的时间里给他一个非常准确的答案，而不是一种模棱两可的结果；沟通要非常直接，不要有太多的寒暄，要节约时间；说话的时候声音要洪亮，充满信心，语速一定要比较快；沟通时一定要有计划，并且最终要落实到一个结果上；要有目光接触。

学习单元三　网络沟通方式

情景导入

网络时代教师的另一种身份：网友

上网看看有没有学生和家长发来的邮件，浏览个人网页上的留言簿，和学生在网上聊聊天，是闫老师每天必做的工作之一。

闫老师“触网”的年头不短，但他从前在网上漫游不过是收集资料或者和自己的同龄人沟通交流。而现在，互联网成了他与学生、家长沟通的平台。

闫老师发现，网络对青少年的影响越来越大。当众多的青少年以“网虫”身份穿梭于网络之中时，一些教师和家长却游离于网络之外。学生有学生的世界，教师有教师的世界，家长有家长的世界，在互联网上，三者之间的沟通几乎等于零。

不进入学生的世界，怎么谈得上了解他们？

新学年的第一天，班主任闫老师的一番话让高一（1）班 46 名学生颇感惊奇。“同学们，我在网上申请了一个专门用于和你们以及你们的家长沟通的电子信箱，希望你们回去后把这个地址告诉家长，今后他们可以通过 E-mail 直接与我联系。也许，有些家长现在还不会使用 E-mail，那就请会的同学当一次老师，负责教会你们的爸爸、妈妈，让他们也能上网。”

让闫老师感到兴奋的是，他的尝试得到了学生和家长的积极回应。不长的时间里，先后有 30 多位家长给他发来了电子邮件。

"假期是否要给孩子全面补习一下数理化？"一位与孩子意见产生分歧的家长，寒假期间通过网络给闫老师发来 E-mail 征求意见。还有一位不知怎样教育自己儿子的家长发来 E-mail，希望闫老师介绍一些有针对性的教育方法。甚至连闫老师给学生写的"班主任评语"，也在网上得到了家长的反馈意见。

让学生把家长带入网络，不仅加深了闫老师和家长之间的友情，同时也大大缓解了学生和家长之间过去因网络而产生的强烈冲突，为共同教育孩子奠定了良好的基础。

现在几乎每一名中学生都拥有自己的 QQ 号，闫老师也注册了一个 QQ 号。校友录是学生网上活动的又一频繁去处，闫老师也经常主动登录班级校友录，从中了解同学们的活动安排、个人爱好、对某人某事的评价，感情上和同学们自然而然地靠近了。

他还在网上建立了班级留言簿、开设 BBS 论坛。无论是学生还是家长都可以在上面自由地发表意见。班级留言簿的好处是，学生、教师、家长三方的意见是向所有人公开的，而且也不需要大家都聚在一起才可以讨论问题。你可以在任何时候发言，发言还能被保存下来，方便别人浏览。班级留言簿使学生、教师、家长三方的交流更加深入，从而可以更好地解决问题。从某个角度来看，这种方式比开家长会更有建设性。

有的学生沉湎于网络聊天，经常到网上去"转一转"的闫老师就会及时地给这位学生发一个信息：你在网上的时间已经不短了，赶快下去吧！

闫老师说，只有进入了学生的世界，才能更好地帮助学生。

问题与思考：

1. 学生与教师采用网络沟通方式普遍吗？
2. 你所知道的网络沟通方式有哪些？
3. 学生喜欢采用哪种网络沟通方式？
4. 如果你是一位教师，你会选择哪种网络沟通方式？

网络沟通是指通过基于信息技术的计算机网络来实现信息沟通活动，它以互联网作为交流分享的平台，综合利用 BBS、E-mail、QQ、BLOG（博客）、微信等网络交流载体，达到双方思想交流的目的。

拓展阅读

让互联网成为与群众沟通的桥梁

一、网络沟通的主要形式

（一）电子邮件

电子邮件是一种用电子手段进行信息交流的通信方式，是互联网上应用最广的服务。通过电子邮件系统，用户可以用非常低廉的价格（不管发送到哪里，都只需负担网费即可），以非常快的速度（几秒钟之内），与世界上任何一个角落的网络用户取得联系。电子邮件有文字、图像、声音等多种形式。电子邮件因其使用简易、投递迅速、收费低廉、易于保存、全球畅通等优点而被广泛应用，它使人们的交流方式发生了极大的改变。电子邮件还可以进行一对多的邮件传递，同一封邮件可以一次发送给许多人。

（二）网络传真

网络传真也称电子传真，是传统电信线路与软件交换技术的融合。网络传真的原理是通过互联网将文件传送到传真服务器上，由服务器转换成传真机接收的通用图形格式后，再通过公共交换电话网络发送到全球各地的普通传真机或任何电子传真号码上。

（三）网络新闻发布

网络新闻突破传统的新闻传播概念，在视、听、感方面给受众全新的体验。它将无序化的新闻进行有序整合，并且大大压缩了信息的厚度，让人们在最短的时间内获得最有效的新闻信息。网络新闻的发布可省去平面媒体的印刷、出版等环节。

在进行网络新闻发布时，要选择好新闻发布的渠道，可选择自媒体平台，如百家号、搜狐号、知乎、微博、头条号等，免费注册，上传审核后即可发布；也可选择新闻发布平台，如美通社等，通常需付费投稿。提交稿件后，可通过媒体官方网站或投稿系统查询稿件状态。新闻稿发布后，可关注阅读量、评论、转发等数据，评估传播效果，并根据反馈及时调整、优化写作策略和发布渠道。

（四）即时通信

即时通信是指能够即时发送和接收互联网消息的业务。近几年来，即时通信的功能日益丰富，逐渐集成了电子邮件、博客、音乐、电视、游戏和搜索等多种功能。即时通信不再是一个单纯的聊天工具，它已经发展成集交流、资讯、娱乐、搜索、电子商务、办公协作和企业客户服务等于一体的综合化信息平台。

沟通素养

网络沟通的利与弊

小梅突然得了一种“怪病”，住院后，医生难于确诊，试用了很多疗法都不见效。她的同学非常着急，他们通过互联网向世界各地发出求诊信，在信中详细描述了小梅的症状及发病前后的情形。很快，同学们收到来自世界各地医生的回复。三分之二的意见认为，这种怪病可能是因为某种金属中毒。小梅的同学迅速将这一消息转给她所在的医院。小梅得救了！如果没有互联网，小梅的病症很难做出准确诊断，很可能延误治疗时间，从而失去生命。有了互联网这一快捷广泛的信息传播途径，小梅得到了世界各地医生的帮助，病才得以确诊。

某县“女子狗嘴之下救女童，被狗咬烂四肢成重伤”一事被媒体报道后，一周内当事人就收到70余万元捐款。然而，佳话转眼就成了骗局，所谓的“见义勇为”纯属子虚乌有，一切都是女子的丈夫编造的谎言。

网络沟通已经成为现代社会沟通的主要方式，但网络沟通的信息必须真实可靠，不能超越道德、法律的界限。我们要在网上传播正能量，遵守网络沟通的原则，不断提高网络媒介素养，践行社会主义核心价值观，共同培育积极健康、向上向善的网络文化。

二、网络沟通方式的选择

（一）电子邮件沟通

电子邮件是职场人首选的沟通方式，80%的外企职场人每天上班要做的第一件事就是打开电子邮箱收发邮件，70%的职场人下班前的最后一件事是查看电子邮箱确认没有尚未处理的紧急邮件，30%的职场人即使下班或周末在家休息也要登录电子邮箱查看有没有漏掉重要的电子邮件。

网络沟通方式的选择

为什么使用电子邮件沟通？一是电子邮件能使所有参与方对于所讨论的论题、事实依据和结论，以及达成的共识一目了然，并保持跟进直至工作完成；二是电子邮件能准确、及时地记录事项进程、讨论的内容及行动细则，并承担了作为每个工作项目历史档案的功能；三是电子邮件能充当意见不合、起争端时的证明。

电子邮件是一种重要的职场沟通方式，主要用于日常工作交流、传递公司的产品与服务信息、获取外界信息和展示企业形象等。

（二）网络传真沟通

网络传真沟通在商务应用领域具有相当广泛的市场，原因在于网络传真沟通有以下几点优势：（1）避免了传真文件的丢失，同时减少了纸张消耗。（2）不使用一般的电话线路，不受地域限制，成本较低。

网络传真的应用场景主要有三个：一是商务合同传输。企业间签订合同时，可通过网络传真快速发送合同文件，对方接收后签字盖章再回传，方便快捷且具有法律效力。二是文件资料共享。公司内部或与合作伙伴之间共享文件资料时，网络传真可确保文件的完整性和准确性，避免因文件格式不兼容等问题导致的信息丢失。三是远程办公。员工在家或外出办公时，能通过网络传真与公司进行文件传输，实现远程办公的高效沟通。

（三）网页沟通

企业是网页沟通的主要使用者，其借助于网页来达到传递信息、实现交流的目的。要采用网页沟通这种方式，首先，需要相关企业建立清晰的联系信息。对于已建网站的企业，需要建立“关于我们”或“如何联系我们”的网页。这个网页应包括客户可能需要的企业的有关电子邮件地址，而且从网站中的其他网页都能链接到这个联系网页。其次，有效的网页沟通必须由精通网络技术的相关人员担任邮箱的管理者，解答沟通中出现的问题。目前，有很多企业聘用专门的技术人员担任邮箱的管理者，负责与客户或者企业内部员工交流、沟通，这样既能让企业的员工及时了解企业和行业的发展动态，又能使外界对企业有充分的认识。

小资料

客户沟通十大方式的选择

1. 人工应答客户来电。
2. 利用网络进行客户问卷调查。

3. 利用网络聊天工具。

4. 利用电子邮件。

5. 利用网络为客户提供网页自助服务。

6. 利用自动语音导航为客户提供服务。

7. 利用语音识别系统。

8. 利用传真。

9. 设立点击通话。

10. 利用短信。

（四）即时通信沟通

即时通信具有实时性、便捷性、多媒体支持、社交性强等特点。它能够打破时空限制，让沟通更高效、便捷，随时随地与全球联系；也可以拓展社交圈，结识不同人群，加强亲友联系，如通过群聊增进感情；还可以推动商业发展，如企业在客户服务、营销推广时通过即时通信进行在线答疑，提升客户满意度和销量。

常见的即时通信工具有社交类、办公类等。社交类当中，微信是国内主流，除聊天外还有支付、小程序等功能；QQ 功能丰富，适合年轻群体；微博能快速传播热点资讯，用户可关注感兴趣的对象；抖音以短视频形式分享生活、知识；小红书通过图文笔记种草推荐，适用于品牌推广、个人展示，吸引粉丝互动。办公类中，企业微信可以进行办公，有考勤、审批等功能；钉钉平台的沟通协作功能全面，能够提升办公效率；腾讯会议、Zoom 等可远程进行“面对面”交流，广泛用于商务会议、在线教学、远程培训，如企业跨地区开会、学校开展网课等。

选择即时通信沟通方式，需综合考量场景、对象、功能需求及安全性等因素。

1. 依场景选择

（1）日常社交：选功能丰富、社交性强的，如微信可发朋友圈，通过小程序互动，适合分享生活；QQ 有多样个性化装扮，受年轻群体的喜爱。

（2）工作办公：侧重办公功能，企业微信集成考勤、审批，钉钉有强大日程管理和任务分配功能，能够提升团队协作效率。

（3）跨国交流：考虑国际通用性，WhatsApp 在欧美广泛使用，Telegram 在欧洲、亚洲部分地区流行，能突破地域限制进行沟通。

2. 根据对象选择

（1）长辈亲友：选操作简单的为宜。微信界面简洁，易上手，适合老年人；与熟悉数字产品的亲友交流，可依共同喜好选择。

（2）商务伙伴：选专业的、正式的，如领英消息，专注职场社交，与商业伙伴交流项目合作更合适。

3. 按功能需求选择

（1）多媒体传输：常发大文件、高清图片视频，选择传输速度快、容量大的工具，如 QQ 传文件方便，钉钉也支持大文件传输。

（2）群组沟通：需多人交流，注重群功能，如微信群上限 500 人，适合一般群组；QQ 群人数上限更高，且有群文件、群投票等功能。

4. 从安全性考虑

处理敏感信息要选加密技术好的，如 Telegram 采用端到端加密，保护聊天隐私；国内蝙蝠加密聊天也主打安全加密。

小资料

微博、微信成家校沟通新方式

某市学校管理中心要求下属学校开通自己的微博、微信公共平台，让家长能从各种电子化渠道获取学校的一手信息。同时，学校管理中心也建立了自己的相关网络公共平台，给家长提供一个发表建议、意见甚至投诉的平台。老师和家长、学生的沟通也不仅仅限于“家校通”平台，包括 QQ 群、微信、微博在内的多种公共信息平台都能全面使用。

课堂互动

党的二十大报告指出，推进教育数字化，建设全民终身学习的学习型社会、学习型大国。在这样的背景下，某校要组织一次线上的跨班级学习经验交流活动，参与的班级分布在不同校区，学生们需要选择合适的网络沟通方式来实现高效的交流。假如你是活动组织者，你会选择哪种网络沟通方式来组织这次活动？请说明你的理由。

技能训练

1. 假如你是一家公司的高级顾问，在同客户沟通前准备了一份 150 页的文稿和一份 60 万元的报价单。就在你准备给客户详细讲解的时候，客户却接到一个重要的电话，必须立刻离开，你只有 3 分钟的时间把方案的精华讲出来，使客户接受你的方案和报价。请用 3 分钟的时间模拟此次沟通，展示你的沟通技巧。

2. 公司派你乘坐长途汽车去另一个地方，时间是 10 个小时，与你同行的是一个不爱讲话的同事。请你运用沟通技巧，使这位不爱讲话的同事多说话。

3. 利用腾讯 QQ 或企业微信工作，将指定文档分享给其他人，以主持人方式召开远程视频会议，共享 PPT 文档，并进行 3 分钟的介绍。

活动四

沟通心态及沟通能力培养

知识目标

1. 正确理解沟通心态，掌握沟通心态的养成方法；
2. 掌握培养沟通能力的途径。

能力目标

1. 具备运用良好心态进行沟通的能力；
2. 具备运用沟通技巧进行沟通的能力；
3. 具备针对不同沟通对象灵活沟通的能力。

素养目标

1. 培养自信、乐观、宽容的健康心态，养成良好的沟通心态；
2. 通过沟通的三种自我状态的学习，树立沟通中的平等意识和尊重意识。

能力测试

沟通心态测试

请根据自己的实际情况回答下列问题：

1. 你现在对自己抱有信心吗？
2. 当你情绪不好时，你会进行调节吗？
3. 你有明确的人生目标吗？
4. 你有业余爱好吗？
5. 对于生活中出现的问题，你能往积极乐观的方面想吗？
6. 你经常进行体育锻炼吗？
7. 当事情没做好时，你也不因此否定自己吗？
8. 你能以幽默的态度对待生活中的许多事情吗？
9. 你已不过分关注自己的心理问题或症状，而去做你该做的事吗？
10. 你的惧怕心理越来越少，胆量越来越大吗？

11. 你只关注着自己的进步，而不和别人盲目比较吗？
12. 你能把学到的理论运用于自己的生活实践吗？
13. 你是否认为你应该对自己的人生负责，而不应归咎于父母等外界因素？
14. 你有可以相互交流、相互倾诉、相互帮助的朋友吗？
15. 当别人提出你不愿意接受的要求时，你敢不敢加以拒绝？
16. 你是否能理解别人和关心别人？
17. 你是否能静下心来专心地做事？
18. 你对生活充满热情而不是无聊消沉吗？
19. 你已明确了自己的长处和短处并能辩证地看待吗？
20. 你能保持对外界的关注，而不是盯着自己的心理症状吗？
21. 你对自己出现退步或反复能加以宽容吗？
22. 你能把生活安排得井井有条吗？
23. 你是否已不十分在意别人的看法？
24. 你是否已不拿一些无关紧要的事情来否定和考验自己？
25. 你的情绪基本上处于稳定和良好的状态吗？

计分方法：完全否定计 0 分；基本否定计 1 分；说不准计 2 分；基本肯定计 3 分；完全肯定计 4 分。

解析：

总分 65 分为及格；66～80 分为基本合格；81～95 分为良好；96 分以上为优秀。低于 65 分则要引起注意，应进行调整。

心态决定未来，沟通从心开始。每个人都拥有自己的喜怒哀乐，都有着不同于他人的心理活动。与人沟通时如果忽视了这种心态因素，信口开河，往往会出现“人际危机”，最终使自己遭人厌弃。所以，要高质量地沟通，我们必须从正确的“心态”开始。

学习单元一　沟通心态的养成

情景导入

父与子的对话（一）

子：“上学真是无聊透了！”

父：“怎么回事？”

子：“学的都是些不实用的东西。”

父：“现在的确看不出好处来，我当年也有同样的想法，可是现在觉得那些知识还是蛮有用的，你就忍耐一下吧。”

子：“我已经耗了十年了，难道那些 X 加 Y 能让我学会修车吗？”

父：“修车？别开玩笑了。”

子：“我不是开玩笑，我的同学王明辍学学修车，现在月收入不少，这才有用啊！”

父："现在或许如此，以后他后悔就来不及了。你不会喜欢修车的。好好念书，将来不怕找不到更好的工作。"

子："我不知道，可是王明现在很成功。"

父："你尽全力了吗？这所高中是名校，应该差不到哪儿去。"

子："可是同学们都有同感。"

父："你知道不知道，把你养到这么大，妈妈和我牺牲了多少？已经读到高二了，不许你半途而废。"

子："我知道你们牺牲很大，可是不值得。"

父："你应该多读书，少看电视！"

子："爸，唉，算了，多说也没用。"

…………

父与子的对话（二）

子："上学真是无聊透顶了！"

父："你对上学有很深的挫折感？"

子："没错，学校教的东西根本不实用。"

父："你觉得读书对你没有什么用？"

子："对，学校教的不一定对我有用。你看王明，他现在修车技术一流，这才实用。你觉得他的选择不正确吗？"

父："从某个角度看确实如此。现在他收入不错，可是几年后，或许会后悔。"

子："你认为将来他会觉得当年做错了决定？"

父："一定会的，现在的社会，教育程度不高是会吃亏的。"

子："有件事我真的很担心，你不会告诉妈妈吧？"

父："你不想让你妈妈知道吗？"

子："跟她说也无妨，反正她迟早会知道的。今天学校进行阅读能力测验，结果我的阅读能力只有初中程度，可是我已经高二了！"

父："我有个想法，也许你可以通过补习加强阅读能力。"

子："我已经打听过了，可是每个星期要耗掉几个晚上！"

父："补习的代价太高了。"

子："而且我答应同学，晚上另有节目。"

父："你不想食言。"

子："不过补习如果真的有效，我可以想办法跟同学改期。"

父："你其实很想多下点功夫，又担心补习没用。"

子："你觉得会有效吗？"

…………

问题与思考：

1. 上述两个对话中应用的是什么样的沟通心态？
2. 除此之外，沟通中还需要什么样的沟通心态？
3. 沟通心态对有效沟通起什么样的作用？

在人际交往中，我们每个人都应该注意自己正处于什么心态，在不同场合用最为恰当的心态与人交往，相信你会拥有许多的朋友，成为一个很受人欢迎的人。

很多人都以为，沟通是一种讲话的技巧，其实这是不对的。沟通的基本问题其实是心态的问题，一个人如果自私、自我、自大，就很难与别人沟通，这就是心态不对的典型症状。

一、沟通从心开始

沟通的目的是要让对方明白你的想法或达成共识，只有实现心与心的交流，走进对方心里，才是真正的沟通。良好的沟通需要稳定的情绪和比较健康的心态，以及对沟通对象的尊重，外加一定的技巧和手段。

课堂互动

你认为沟通的心态有哪些？请在一张纸上列出来，并说明原因。

沟通心态

（一）敬人心

尊重是一种礼貌，更是人们之间友谊的桥梁，一个懂得尊重别人的人必定会得到信任。在沟通的过程中，我们必须真诚，尊重对方，真正把对方所说的话听进去，然后才能在互动的过程中恰当提出自己的见解。

沟通故事

苏东坡与老和尚

据说，有一天苏东坡与老和尚一起打禅。老和尚问苏东坡：“你看我打禅像什么？”苏东坡想了一下，并没有回答，同时反问老和尚：“那你看我打禅像什么？”老和尚说：“你真像是一尊高贵的佛。”苏东坡听了这一番话，心中暗暗地高兴。于是老和尚说：“换你说说你看我像什么。”苏东坡想气气老和尚，便说：“我看你打禅像一堆牛粪。”老和尚听完苏东坡的话淡淡地一笑。苏东坡高兴地回家后，和家里的小妹谈论起这件事，小妹听完后笑出声来。苏东坡好奇地问：“有什么可笑的？”苏小妹告诉苏东坡：“人家和尚心中有佛，所以看你如佛；而你心中有粪，所以看人如粪。当你骂别人的同时，也是在骂自己。”

故事启发：

从批评者的言行能看出其眼界和见识。所以人的心里想些什么，就会说出什么样的话，这正好反映出一个人待人处事的风范和内涵。运用言语骂人的人，必定得不到对方的认同，也会失去别人的信任。良好的沟通应建立在彼此尊重的基础上，这样才能达到沟通的效果。

沟通的过程是在相互尊重的基础之上收集正确的信息，给出好的信息和取得进展的过程。只尊重自己但不尊重别人会成为自大的人，没有人愿意与自大的人沟通。所以，对别人缺乏尊重会阻碍自己成为有效的沟通者。同样，如果不尊重自己也会导致沟通无效。如果自我评价很低，我们将不能说出自己的想法、目标和好恶。沟通过程中尊重的标准是既尊重自己，也尊重他人。尊重是双向的，没有这一点，不可能实现成功的沟通。

（二）自信心

在与他人沟通时，自我感觉会在很大程度上影响着别人如何看待你。如果你都觉得自己“不行”，那么让对方如何赏识你，与你继续沟通下去呢？所以说，培养一种自信的感觉是非常重要的，它会让你在与人沟通的过程中受益无穷。

一个人没有自信，那么他在别人心目中的形象就会大打折扣，因为大多数人还是喜欢和自信的人在一起。所以，我们在日常的人际交往过程中，要有沟通成功的信心，不要总是被沟通会失败的心理所困扰。只有多与人沟通，才有利于发现自己的长处，从而有利于形成正确的自我认识与评价，增强自己的信心，克服自卑感。当然，自信不是盲目的自信，不是表演出来的自信，自信建立在自我认知之上。所谓自我认知，就是对自己有一个明确的、实事求是的看法和评价，包括自己的性格、能力、长处、短处、人生目标等。

（三）真诚心

“逢人且说三分话，未可全抛一片心。”这是一句为人处世的俗语，说的是对人要“阴者勿交，傲者少言”。其实，这只是在自己身边围起了一道防线，生怕自己交错朋友。人与人之间无形之中多了几层保护，人们也就感叹相处很难，却不知是自己先将自己封闭起来了。

每个人都希望别人真诚相待，但要想得到别人的真诚，你就应当首先主动真诚地去对待别人。

“沟通从‘心’开始”是中国移动公司的经典广告词。之所以经典，正是因为抓住了重点——心。大多数情况下，当你试图取悦他人，尤其是当你担心说真话或表达内心的真实感受会让人嫌弃时，伪善就已经不期而至了。无数事实证明，真正打动人心的讲话并不在于说得多么流畅，多么滔滔不绝，而在于是否善于表达真诚。最能推销产品的人并不一定是口若悬河的人，而是善于表达真诚的人。如果你能够用得体的话语表达出你的真诚，你就会赢得对方的信任。

沟通素养

沟通的核心是心态

一把坚实的大锁挂在铁门上，一根铁杆费了九牛二虎之力，还是无法将它撬开。钥匙来了，它瘦小的身子钻进锁孔，只轻轻一转，大锁就“啪”的一声打开了。铁杆奇怪地问：“为什么我费了那么大力气也打不开，而你却轻而易举地就把它打开了呢？”钥匙说：“因为我最了解它的心。”

沟通有方式，讲技巧，其要点是：真诚、理解、平等、尊重、认同和适应。避免以自我为中心，随时进行换位思考才能达到其高度，而换位思考虽然经常挂在嘴边，但做起来是有难度的，如果我们始终都能站在对方的角度去考虑问题，才会有理解、认同及适应，加上尊重、真诚、平等和目标一致，还有什么问题不能解决？

（四）平等心

有平等才有沟通，有平等才有忠诚，有平等才有效率，有平等才有竞争力。有效沟通的前提是平等，要把自己放在和对方平等的位置上。

（五）宽容心

沟通故事

主人的宽容

一头牛和一头驴在一个槽子里吃饭，牛稳重，干活勤恳，平常不怎么喜欢说话，它看不惯驴嘚瑟的样子，认为驴事儿多，但是它不愿意得罪驴。如果它看不惯驴了，在心里骂几句就算了。不过它只要说话，就能把对方噎得够呛。驴正直，性子急，想到什么就说，只要它认为对的，从来不顾及对方的感受，干活当然也比较毛躁。

有一天，由于主人给的饭不是很多，吃着吃着，牛心里就想，我每天跟着主人去翻地，干很多的重活，而旁边这个家伙却吃得比我还要多，真是不爽。但是不喜欢说话的它，在旁人眼里看来没有什么变化。与此同时，旁边的驴心里也在打着算盘，每天都是我跟主人去野地里割草，我一大车一大车地往回拉，回来后还得让旁边的笨蛋一起吃，它有什么功劳？

想到这里，驴很委屈地说："喂！这些草都是我拉回来的，你是不是该少吃点呢？大哥！"牛正在气头上，听了这话当然不高兴了："好草都留给你，这些苞米、豆子都是我跟着主人，一天一天辛辛苦苦翻地种出来的，连大粪都是我上的。那么这些饱满、白白胖胖的豆子和苞米，你就别碰了，咱俩各吃各的，行不？"

驴急了，给了牛一蹄子，牛积攒多年的怨气在一瞬间好像山洪暴发一样，它头一低，对着驴就撞了过去。驴也不是省油的灯，不停地踢牛。它们谁也不服谁，很多回合过后，两败俱伤。

第二天，宽容的主人来了，看到此情景，立刻给它们敷药疗伤，并且给它们分别准备了几顿丰盛的大餐。在了解了事情的缘由后，主人耐心开导，与牛、驴一起分享对方的优点，重新分配它们以后的工作，做到互相协助、互相补充。牛和驴都羞愧地低下了头，本来是几句话就可以说清楚的问题，何苦闹到这个地步呢？

故事启发：

没有一颗宽容的心，不能接受刺耳的话，谈何沟通呢？良好的沟通需要宽容的心做桥梁。在沟通的过程中，如果没有一颗宽容的心，就会出现故事中的结果。

听到不顺耳的话时，你应该这样想：没有人会对自己不在乎的人提出忠告，最刺耳的话往往是最为你着想的话，而且是诚实的话。良药苦口利于病，忠言逆耳利于行。

任何一句话，认真去听，都可能听出某些道理，它不可能毫无价值。但是，我们常常不在乎这些道理，却斤斤计较于对方表达时的态度和语气。换句话说，我们不认真听对方在讲什么，却十分介意对方是怎么讲的。事实上，话愈有道理愈容易引起听者的反感，正所谓忠言逆耳。如果双方都认真地听，那么我们沟通起来就会顺畅得多。

（六）同理心

同理心是指在人际交往过程中，能够体会他人的情绪和想法，理解他人的立场和感受，并站在他人的角度思考和处理问题。简单地说，同理心即站在对方的立场思考。

“己所不欲，勿施于人”就是同理心，就是用自己的心推及别人：自己希望怎样生活，就想到别人也会希望这样生活；自己不愿意别人怎样对待自己，就不要那样对待别人。总之，从自己的内心出发，推及他人，去理解他人，对待他人，就是同理心的直接解释。

我们在生活中常说：“人同此心，心同此理。”强调的也是同理心。无论是在工作还是在日常生活中，凡是有同理心的人，都善于体察他人的意愿，乐于理解和帮助他人，这样的人最容易受到大家的欢迎，也最值得大家信任。

理解同理心的含义后，你将会懂得，为什么你不能怨恨、嫉妒其他人；你也将懂得，为什么你不能报复那些伤害你的人；你也将彻悟“以德报怨”这个词的真实含义。

沟通故事

心灵的关爱

曾经发生过这样一件事情。

有一位小学生，因为身体感觉不适，经医生详细检查后，确认他患了癌症。

接踵而来的，是一连串更详细的检查与治疗。其中当然也包括人人闻之色变的化学治疗。

在不断地使用化学针剂治疗之后，癌细胞的蔓延受到了控制。但化学治疗强烈的副作用也随之产生，这位小病童的头发开始大量掉落，一直到他的头上一根头发也没有了。

出院的日子一天天临近，小病童的心中除了欣喜之外，更有一丝隐隐的担忧——自己是否应该戴上假发回学校上课。一来因为自己光秃的头而自卑，二来也怕自己光头的新造型吓坏了同学。

回学校那天，母亲推着轮椅，送他走进教室的那一刻，母亲和他不禁张大了嘴，感动得发不出声音来。

只见全班同学全都理光了头发，连老师也顶着大光头，热烈地欢迎他回来上课。

我们的小病童一把扯去假发，欢快地融入同学们。

故事启发：

这是一个真实的故事，同时也像一则温馨的现代寓言。故事中病童的同学和老师，真正展现了最高境界的安慰艺术。最好的关怀与抚慰，绝对不仅仅在言语之间，更重要的是能设身处地站在对方的立场，细心体会受抚慰者实际的需要。这种关爱，不但能抚慰对方不安或沮丧的心情，使之得到舒缓，而且能进一步燃起他心中爱的力量，从而激起对方无限的潜能。

多付出我们真诚的关爱，并在同理心的基础上用实际行动表达出来，你将发现，虽然只是举手之劳，却时常能带来意料之外的极大震撼与回响。

同理心的六原则如下所述：

(1) 我怎么对待别人，别人就怎么对待我。

(2) 想他人理解我，就要先理解他人。将心比心，才会被人理解。

(3) 别人眼中的自己，才是真正存在的自己。学会从别人的角度看问题，并据此改进自己在他们眼中的形象。

(4) 只能修正自己，不能修正别人。想成功地与人相处，让别人尊重自己的想法，唯有先改变自己。

(5) 真诚坦白的人，才是值得信任的人。

(6) 真情流露的人，才能得到真情回报。

二、沟通心态的养成

沟通心态的养成

“态度决定一切。”没有什么事情是做不好的，关键是你的态度问题，事情还没有开始做的时候，你就认为它不可能成功，那它当然也不会成功，或者你在做事情的时候不认真，那么也不会有好的结果。

沟通故事

三个建筑工人

炎炎烈日下，三个工人在砌一面墙。有一个好管闲事的人过来问：“你们在干什么？”

第一个工人爱理不理地说：“没看见吗？我在砌墙。”

第二个工人抬头看了一眼好管闲事的人，说：“我们在盖一幢楼房。”

第三个工人真诚而又自信地说：“我们在建一座城市。”

十年后，第一个人在另一个工地上砌墙；第二个人坐在办公室中画图纸，他成了工程师；第三个人呢，成了一家房地产公司的总裁，是前两个人的老板。

故事启发：

态度决定高度，仅仅十年的时间，三个人的命运就发生了截然不同的变化，是什么原因导致这样的结果？是态度！相同的境遇，心态各不相同。随着时间的推移，心态上的差别使命运发生了巨大的反差。

有什么样的心态，就有什么样的未来。只有以一种平和的心态去面对身边的每一件事情，生活才会越来越美好。

（一）自信心的养成

1. 要有“我能胜利”的信心

无论做什么事，都要满怀信心。在“我能胜利”的思想引导下，认真去做就会接近胜利。假如你不信任自己，总是“怕”字当头，怕上课提问、怕测验、怕见老师，甚至回避上学，当然不能成功。

2. 给自己积极的暗示

心理学家依据大量的调查试验指出，超常儿童和智力低下儿童大约各占2%，96%左右的儿童在智力发展上并没有多大差别。这说明你的智力并不比别人差多少，不要老想着自己不如别人，低估自己的智力，这是才智借口症的一种表现。所谓才智借口症，就是以自己不够聪慧为借口，为失败找理由，为退缩找借口。

3. 正眼看人

眼睛是心灵的窗户，不敢正眼看人，就表示“我怕”“我没有信心”。要敢于正眼看人，表现自己的坦诚和信心，以此博得对方的信赖。

4. 加快走路的速度

人的动作和姿态会影响心理状态，可以借助姿态的转变和走路速度的加快来转变自己的心理状态。一个低头弓背、无精打采和走路缓慢的人，往往显得没有自信。

5. 搞好人际关系

搞好人际关系不仅是一个人适应现代社会的主要条件，也是培育自信的最好方式。因此，碰到熟悉的人要主动打招呼、主动说话，这不仅表现礼貌，而且表现信心，越是主动与人说话，信心越强，人际关系也越融洽。

沟通游戏

相信他人

游戏目的： 让学生领会信任、合作。

参加人数： 随意。

游戏时间： 每人5分钟。

游戏工具：

1.1米高的桌子一张或1～2米高的高台一个；

2.4～5条10厘米×50厘米的布带。

要求：

1. 将一位自告奋勇的学生的双手用布带绑在一起，请他站上桌子或高台；

2. 请六位男学生分成两排面对面将手握在一起，以接住倒下来的学生；
3. 请这位学生背向六位男学生，身体笔直向后倒下去。

讨论：

1. 在你向后倒下去时有什么感想？
2. 在你接人时有什么感想？

（二）宽容心的养成

宽容是一种美德。有位哲人曾经说过："生别人的气是可以的，但必须学会原谅别人。"理解别人，尊重别人，谅解别人，和别人和睦、融洽相处，就是宽容。

人与人相处，常常有不合意的时候，这是正常的。由于各人所处的环境、地位、文化修养不同，性格也迥异，不能要求别人都能随你的意。各人有各人的意愿，当自己的意愿和现实不一致的时候，就要控制自己，不应轻易发火，发火是一种消极心理的外在表现。如果自己不顺心、不如意，就找借口、发脾气，甚至拿别人当出气筒，不仅侮辱了别人的人格，也有损自己的形象。

即使别人对你有过激的言语或过火的行动，甚至拔拳相向，也要头脑清醒，冷静对待，不能针尖对麦芒，不妨退一步，说一声"对不起，是我错了"。"良言一句三冬暖，恶语伤人六月寒。"相信大多数人是讲道理的，这样做就能化干戈为玉帛，避免矛盾激化。此外，还应培养自己的幽默感，缓解矛盾，给生活增添情趣，寻找生活中的快乐。

宽容即是大度，宽容即是爱心，常怀宽容之心，宽容处世，宽容待人，人际关系就会更加融洽，社会就会更加和谐，人间就会更加美好。

小资料

改变环境与改变自己

你改变不了环境，但你可以改变自己；
你改变不了事实，但你可以改变态度；
你改变不了过去，但你可以改变现在；
你不能控制他人，但你可以掌握自己；
你不能预知明天，但你可以把握今天；
你不能左右天气，但你可以改变心情；
你不能选择容貌，但你可以展现笑容；
你不可以事事顺利，但你可以事事尽心；
你不能延伸生命的长度，但你可以决定生命的宽度；
不要轻言放弃，否则对不起自己；
征服现在，就是成就未来。

沟通技巧（第五版）

沟通故事

宽容待人

有一个男孩的脾气很坏，于是他的父亲就给了他一袋钉子，并且告诉他，每当他发脾气的时候就钉一枚钉子在后院的围篱上。

第一天，这个男孩钉下了 37 枚钉子。慢慢地，他每天钉下的钉子的数量减少了。他发现控制自己的脾气要比钉下那些钉子容易些。

终于有一天，这个男孩再也不会因失去耐性而乱发脾气，他决定告诉父亲这件事。而父亲告诉他，现在开始，每当他能控制自己脾气的时候，就拔出一枚钉子。

一天天过去了，最后男孩告诉父亲，他终于把所有的钉子都拔出来了。父亲拉着他的手来到后院说：你做得很好，我的孩子。但是看看围篱上的洞，这些围篱将永远不能恢复成从前那样。你生气的时候说的话将像这些钉子一样留下疤痕。如果你拿刀子捅别人一刀，不管你说了多少次对不起，那个伤口将永远存在。话语的伤痛就像真实的伤痛一样令人无法承受。

故事启发：

人与人之间常常因为一些毫无意义的坚持，而造成永远的伤害。如果我们都能从自己做起，宽容地看待他人，相信一定会有意想不到的结果。帮别人开启一扇窗，也就是让自己看到更完整的天空……

宽容是一种非凡的气度、宽广的胸怀，是对人、对事的包容和接纳。

宽容是一种高贵的品质、崇高的境界，是精神的成熟、心灵的丰盈。

宽容是一种仁爱的光芒、无上的福分，是对别人的释怀，对自己的善待。

宽容是一种生存的智慧、生活的艺术，是一份从容、自信和超然。

愿我们每一个人常怀宽容之心！

（三）同理心的养成

怎样才能做一个有同理心的人？

一是以诚待人。在一般情况下，你若以诚待人，别人也会以诚待你；你若敌视别人，别人也会敌视你。最真挚的友情和最难解的仇恨都是由此逐步积累而成的。

二是以人为镜。古人云：以人为镜，可以明得失。别人眼中的自己，才是真正存在的自己。人们都说自己最了解自己，其实自己最难了解自己。

三是修正自己。人生在世，难免被人误解，别人误解了你，怎么办？你只能修正自己，不能修正别人。

四是坦诚做人。如果愿意把隐藏在内心深处的东西袒露给对方，就很容易走进对方的心灵深处。所谓“交友须带三分侠气，做人要存一点素心”，这样才能得到真情回报。

同理心饱含着温情与关爱，是一个人人格成熟和社会化的标志。拥有良好的同理心，也就拥有了感受他人、理解他人行为和处事方式的能力，你不仅可以知道对方明确表达的内容，还能够更深入地理解并把握对方隐含的感觉和想法。同理心因此能够成为你与他人之间得以顺畅沟通的心理桥梁。

学习单元二　沟通能力的培养

情景导入

割草的男孩

一个男孩打电话给陈太太说："您需不需要割草？"陈太太回答说："不需要了，我已请了割草工。"男孩说："我会帮您拔掉花丛中的杂草。"陈太太回答："我的割草工也做了。"男孩又说："我会帮您把草与走道的四周割齐。"陈太太说："我请的那人也已做了，谢谢你，我不需要新的割草工人。"男孩便挂了电话，男孩的室友问他："你不是就在陈太太那儿割草打工吗？为什么还要打这个电话？"男孩说："我只是想知道我做得有多好！"

问题与思考：

1. 割草的男孩为什么要给陈太太打电话？他达到了什么目的？
2. 如果是你，你会怎样了解陈太太的想法？
3. 沟通能力是否有助于事业的成功？

沟通并不是一种本能，而是一种能力，需要在工作实践中培养和训练。

一、在沟通心态认知中提升沟通能力

课堂互动

请你回想自己过去二十四小时的生活，有没有哪一刻，你的行为、想法和感觉就像你小时候的反应一样？有没有哪一刻，你的所做、所想、所感和你父母的反应一样？还有哪些时候，你的举止、念头和情感是单纯针对当时所发生的事的直接反应，与过去无关？针对每一项至少举出一个例子，并写下当时的感觉、想法及行为。

人际沟通分析理论认为，我们的人格结构存在三种自我状态：儿童、成人和父母。当处于儿童自我状态时，以某个早年体验到的方式来应对眼前；当处于父母自我状态时，以曾经体验到的父母的方式应对眼前；当处于成人自我状态时，以一种经过思考的、较理性的方式应对眼前。

有这样一个例子：三个人合伙做生意，最后赔了。甲说："都怨你们，没有真本事，和你们合伙真是倒霉！"乙说："我觉得这次赔本有几个原因，一是我们三人想法不一致，劲儿没往一处使。二是工作上也存在一些客观阻力。"丙说："都是我不好，我没干好工作，请你们原谅，我一定会改正，大家还是接着干吧。"

这段对话中，甲用长辈的口吻指责两位合伙人，显然是一种父母自我状态；乙非常冷静、稳重、明理，属于成人自我状态；丙像个做了错事的小孩子，一个劲儿地求大家原谅，属于儿童自我状态。

（一）父母自我状态

父母自我状态，指我们以从父母或其他重要他人那里拷贝来的思想、情感和行为为人处世。父母自我状态又分为控制型父母自我状态和营养型父母自我状态。一个人处于控制型父母自我状态的时候，与人交往常常会表现出教育、批评、教训、控制的一面；而处于营养型父母自我状态的时候，与人交往常常会表现出温暖、关怀、安慰、鼓励的一面。

（二）儿童自我状态

每个人在自己的内心深处都隐含着一个小小的儿童，当一个人以儿童自我状态与人交往时，他的情感、思考和行为表现等就会像孩子一样。儿童自我状态又分为适应型儿童自我状态和自由型儿童自我状态。处于适应型儿童自我状态的人听话、服从、讨好、友爱，内心常常充满自责、担心、焦虑等；而处于自由型儿童自我状态的人则往往表现为活泼、冲动、天真、自发行动、贪玩、表情丰富、爱憎分明等，像以自我为中心的婴儿一样追求快感，并能充分表达自我的感情。

（三）成人自我状态

一个人处于成人自我状态时，其思想、行为和情感都指向于此时此地，具体表现为理性、精于计算、尊重事实和非感性的行为。

以上三种自我状态都包括完整的思想、情感和行为方式，每个人三种自我状态的比例不同。人与人之间的交往就是人们各自的“三我”之间的交往，共有三种交流的形态，即互补型、交叉型和隐含型。

（1）互补型是一种符合正常人际关系的自然状态下的反应，是一种为人们所预期的反应。刺激与反应是平行的，即一方以某种状态发出邀请，另一方做出相同的回应，如父母对父母、儿童对儿童、成人对成人。

（2）交叉型也叫交错型，指当一个人发出信息后，没有得到预期的反应。当对话被打断或交错时，沟通会停止（通常是暂时的），继之而来的是新的或不一样的沟通。

（3）隐含型也叫“暧昧型”，它通常包括两种以上状态，传达的是一个公开的、社会层次的信息及另一个隐藏的、心理层次的信息。这种方式常常容易引起误会和不必要的麻烦。

沟通故事

师生沟通

某同学各方面表现不错，老师和同学们都想推选他为三好学生，但这一天他因迟到而没来得及值日，于是他便找到了班主任。

学生：“我家闹钟坏了，今天早上睡过了头，没来得及到校打扫卫生。”

老师：“你运气真不好，今天是评选三好学生的最后一天。”

故事启发：

这是一个隐含沟通的案例。“我家闹钟坏了，今天早上睡过了头，没来得及到校打扫卫生”和“你运气真不好，今天是评选三好学生的最后一天”的师生对话，属于“成人自我状态—成人自我状态”。但是，学生话语中的隐性信息是“我是个不遵守纪律的坏学生，处罚我吧”，这是一种“儿童自我状态—父母自我状态”。老师的回答所隐藏的信息是“对，你是个不遵守纪律的学生，我这就处罚你”，这是一种“父母自我状态—儿童自我状态”。

二、在沟通过程中培养沟通能力

按照沟通的基本原理，可以将沟通过程划分为确定沟通对象、制定沟通目标、选择沟通方式、实施沟通、沟通反馈五个阶段。在正确选择沟通方式的基础上，为了改善沟通效果，需要提升的沟通能力包括表达能力、倾听能力、提问能力、反馈能力。

（一）表达能力的提高

语言表达能力强的人知识面广、头脑灵活、判断力强、信心十足，说话有吸引力，同时他们还能在各种谈话场合中滔滔不绝，赢得别人的尊重和赞扬。如果你想在各种谈话场合中利用自己的言谈来赢得别人的尊重和赞扬，就要记住和做到以下几点：

（1）说话时不应用俗语。常用俗语会妨碍你对语言的自如运用。

（2）尽量多用数字。说话时多用数字，语言会更加生动，说服力会更强，自己也会更加自信。

（3）多看电视。电视是最感性的语言来源，但要注意不要只看电视剧，而应该多看那些咨询类及访谈类节目，这样能让你更好地学习别人的交谈技巧。

（4）训练目标感。说话要有的放矢，就好像走路一样，要有方向性地选择，这种“选择”可以使你在说话时避免漫无边际的东拉西扯。

（5）学一些新语言。在日常的工作、学习中，经常学习和吸收一些新的语言，能够更好地丰富你的语言词汇。

（6）培养探究精神。在学习和工作过程中，建议你努力做到：要么不做，要做就做好，并不断探索生活中的各种规律。做什么事都要既知其然，又知其所以然。

（7）训练判断力。这种能力对于表达来说是至关重要的。在与别人交谈时，如果你判断失误，就可能做出意思相反的回答，这就很可能导致不必要的误会。

（8）多说有力量的话。有力量的话就是指说话时能够直截了当，行就是行，不行就是不行。例如，你最好不要说“我看……”或“我想……”，而应该尽量说“我认为……”，这样你说的话才有力量。

（9）多与人交谈。你不妨尝试扩大自己的社交圈子，不断增加说话的机会，这样更有利于提高你对语言的驾驭能力。

（二）倾听能力的提高

戴尔·卡耐基指出：想要知道对方要什么，倾听绝对是不可或缺的第一步。如果你想成为一个谈话高手，必须先是一个专心听讲的人。所以，要多聆听，了解对方真正的意图，而不是自己一直滔滔不绝地说。听是说的基础。要想会说，应养成爱听、多听、会听的好习惯，如多听新闻、听演讲、听别人说话等，这样你就可以获取大量、丰富的信息。这些信息经过大脑的整合、提炼，就会形成语言智慧的丰富源泉，为培养说的能力打下坚实的基础。

（三）提问能力的提高

关于提问，应注意三点：第一，要掌握可以问什么，不提明知对方不能或不愿回答的问题，不提对方避而不答的问题；第二，提问者不可故作高深，要有谦虚的态度；第三，提问采用“陈述语气＋疑问语气”的合成方式，在陈述语气中提炼出问题，这样可以不限制对方，拓宽对方思路，实现获取信息、形成沟通的目的。

（四）反馈能力的提高

在沟通过程中，要注意反馈能力的培养。一是要注意观察，仔细聆听；二是要用语言信息和非语言信息及时给予沟通对象信息反馈，以提高沟通效果。

三、在与不同对象的沟通中提升沟通能力

在工作和生活中，我们的沟通对象是多样的，有家人、朋友、老师、同学、亲戚、上级、下级、客户等，要提升沟通效果，必须根据沟通对象的不同，灵活地应用沟通技巧。

（一）利他为先

沟通中先利他后利己的观念蕴含着深刻的哲理。只有深入研究人的需求，尊重沟通对象，并且用言语和行为把这种尊重恰如其分地表达出来，让对方在沟通中获得精神愉悦或物质利益，这样的沟通才能大受欢迎，才能迈向成功。

课堂互动

营业员小王错把一台价值2万元的电脑以1万元的价格卖给了客户。事情发生后小王赔了差价。店铺经理觉得小王很冤，于是想给客户写一封信，把钱要回来。如果你是店铺经理，这封信应该怎么写？

（二）寻找共鸣

心理学研究表明：每个人的内心都有一些核心的、固有的立场和观念。当外来信息与已有的立场和观念相抵触时，往往不是回避就是抵制。但如果外来信息与已有的立场和观念相近时，就能产生共鸣。事实上，沟通双方多少存在一定的“共识域”，即共同的经验范围。沟通时启动的共性越广，“共识域”就越大，共同语言就越多，相互的认可程度就越高。物以类聚，人以群分。人们总喜欢与自己相知的人在一起，这就是共性的吸引力。因此，正式沟通前的开场白绝不是随心所欲的即兴发挥，而应认真准备。了解对方的兴趣爱好，从而引发话题，调动对方良好的情绪，为进一步的沟通创造和谐的气氛。

（三）善于倾听

会说话是一种本领，会听话是一种更重要的本领。有位沟通大师曾说，让人愉悦

的沟通并无特别的秘诀，最重要的就是注意听对方说话，无论你如何奉承阿谀，都没有认真听效果好。因为不为任何赞美所迷惑的人，也会被专心听自己说话的人所迷惑。没有人喜欢自己的谈话对象总是左顾右盼、心不在焉。

一项统计指出：人们讲话的速度每分钟为 120～180 个字，听话的速度是其 4～5 倍。因此，听话者容易心不在焉、听而不闻。

善于倾听应努力做到耐心、会心和虚心。

（1）耐心听不是没有反应地听对方说话，不是静静地望着对方发愣，如果那样会被视作对牛弹琴。耐心地听话应适当地点头，不规则地应答，偶尔作些简短的呼应。

（2）会心听是要用眼神与对方作适当的交流，眼神交会的频率要在 35%左右。在对方说到不是关键之处时，可适当地重复或评论一下对方的话语。要把“心领神会”写在脸上。

（3）虚心听有时需要适当地提问，对没有完全理解的话语提出问题、提出请求，有时也应该加上一些赞美语。千万不要提一些使对方尴尬的问题，也不要当着众人的面去纠正对方的口误。

（四）寻求双赢

《与成功有约》的作者史蒂芬·柯维把沟通分为三个层次。他认为低层次的沟通是防卫性的，由于信任度低，沟通双方力求无懈可击，甚至可能还带有一点点攻击性。这不是有效的沟通，只会使双方更坚持自己的立场。

中层次的沟通是彼此尊重的，但是为了避免冲突，双方都保持礼貌，却不一定为对方着想。这种沟通方式通常以妥协收尾，牺牲各方的一些利益，给人留下遗憾，双方互有得失。

高层次的沟通是集思广益的，是敞开胸怀接纳一切稀奇古怪的想法，同时也贡献自己的浅见，以激发人的最大潜能，其实质是要双赢。在高层次的沟通中，以解决问题为共同语言，大家开诚布公，谈问题，找原因，拿方案，建立起相互信任，制定出要达到的目标，然后按照各自的责任和共同的合作原则，使合作项目开始运作。合作的结果常会是极大的成功，令各方都能感受到努力后的轻松和成功后的喜悦，有再次合作的愿望，并建立起长期的合作伙伴关系，从而步入良性循环轨道。

小资料

怎样与不同气质的人沟通

气质俗称“脾气”，是指在人的心理活动和行为中表现出的稳定的动力特点。典型的气质类型分为四种，它们在情绪和行为方式方面以及智力活动方面有不同的典型表现。面对不同气质类型的人，我们应该运用不同的沟通方式，这样才能达到事半功倍的效果。

1. 胆汁质

胆汁质的人反应速度快，具有较高的反应性与主动性。基于胆汁质人群易冲动、易兴奋、精力旺盛的特点，与这类人沟通应采取“表扬激将，批评冷处理”的方法。与胆汁质的人沟通应尽量采用清晰的语言和表达方式，思路清楚，且能顺水推舟。因为他们自身的反应较快，所以不能忍受与反应慢的人做长时间的沟通，这样他们往往会失去耐心。

2. 多血质

多血质的人的行为具有很高的反应性。基于多血质人群活泼好动、反应灵敏、心思敏感的特点，和这类人沟通的最好方法是“引蛇出洞，哀兵之计”。多血质的人还有一个行为特点就是拖拉，所以对付这类人就要采取“激励监督，警钟长鸣”的方法，时刻督促，这样才能使工作保质保量地按时完成。

3. 黏液质

黏液质的人反应性低，情感和行为动作迟缓、稳定，缺乏灵活性；但黏液质的人喜欢用事实说话，讲究逻辑，做事有分寸，所以和他们沟通只要能够在一开始做到“以理服人”，就能彻底“捕获他的心”。

4. 抑郁质

抑郁质的人有较高的感受性，不善交往，较为孤僻，具有明显的内倾性。因此和这类人沟通需要格外小心，因为他们敏感的心思往往令人意想不到。对这类人的激励应该用委婉表扬的方式；同样，对这类人的批评也只要委婉地指出即可。

以上四种气质类型只是理论意义上典型的气质类型，而在实际生活中，大部分人都是混合型。认识气质既是对自己的了解，也是对身边人的了解。气质没有好坏之分，它只是告诉我们如何去了解他人，从而帮助我们更好地生活、工作。

四、适应信息技术的变革提升数字沟通能力

在数字化时代，人们与周围世界通过各种数字技术进行沟通和交流已经成为一种常态。从社交媒体平台到即时通信工具，无论是工作还是生活，数字化沟通与交流方式已经深入我们的日常生活中，它不仅给人们提供了更多的选择与便利，而且拓宽了人们获取信息的渠道。因此，我们应该适应信息技术的变革，不断提升数字沟通能力。可以从以下几个方面入手。

（一）提升技术运用能力

1. 熟悉沟通工具

深入了解常用数字沟通工具，如即时通信软件（微信、QQ 等）、视频会议软件（腾讯会议、钉钉会议等）和电子邮件。掌握它们的各种功能，如即时通信软件中的文件传输、语音通话功能，视频会议软件中的屏幕共享、录制功能等。

2. 掌握数字媒体格式

了解如何制作和分享不同格式的数字内容，如图片（JPEG、PNG）、视频（MP4、AVI）、文档（PDF、DOCX）。学会简单的多媒体制作技巧，例如使用手机软件制作吸引人的短视频，或者将文档转换为方便阅读的格式。

（二）优化沟通内容

1. 表达清晰简洁

在数字沟通中，信息要简洁明了，无论是文字消息还是语音消息，都应避免冗长

复杂的表述，使用简单易懂的词汇和句子结构，明确表达自己的意图。比如，在工作邮件中，用简短的段落和要点列出主要内容。

2. 组织逻辑结构

对于较长的消息或文档，要有清晰的逻辑结构。可以采用总分总、先重要后次要等方式组织内容。例如在写项目报告时，开头概述项目成果，中间分模块阐述过程和问题，结尾总结经验和展望。

3. 确保内容准确

发送信息前要仔细检查，确保数据、事实和引用内容准确无误。尤其在商务沟通或学术交流中，错误信息可能会导致严重后果。

（三）注重沟通礼仪

1. 遵守网络礼仪

在各种网络平台上，要尊重他人的隐私、观点和权益。不发送垃圾邮件，不进行网络骚扰，避免在评论区恶语相向。

2. 注意语气和情绪

数字沟通容易因为文字理解不准确而产生误解。要尽量使用温和、客观的语气。如果要表达强烈情绪，可以适当使用表情符号来辅助传达真实感受，如用微笑等表情表示友好。

（四）增强互动和反馈

1. 积极互动交流

主动参与对话，及时回复消息。在社交媒体或在线论坛中，积极评论他人的观点，分享自己的见解，增加互动频率。

2. 有效收集反馈信息

定期询问对方对沟通方式和内容的意见，根据反馈调整自己的沟通策略。比如在视频会议后，询问同事对自己发言的内容和方式的看法。

技能训练

1. 假设你是一个三岁孩子的父亲（母亲），你的孩子生病了需要输液，针管插在孩子的胳膊上，孩子一直哭，你怎么让孩子不哭呢？

2. 在深圳飞往成都的途中，机舱里有一位看报纸的男士（40 岁左右，穿着休闲服装），一位正在看窗外的男士（30 岁左右，西装革履），一位四处张望的老婆婆（60 岁左右，好像第一次坐飞机），以及一位刚吃完饭准备休息的女士（20 岁左右，看起来心情不错）。假如你是机组乘务员，公司正在推行一项“顾客满意计划”，你的任务是通过和乘客进行交流，让乘客填写一份有效的意见调查表，写出你的做法。

中篇　技能篇

有些人在沟通的时候总是如鱼得水，让人如沐春风，而且每一次都能轻而易举地得到他想要的结果；但另一些人却恰恰相反，不但不能得到自己想要的结果，有时甚至因为严重的沟通问题而在人际关系上产生很大的障碍和挫折感。产生这种差别的原因在于后者不懂得沟通的技巧。如果我们希望每次沟通都能够成功，就需要掌握一定的沟通技巧。

技能一

说的技巧

知识目标

1. 了解选择恰当话题和恰当表达的技巧；
2. 掌握看对象说话与把握说话分寸的技巧；
3. 了解幽默说话的技巧。

能力目标

1. 具备良好的语言表达能力；
2. 具备灵活运用说的技巧进行沟通的能力。

素养目标

1. 培养良好的交际礼仪，树立良好的社会风尚；
2. 践行诚实、友善的核心价值观，提升自我修养；
3. 培养乐观、积极、自信的健康心态。

能力测试

与人交往时你会说话吗？

你是否羡慕别人在演讲台上口若悬河，是否希望自己也能有三寸不烂之舌？会说话并不仅仅指拥有流利的口才，还要有一些技巧，也就是不仅要会说，还要知道对不同的人怎么采取不同的方式。你会说话吗？不妨测试一下。

1. 当你不是话题的中心人物、不是众人关注的焦点时，你会不由自主地走神吗？

A. 强烈肯定　　B. 有时　　C. 绝对否定

2. 当有人试图与你交谈或对你讲一些与你关系不大的事情时，你是否时常觉得很难聚精会神地听下去？

A. 强烈肯定　　B. 有时　　C. 绝对否定

3. 一个在火车上刚认识的朋友详细地向你讲述他从恋爱到失恋的全过程，并期待你的回应，你会：

A. 极不情愿，觉得不舒服　　B. 无动于衷　　C. 很乐意倾听并积极开导

4. 你是否觉得需要一个人安静独处才能清醒和整理好思路？

A. 强烈肯定　　B. 有时　　C. 绝对否定

5. 你是否很难向他人倾诉自己的心事，除非他是你多年相交的密友？

A. 强烈肯定　　B. 有时　　C. 绝对否定

6. 你往往和哪种人最容易相处？

A. 各种人　　B. 已经了解的人

C. 相处很久的人，但往往感到很困难

7. 你是否会刻意避免表达自己的感受，因为你认为说了别人也不会理解？

A. 强烈肯定　　B. 有时　　C. 绝对否定

8. 你是否认为轻易流露心情和感受的人是没有内涵的？

A. 强烈肯定　　B. 有时　　C. 绝对否定

9. 你是否总在人群中的气氛达到高潮时反而有一种强烈的失落感？

A. 经常如此　　B. 有时　　C. 从未有过

计分方法：选 A 得 1 分；选 B 得 2 分；选 C 得 3 分。

解析：

1. 总分为 22～27 分：你不太会“说话”或者你本来就有“语言排斥”的倾向。这表示你只有在极需要的情况下才同别人交谈。你通常不会通过语言的形式去发展友谊，除非对方愿意主动跟你频频接触。

2. 总分为 15～21 分：你是个外冷内热的人，其实交谈也是你的强项，只是你不会轻易显露。你比较热衷于跟别人做朋友。如果你与对方不太熟识，你刚开始会很内向，不太愿意跟对方交谈。但时间久了，你便乐意常常搭话。

3. 总分为 9～14 分：你是一个非常会“说话”的人。你非常懂得交际，能够营造一种热烈的气氛，鼓励别人多开口，让别人觉得同你谈得来，彼此十分投合。像你这种人是非常讨人喜欢的，你知道什么时候该说话，什么时候不该说话。

你会说话吗？会说话的人，左右逢源，如鱼得水；不会说话的人，处处受限，寸步难行。

人生在世，你无法生活在一个孤立无援的空间里，无论我们将怎样度过漫漫人生，选择什么样的生活方式，实现什么样的目标，都无可避免地要与他人交往、沟通及和谐相处。因此，成为会说话的人，也许是生命中最基本、最重要的一件大事。

技巧一　根据沟通对象决定说什么

情景导入

上什么山就要唱什么歌

有一则笑话，说是某人擅长奉承。一日请客，客人到齐后，他挨个问人家是怎么来的。第一位说是坐出租车来的，他大拇指一竖：“潇洒，潇洒！”第二位是个领导，说是亲自开车来的。他惊叹道："时髦，时髦!"第三位显得不好意思，说是骑自行车来的。他拍着人家的肩头连声称赞："廉洁，廉洁!"第四位没权也没势，自行车也丢了，说是走着来的。他也面露羡慕："健康，健康!"第五位见他奉承技巧高超，想刁难一下他，说是爬着来的。他击掌叫好："稳当，稳当!"

问题与思考：

1. 这个人在奉承他人时的依据是什么？
2. 这个笑话告诉我们一个什么道理？
3. 在与他人沟通的过程中，你会考虑沟通对象的特点吗？

沟通对人与人之间的交往无比重要，然而并不是每个人都能掌握沟通的技巧，只有巧妙掌握沟通技巧的人，才能有效地与他人沟通，取得良好的沟通效果，达到沟通的目的。

要真正做到有效沟通，必须明确你在与谁进行沟通、在哪里沟通、什么时候进行沟通、沟通什么内容、怎样进行沟通。厘清了这些内容，然后再学会运用沟通技巧，你的沟通过程一定会更加顺利。

课堂互动

到大学后，你把自己的所见所感告诉老同学、父母和中学老师。在这三种情况下，你分别扮演了什么角色？你会对他们怎么说？

一、看对方的性格和性别特征

如何根据沟通对象沟通

如果对方性格外向，你就可以随便一些，开开玩笑，斗斗嘴，他会很自然地接受；如果对方性格内向、敏感，你就可以讲一讲合适的笑话，让他开朗一些，最重要的是表现真诚，可以挖掘对方比较在意、隐藏在内心深处的话题，让对方觉得你是在真正地关心他。

同样说人胖，男性会一笑置之，而女性则可能把脸拉下来，感觉自尊心受到了伤害，这就是性别带来的差异。所以，同样的话对男人和女人的作用是不一样的。说话时，我们就要注意到这种差异，对不同性别的人说不同的话。

二、看对方的身份特征

看对方的身份特征说话可以从以下几个方面入手：

首先是年龄。如果对方是长辈，说话语气要尊重、礼貌，用词要正式。例如和老年人交流，可以多提及过去的经历、传统的观念等，像"您那个年代的奋斗精神真的很值得我们学习。"要是对方是小孩，说话方式就要亲切、简单、活泼，比如"小朋友，你画的画好有意思呀!"

其次是职业。对于从事专业工作的人，如医生、律师等，谈话时可以涉及他们专业领域内的一些话题，显示出你对他们专业的尊重和有一定的了解。例如和医生交流时可以说“我听说现在这种病的治疗方法又有新进展了，您能讲讲吗？”

再次是社会地位。和领导或者地位较高的人交谈，语言要得体，多以汇报、请示的口吻，而和普通朋友交流就可以随意些，用比较轻松的语气分享日常。

最后是文化背景。面对有不同文化背景的人，要注意尊重他们的文化习俗。比如和外国人交流，要避免因文化差异产生误解的表达。对于一些有宗教信仰的人士，要尊重他们的信仰和相关的禁忌。

沟通故事

古时有一个书呆子，说话不看对象，总爱咬文嚼字。有一次睡觉被蝎子蜇了，便摇头晃脑地喊道：“贤妻，速燃银烛，夫为虫所袭！”一连说了几遍，他的妻子怎么也听不明白。

他更着急了，说道：“身如琵琶，尾似钢锥，叫声贤妻，打个亮儿，看是什么东西。”他的妻子还是不知道怎么回事。

结果他痛得熬不住了，一气之下道：“快点灯，蝎子蜇到我啦！痛死我了！”

故事启发：

这则笑话提示我们，讲话时一定要先看对象，这一点是绝不能忽视的。

三、看对方的兴趣爱好

比如和有孩子的女性说话，可以说说孩子的教育和日常生活；和公司职员说话，可以说说经济环境等问题……说得不深入没关系，只要你开口了，他便会告诉你很多关于自己工作上和生活中的事情。如果你善于引导，他会向你倾诉更多。

四、看对方的年龄特征

老年人喜欢别人说他年轻，而小孩就不喜欢大人总是说他小；中年人喜欢别人说他事业有成、家庭美满，而年轻人就喜欢别人说他有闯劲、有活力。不同年龄层次的人喜欢不同的话题。

假如你要打听对方的年龄，对小孩可以直接问：“今年多大了？”对老年人则要问：“您今年高寿？”我们不提倡问女士的年龄，但是如果非要问，就要讲究方法，只要问得有分寸，就不会让对方觉得唐突、不礼貌。对年龄相近的女性可以试探说：“你好像没我大？”对年龄稍大的女性则可以问：“您也就 30 出头吧？”

五、看对方的心理需求

不同的人会有不同的心理需求。如果你懂得一点心理学，就会很容易地把话说到人的心窝里。因此，在与对方沟通时，一定要学会观察。要注意对方的表情、语气和肢体语言。如果对方神情焦虑，可能是需要安慰或者切实的解决方案。这时候可以先表达理解，比如“我能看出来你现在挺着急的，咱们来看看怎么解决这个问题吧。”要是对方情绪比较低落，也许是渴望得到鼓励和支持，你可以说“我知道你现在可能不太顺，但你要相信自己的能力，你之前就克服过很多困难呢。”当对方表现得很兴奋，那他可能希望有人分享喜悦，你可以用热情的语气回应，“哇，你看起来好开心啊，快和我讲讲有什么好事吧！”同时，倾听也很重要。要给对方足够的时间表达自己的想法和感受，从他们的话语中分析潜在的心理需求，再有针对性地给予回应。

六、分清场合

如果全都是自己熟悉的朋友的场合，那么说话就可以推心置腹，天南海北，无所不谈，甚至一些无伤大雅的话也可以说出来；但是如果在场的都是交往不深的人，就不可肆意妄为，办事情也要公事公办，不要不分对象乱套近乎。

同样，说话还应该和场合中的气氛相协调，不能在喜庆的场合说些丧气话，也不能在悲痛时说喜庆的事，让人心里别扭，甚至恼怒。

还有一条需要注意的是：说多说少也看场合。对方如果很忙，时间很紧张，跟他说话就要简明扼要。如果不知趣，没眼色，自顾自地神聊，别人已经在频频看表了，你还意犹未尽，就让人尴尬了。如果在一些应该发表看法和见解的场合，你却惜字如金，半天不说一句话，或者只是草草讲几句就了事，也难免让人觉得索然无趣。所以，要根据不同的场合来控制自己说话的多少。

如果你能把握上述原则，说话时自然不容易出错。“见什么人说什么话”的道理可以帮你分清界限，厘清场合，让你的沟通艺术更上一层楼。

小资料

说话的场合

1. 自己人场合和外人场合

我国的文化传统一向重视内外有别。对自己人“关起门来说话”，可以无话不谈；而对外边的人，总怀有戒心，“逢人且说三分话，未可全抛一片心”。因此，遵循内外有别的界限谈话，普遍被认为是得体的，违反这一界限，说话便不得体了。

2. 正式场合与非正式场合

在正式场合说话应严肃认真，事先要有所准备，不能乱扯一气。在非正式场合，便可随意一些，像聊家常一样，便于感情交流。有些人说话文绉绉，有些人说话俗不可耐，就是没有把握正式场合与非正式场合的界限。

3. 庄重场合与随意场合

“我特地来看你”显得很庄重；“我顺便来看你”显得比较随意。可是，在庄重的场合说“我顺便来看你”就显得不够认真、严肃，会使听话者心里蒙上一层阴影。在日常生活中，明明是“顺便来看你”，却偏偏说成是“特地来看你”就有些小题大做了，让对方增加了心理负担。

4. 喜庆场合与悲痛场合

一般来说，说话应与场合中的气氛相协调。在别人办喜事时，千万不要说悲伤的话；在人家悲痛时，不要说逗乐的话。

技巧二　选择恰当的话题

选择恰当的话题

情景导入

青年求教

有个青年想向一位老中医求教针灸技巧，为了博得老中医的欢心，他在登门求教之前做了认真细致的调查，他了解到老中医平时爱好书法，遂浏览了一些书法方面的书籍。起初，老中医对他态度冷淡，但当青年发现老中医案几上放着书写好的字幅时，便拿起字幅边欣赏边说：“老先生这幅墨宝写得雄劲挺拔，真是好书法啊！”对老中医的书法予以赞赏，促使老中医产生愉悦感和自豪感。接着，青年又说：“老先生，您这写的是唐代颜真卿所创的颜体吧？”这样，就进一步激发了老中医的谈话兴趣。果然，老中医的态度转变了，话也多了起来。接着，青年对所谈话题着意挖掘、环环相扣，使得老中医精神大振，谈锋甚健。终于，老中医欣然收下了这个“懂书法”的弟子。

问题与思考：

1. 这个青年在与老中医的沟通中选择了什么话题？
2. 选择话题的关键在哪里？
3. 你在与他人沟通的过程中是如何选择话题的？

每一个人都应该知道，让听话者感兴趣的不仅仅是你本身，更重要的是话题。双方都感兴趣的话题，才是沟通得以进行的关键。选择恰当话题的前提是寻找共同点。尽管社会生活是多姿多彩的，但是当我们步入社会进行沟通时，却发现找一个共同的话题与人沟通是那样艰难。我们可以利用一些常见的话题接近对方，打开沟通的局面。

一、利用共同话题接近对方

适合作为话题的内容有：

（1）收藏品、兴趣、小孩、交通；

（2）机器（汽车、电脑）、金钱、经营管理；

（3）交际（网络消息）；

（4）食物、酒、饮料；

(5) 新闻、社会热点；
(6) 天气状况；
(7) 旅游、休闲娱乐；
(8) 运动、体育比赛；
(9) 电影、录像、电视剧；
(10) 音乐。

沟通故事

找到有“共鸣”的话题

一位业务员去一家公司销售电脑的时候，偶然看到这家公司老总的书架上放着几本金融投资方面的书。这位业务员刚好对金融投资比较感兴趣，所以就和老总聊起了投资的话题。结果两个人聊得热火朝天，从股票聊到外汇，从保险聊到期货，聊人民币的增值，聊最佳的投资模式，聊得都忘记了时间。

直到中午的时候，老总才突然想起来，问这位业务员：“你销售的那个产品怎么样?”这位业务员立即抓住机会给他做了介绍，老总听完之后说：“好的，没问题，咱们就签合同吧！”

故事启发：

要想和对方有“共鸣”，关键是找话题。有了好话题，就能使沟通顺利进行。好话题的标准是：至少有一方熟悉，能谈；大家都感兴趣，爱谈；有展开探讨的余地，好谈。故事中的这位业务员就是因为找到了与公司老总有“共鸣”的话题，最后皆大欢喜。

二、选择话题时的注意事项

(1) 对于你不知道的事，不要冒充内行；
(2) 不要向陌生人夸耀你的成绩；
(3) 不要在公共场合谈论朋友的失败、缺陷和隐私；
(4) 不要谈容易引起争执的话题；
(5) 不要到处诉苦和发牢骚，这不是获取同情的正确方法。

小资料

推销冠军选择的话题

1. 提起对方的喜好（72%）；
2. 提起对方的工作（56%）；
3. 提起社会热点（36%）；

4. 提起孩子等家庭之事（34%）；
5. 提起电影及运动（25%）；
6. 提起对方的故乡及所就读的学校（18%）；
7. 提起健康（17%）；
8. 提起理财（14%）。

技巧三　恰当地表达

说的技巧之恰当地表达

情景导入

满月

曾有这样一个故事：一户人家生了一个男孩，十分高兴，满月的时候抱出来给客人看，想听到一些吉利话。

一个客人说："这孩子将来是要发财的。"他于是得到一番感谢。

一个客人说："这孩子将来是要做官的。"他于是收到几句恭维。

一个客人说："这孩子将来是要死的。"他于是得到一顿痛打。

问题与思考：

1. 为什么最后一个人和前两个人所受的待遇不同呢？
2. 这个例子告诉我们在说话时要注意什么？
3. 在与人沟通中如何恰当地表达自己的意思？

有哲学家曾说过："说得恰当要比说得漂亮更好。"那么，如何才能恰当地表达呢？

一、注意说话的具体场合

如前例所述，前两个客人明显说的是假话，后一个客人说的是客观事实，但为什么待遇不同呢？因为后一个客人说话不注意场合，不应该在人家喜庆时说不吉利的话。所以，说话时无论是话题的选择、内容的安排，还是言语形式的采用，都应该根据特定场合的表达需要来决定取舍，做到灵活自如。要注意场合的庄重与否、亲密与否、正式与否、喜庆与否。

二、充分利用说话的时机

对于说话人来说，要想达到预期的目的，取得好的效果，所说的话不仅要符合时代背景，与彼时彼地的情景相适应，还要巧妙地利用说话时机，灵活把握时间因素。

一是在对方有兴趣的时候。当你发现对方对你所说的话题表现出好奇，比如身体前倾、眼神专注等状态，就要抓住机会深入阐述。例如在谈论旅游时，对方问起某个小众景点的细节，你就可以详细分享自己的游玩经历。二是在适当的场合。如果是在比较轻松的聚会场合，可以讲一些趣事来活跃气氛；要是在正式的商务会议中，就应该用专业、简洁的语言表达观点。例如在商务谈判中，等双方对主要条款讨论得差不多且气氛融洽时，提出自己的附加建议，可能更容易被接受。三是在对方情绪合适的时候。如果对方心情很好，就比较容易接受新的想法或者建议；要是对方情绪不好，就要先安慰对方，等其情绪平复后再沟通重要的事。比如，对方刚得到晋升，可在恭喜后顺势提出合作项目，成功率可能会高一些。

沟通故事

说话时机

某酒店服务员小罗第一天上班，被分配在酒店A楼5层做接待员。由于刚经过3个月的岗前培训，她对工作充满信心，自我感觉良好，白天的接待工作也还算顺手。

晚上十点，电梯门打开，走出两位客人。小罗立刻迎上前去，微笑着说："您好，先生。"看过客人的房卡后小罗接过他们的行李，带领他们走进房间，进房后随手为他们倒了两杯茶。

接着她开始一一介绍房间设施。这时，一位客人说："我们知道了。"但是小罗没有什么反应，仍然继续介绍着。另一位客人从自己的钱包里拿出一张百元人民币，不耐烦地递给小罗。

"不好意思，我们不收小费的。"小罗嘴上说着，心里却想，自己是一片好意，怎么会被误解了。这使小罗感觉十分委屈。

故事启发：

这个故事中，小罗的热情遭到厌烦的真正原因在于她没有把握好说话的时机。晚上十点，两位客人也许刚下飞机很累，需要休息；或者他们是酒店的常客，对房间设施都十分熟悉，所以此时并不适宜为客人做详细的房间介绍。

三、说话时要情理相融，以情动人，以理服人

说话要以情动人，必须注意以下几个方面：

首先，要真诚。说话者应该有真诚的态度，取得听话者的好感，融洽感情，消除隔膜，缩短距离。如果你对人持一种不信任的态度，说话时必然闪烁其词，或故弄玄虚，或扭捏作态，或夸张失实，或遮遮掩掩，结果往往会给对方留下浮夸虚假的印象，不利于相互理解和感情上的沟通。

当然，说话时要坦率真诚并不等于可以百无禁忌，对别人不愿谈及的事应该尽量避免提及。正如法国作家莫罗阿所说，真诚不在于说出自己全部的思想，而在于在表

达的时刻，永远仅仅表达自己当时之所想。

其次，要尊重。尊重是人的一种精神需要。如果你没有架子，平易近人，使对方感到你是他的知己，是他的良师益友，那么你们之间的心理距离将会大大缩短；相反，如果你高高在上，目空一切，自以为高人一等，指手画脚，则只会令人不服。因此，要使你的讲话让对方接受，就必须尊重对方。

沟通素养

“五里”的教训

语言是思想的衣裳，它可以表现出一个人的高雅或粗俗。如果你要接通情感的热流，使社交畅通无阻，就应得体地运用礼貌谦辞。

有一个年轻人骑马赶路，天快黑了还没有找到投宿的地方。忽然，他看见前面有一个老人，便在马上高声喊道：“喂，老头儿，这儿离旅店有多远？”“五里！”老人头也不抬地答道。年轻人策马飞奔，向前驰去。结果，一跑十多里，仍不见人烟。他暗想，这个老头儿真可恶！“五里，五里，什么五里！”他一边赶路一边又怨恨不迭地自言自语。猛然，他从这两个字的谐音中领悟到老人的严厉批评。“‘五里’，不就是说我‘无礼’吗？”于是，掉转马头往回赶，见那老人还在路边，便急忙翻身下马，躬身施礼，恭恭敬敬地叫了一声：“老大爷！”老人不等年轻人再讲些什么，就说：“小伙子，你已经错过路口了！如果你不嫌弃，就请到我家去住吧。”

交际谈话中如能用礼貌语言，就会让人感到“良言一句三冬暖”，使人与人之间的感情很快地融洽起来。在交往中得体地使用礼貌语言和谦辞，可以给对方留下良好的印象。和人相见，互道“你好”，这再容易不过。可别小瞧这声问候，它传递了丰富的信息，表示尊重、亲切和友情，显示你懂礼貌、有教养、有风度。

最后，同情和理解。心理学研究表明，人们有一种“相信知己”的心理倾向，特别是当一个人处于矛盾之中，或遇到某些困难一时无法解决时，他非常需要别人的同情和理解。此时此刻，强烈的同情心及满怀深情的言语，将使对方不由自主地向你打开心扉诉说一切。理解可以激起心灵的火花，产生信任和动力。

正所谓：“动之以情，晓之以理。”要使听话者对你说话的内容感兴趣，并且乐意接受，一定要有充分的理由，要摆事实、讲道理。托尔斯泰曾说：“用语言表达出来的真理，是人们生活中的巨大力量。”确凿的事理正是说话的力量所在。

那么怎样才能做到以理服人呢？

（1）材料和事实要准确可靠。俗话说：“事实胜于雄辩。”事实是说话的基础。

（2）说理充分透彻，有的放矢。利用已有材料进行分析说理，抓住事物的本质，一切问题都可迎刃而解。

四、话不在于多而在于精

简洁精练的言语最能吸引听话者的注意力。抓住重点，厘清思路，这是说话的基本要求，也是说好话的前提。

我们平时与人寒暄或作简短的交谈是比较随便的，谈不上条理清晰。但在正式场合，比如报告会、讲座、演讲时，情况就不一样了。它要求说话者对所说的内容有深刻的理解，并对整个说话过程作出周密的安排。一般来说，有这样几点要求：

（1）把握中心。一个高明的说话者应时刻把主题牢记在心，不管转了多少个话题，都不偏离说话的中心。

（2）言之有序。说话不能靠材料堆积吸引人，而要靠内在的逻辑力量吸引人，这样才有深度。话语的结构要求明了，善于提出问题、分析问题、解决问题。观点和材料的排列要便于理解、记忆和思考，所以要较多地采用由近及远、由浅入深、由已知到未知的顺序安排。当然，时间顺序最好按过去、现在、未来进行安排，这样容易被听话者记住。

（3）连贯一致。开场白非常重要，它直接影响到内容的展开，不能一开口就突然冒出一句让人摸不着边际的话；多层意思之间过渡要灵活自然；结尾要进行归纳，简明扼要地突出主题，加深听话者的印象。

（4）短小精悍。言简意赅，以少胜多，听话者感兴趣，也便于理解，容易记住。那种与主题无关的废话，言之无物的空话，装腔作势的假话，听话者都极为厌烦。

沟通故事

有一次，墨子的学生子禽问墨子："老师，您认为多说话有好处吗？"

墨子回答说："你看那生活在水边的青蛙，还有苍蝇，它们不分白昼黑夜，总是叫个不停，以此来显示自己的存在。可是，它们即使叫得口干舌燥、疲惫不堪，也没有人会注意它们到底在叫什么，人们对这些声音早已是充耳不闻了。你再来看看公鸡，它只是在每天黎明到来的时候按时啼叫，然而公鸡一唱天下白，人们纷纷开始新一天的劳作。两相对比，你认为多说话能有什么好处呢？只有准确把握说话的时机和火候，努力把话说到点子上，这样才能引起人们的注意，收到预期的效果啊。"

子禽听了墨子的这番教诲，非常赞同，频频点头称是。

故事启发：

话不在多而在精，一个人不说话便罢，说话就一定要说到点子上。

五、美化自己的声音

一般来说，得体的声音能够显示你的沉着和冷静，并吸引他人的注意力。许多人认为声音是天生的，是不可改变的；也有许多人认为只有经过专业训练的演艺人士才能做到自如地美化声音。这些都是误解。其实，只要我们在生活中意识到声音的重要性，并自觉地加以修饰与调整，人人都可以拥有美丽的声音。

小资料

四种常用的语调

表示惊讶、反问、设问、号召、鼓动、命令等，可提高升调，以加强效果，引起听话者的注意。

表示自信、肯定、祈使等，可用降抑调，以表明你的态度、感情，便于鼓励听话者并促使他们去行动。

表示感叹、讽刺、愤怒、思索、怀疑、幽默等，可用弯曲调，以渲染话语的感情色彩，增强话语的感染力。

表示说明、叙述、解释等，可用平直调，以示庄重、严肃，便于把意思说得清楚、透彻。

技巧四　把难听的话说得好听

难听话好好说

情景导入

解梦

古代有一位国王，一天晚上做了一个梦，梦见自己满嘴的牙都掉了。于是，他就找了两位解梦的人。国王问他们：“为什么我会梦见自己满口的牙全掉了呢？”第一位解梦的人说：“皇上，梦的意思是，在你所有的亲属都死去以后，你才能死，一个都不剩。”皇上一听，龙颜大怒，打了他一百大棍。第二位解梦的人说：“皇上，梦的意思是，您将是您所有亲属当中最长寿的一位呀！”皇上听了很高兴，便拿出了一百枚金币，赏给了第二位解梦的人。

问题与思考：

1. 为什么两位解梦人说的是同样的意思，结果却是一位挨打，另一位受到嘉奖呢？

2. 你会说话吗？说话应该掌握哪些技巧？

既然每个人都喜欢听好听的话，为什么不对别人说出好听的话呢？注意说话的方式，把难听的话说得好听，才是真正有素养的沟通高手。

一、难以启齿的话不妨委婉表达

一些难以启齿的话，如果直接说，很可能引起对方的反感，或者让对方产生不快。这时不妨以委婉的方式表达，既不伤害对方，自己也不会有很重的心理负担。比如同事吃饭声音太大，不要当众指出，可以私底下嘻嘻哈哈地说：“吃饭声音太大可不雅哦!”

如果能先试着了解对方的感受，我们也就能比较巧妙地说出一些难以启齿的话。例如，你的父母很担心你选择恋爱对象时考虑不够周全，如果你对他们说：“别老是把我当成三岁小孩！那是我的事，我爱怎样就怎样!”这种充满孩子气的典型防卫性反应无法增加父母对你的信心。你应该想想，父母说这话时他们心中的感受。也许他们只是想阻止你冒失的选择，也有可能是你父母年轻的时候曾经在选择伴侣方面有一些经验教训，却又不知道如何告诉你。这时候你不妨笑着说：“谢谢你们啦！我的眼光可是遗传了你们的，怎么会差呢?”

二、提意见时更多提供假设

你直接说“这样不好”，不如说：“如果……是不是更好?”为对方提供一些假设、一些建议，比生硬地提意见更容易让人接受。同样的意思，只是换了不同的说法，结果就截然不同。

三、传达坏消息时，要附加一句“令人无法相信”

传达坏消息，心情总是沉重的。所以，这时候更需要一些技巧。不要直接说出来，在前面加一句“令人无法相信……”，那么对方所受到的冲击就会轻很多。直言快语固然能让人感觉爽快，但是委婉地说话更能体现出一个人驾驭语言的能力。委婉并不是有心机，也不是故意遮遮掩掩绕弯子，而是体现出一个人对交往对象的尊重和体贴，体现出一个人交际的成熟风范。

技巧五　掌握好说话的分寸

情景导入

掌握说话的分寸

“没问题”

某公司新研发了一个项目，老板将此事交给了下属小张。老板问小张：“有没有问题?”小张拍着胸脯回答说：“没问题，放心吧!”过了三天，没有任何动静。老板问小张进度如何，他才老实说：“没有想象中那么简单!”虽然老板同意小张继续努力，但对他拍胸脯的信誓旦旦已经开始反感了。

问题与思考：

1. 小张的问题出在哪里?
2. 如何掌握说话的分寸?

所谓分寸，就是说话或做事应掌握的尺度、界限。不是任何人、任何事都是可以公开谈论的，也不是什么玩笑都可以开的，更不能想说多少就说多少、想怎么说就怎么说。为了和谐的人际关系，我们必须要懂得适可而止。

一、把握好尺度，留点余地

（1）话不要说过了头，违背常情常理。说话时，如果违背了常情常理，就会给别人留下把柄。

（2）话不要说得过于绝对。人们对于绝对的东西在心理上有一种排斥感。因此，在说话时，即使是很有把握的事，也不要把话说得过于绝对，绝对的东西容易引起他人的挑剔。而现实是，如果对方有意挑剔，还真能挑出毛病来。与其给别人一个挑刺的借口，不如把话说得委婉一点。同时，如果我们不把话说得过于绝对，还可以在更为广阔的空间与对方周旋。

（3）话要说得圆滑。当我们为了某个目的与他人谈话时，话就要说得圆滑一些，话说得太直，会激恼对方，即便是理在己方。话说得圆滑一点，能给我们留下一定的回旋余地，从容地达到我们谈话的目的。

沟通故事

公关小姐的说话技巧

某家宾馆的服务员发现客人马先生在结账后仍然住在房间，而这位马先生又是经理的亲戚，怎么办呢？如果直接去问马先生何时启程，就显得不礼貌，但如果不问，又怕马先生赖账。于是，一位善于谈话的公关部小姐敲开了马先生的房门："您好！您是马先生吗？""是啊！您是？"马先生回答说。"我是公关部的，您来几天了，我们还没有来得及看您，真是不好意思。听说您前几天身体不舒服，现在好点了吗？""谢谢您的关心，好多了。""听说您昨天已经结账，今天没有走成，这几天天气不好，是不是航班取消了？您看我们能为您做点什么？""非常感谢！昨晚结账是因为我的表哥今天要返回，我不想账积得太多，先结一次也好，大夫说我的病还需要观察一段时间。""马先生，您不要客气，有什么事只管吩咐好了。""谢谢！有事我一定找你们。"

故事启发：

这位公关小姐去找客人谈话，目的是要弄清楚客人到底是走还是不走；如果不走，要问清楚原因。但这个问题不好开口，弄不好既得罪客人又得罪经理。她的话说得非常圆滑，先是寒暄一下，然后又问客人需要什么帮助，一副非常关心的样子而使客人深受感动，不知不觉中就说明了原因。她的沟通技巧很高超。

二、不咄咄逼人，要得理饶人

许多人能言善辩，为了显示自己的口才了得，他们更乐意尖酸刻薄，带有挑衅意味，似乎这样会显得伶牙俐齿，不好惹、有个性。很多善于辩论的人不懂得维护人际关系，目中无人，争强好胜，什么都想比别人高出一截，别人说一句话，他会从中挑刺，非要让别人同意他的观点，甚至不惜辩论一番决出胜负。卡耐基指出：你可能赢了辩论，可是你却输了人缘。任何讽刺挖苦都是带有攻击性的，即使是友善的嘲弄，有时也会让你失去友情。

沟通故事

十分

苏东坡在杭州时，有朋友来看他，并把自己写的新诗拿出来大声朗诵一遍。朋友对苏东坡说："你看我的这首诗能打几分？""十分。"苏东坡回答。"凭什么打十分？"朋友高兴地追问。苏东坡缓缓回答："七分是读，三分是诗，加起来不就是十分吗？"

故事启发：

就本质而言，批评是令对方不快的事情。没有人喜欢受到批评，涵养再高的人也是讨厌被批评的。正因为如此，如果批评方式不当，就很容易给双方关系和工作带来消极影响。真正做到恰到好处地批评无疑是一门学问。

在这里，苏东坡不是简单地说好或坏，他深知朋友的心理，希望得到赞赏，于是迅速做出判断——十分。按照常规思维，朋友自然欢天喜地。如果仅到此为止，也就不见其高明。可苏东坡接过朋友的话题，打破常规，巧妙解说，"十分"原来是这样的呀，批评的目的也就达到了。

三、适时闭嘴巴

苏东坡曾经留下过这样一首诗："高山石广金银少，世上人稠君子稀。相交不必尽言语，恐落人间惹是非。"很多时候，我们谈兴甚浓，于是海阔天空、无所不谈，把一些完全不该说的话和盘托出，这样岂能不惹是非？

（1）避免敏感话题。不要去探究有关别人隐私之类的问题，对于此类问题，别人喜欢对你打哈哈，而你自己也不会喜欢告诉别人。

（2）不要随意对同事发牢骚。和同事诉说对公司的不满，如果不小心传到上司的耳朵里，连申辩的机会都没有。

（3）做个"含蓄"的人。无论是富贵还是穷苦，都不要向别人显露。而对于私生活，更应该保有隐私权。

四、开玩笑要注意分寸

沟通中开个得体的玩笑，可以活跃气氛，所以诙谐的人常常能受到人们的欢迎与喜爱。但是开玩笑开得不好，则会适得其反。那么，如何掌握好开玩笑的分寸呢？

（1）内容要高雅。开玩笑是运用幽默的语言有技巧地进行思想和感情交流的艺术，这就要求语言必须纯洁、文雅。笑料的内容取决于开玩笑者的思想情趣与文化修养。内容健康、格调高雅的玩笑，不仅给对方以启迪和精神的享受，也是对自己美好形象的有力塑造。如果玩笑之中充斥着污言秽语，不仅使语言环境充满污浊的气味，对听话者也是一种侮辱，至少是一种不尊重。同时也说明自己水平不高，情趣低俗。

（2）态度要友善。与人为善是开玩笑的一个原则。开玩笑的过程，是感情相互交流、传递的过程，是善意的表现。借着开玩笑对别人冷嘲热讽，发泄内心的厌恶、不满，甚至拿取笑他人来寻开心，是十分不明智的。

（3）对象要区别。同样一个玩笑，能对甲开，不一定能对乙开。人的身份、性格、心情不同，对玩笑的承受能力也不同。一般来说，后辈不宜同前辈开玩笑，下级不宜同上级开玩笑。在同辈之间开玩笑，则要掌握对方的性格特征与情绪信息。对方性格外向，能宽容、忍耐，玩笑稍微过大也能得到谅解；对方性格内向，喜欢琢磨言外之意，开玩笑就应慎重。对方尽管平时生性开朗，但恰好碰上不愉快或伤心事，也不能随便与之开玩笑。相反，对方性格内向，但正好喜事临门，此时与他开个玩笑，效果也会不错。

（4）场合要分清。在开玩笑时一定要分清场合，看这种场合是否可以开这种玩笑。一般来说，严肃静谧的场合，言谈要庄重，不能开玩笑；而在喜庆的场合，则应注意所开的玩笑是否能增添喜悦的气氛，如果因开玩笑使人扫兴就不好了。总的来说，在庄重严肃的场合不宜开玩笑，否则极易引起误会；工作时间一般不宜开玩笑，以免因注意力分散影响工作，甚至导致事故的发生。

（5）忌讳要避开。通常需要注意的禁忌主要有以下几点：

第一，和长辈、晚辈开玩笑忌轻佻放肆。

第二，和非血缘关系的异性单独相处时忌开玩笑。哪怕是正经玩笑，也往往会引起对方反感，或者引起对方的猜测、非议。

第三，和残疾人开玩笑注意避讳。人人都怕别人用自己的短处开玩笑，残疾人尤其如此。

总之，玩笑可以让我们的生活更加多彩，然而开玩笑时一定要掌握“度”，适可而止才能活跃气氛，增进彼此之间的友谊。

小资料

说话的度

急事，慢慢地说；

大事，清楚地说；

小事，幽默地说；
没把握的事，谨慎地说；
没发生的事，不要胡说；
做不到的事，别乱说；
伤害人的事，不能说；
讨厌的事，对事不对人地说；
开心的事，看场合说；
伤心的事，不要见人就说；
别人的事，小心地说；
自己的事，听听自己的心怎么说；
现在的事，做了再说；
未来的事，未来再说。

总之，说话要掌握好分寸。掌握好说话分寸要有三个前提：一是要清楚地知道自己是谁；二是要清楚地知道对方是谁；三是要清楚地知道自己想干什么。把握好这三个前提，就能很容易地掌握说话的分寸。

技巧六　诙谐幽默

情景导入

将军与士兵

在一个庆功会上，一个将军在与一个士兵碰杯的时候，士兵由于紧张，举杯时用力过猛，竟把一杯酒都泼到了将军的头上。士兵当时就吓坏了，可将军却用手擦了擦头上的酒，笑着说："小伙子，你以为用酒能治好我的秃顶啊，我可没听说过这个药方。"将军的话让大家哈哈大笑。

问题与思考：

1. 幽默有哪些作用？
2. 如何在与人沟通中巧妙地利用幽默？

在人际交往中，机智风趣、谈吐幽默的人往往拥有更多的朋友，谁都不愿同动辄与人争吵，或者郁郁寡欢、言语乏味的人交往。具有幽默感的人，往往是乐观主义者，为人处世比较灵活，能比较容易地与周围的人建立良好的人际关系。枯燥的会议因他在而谈笑风生；朋友聚会因他而红火热闹；面对严肃的上司，他出语诙谐，松弛了上司拉长的面孔；面对拘谨的下属，他妙语如珠，缓和了下属紧张的心情；参与紧张的谈判，在激烈的讨价还价之余，他突然来点儿幽默，交易马上顺利达成……这样的人，谁会不喜欢呢？

沟通故事

服务员的幽默

一位顾客在一家餐馆用餐，有一道菜很久没送上来，他不耐烦地问服务员：“我还有一道菜，怎么还没有送上来？”服务员笑着耐心询问：“请问您点的是什么菜？”顾客没好气地说：“炒蜗牛！”服务员立即说：“哦，蜗牛是个行动迟缓的动物。”一句话把顾客给逗乐了，然后服务员马上说：“真是对不起，先生。请您稍等，我这就去催。”

故事启发：

我们不但要把话说得清楚明白、礼貌得体，还要把话说得有趣，增强语言的感染力，这就要借助幽默的力量。

幽默可以化不利因素为有利因素，化尴尬为轻松，化被动为主动。它不但能使我们走出尴尬，而且能使气氛更加融洽、和谐。幽默是沟通中的一种奇妙的润滑剂。不可否认，幽默能自然地消除陌生人之间的心理敌意，拉近彼此的心理距离。

一、豁达自信，自我解嘲

自我解嘲是一门艺术。谁都有缺点或失误，难免会遇上尴尬的处境，人们往往喜欢遮遮掩掩，或极力辩解。其实这样做会使心理更加失衡，越描越黑，还不如来点自我解嘲，使失衡的心理得到平衡。

沟通故事

陈嘉谟的自嘲

陈嘉谟是清朝乾隆年间的举人，他的门生众多，可以称得上是桃李满天下。陈老先生 80 多岁时，身体还十分硬朗，并且与结发妻子恩爱如初。

一年新春，许多门生一道前来向恩师拜年，谁知老先生贪睡，门生们来了之后还没有起床。听说客人来了，便匆匆忙忙穿衣上堂，同众门生寒暄叙礼。见众门生笑个不停，他才发现由于着急，误穿了妻子的衣服。陈老先生自己也觉得好笑，便自我解嘲地说：“我已经 80 多岁了，你师母也 80 岁了，今天我的做法正中了乡间的俗语‘二八乱穿衣’呀。”众门生听了之后，都觉得老先生风趣幽默，大家一笑了之。

故事启发：

在与人交谈中，当你陷入尴尬的境地时，借助自嘲往往能使你从中体面地脱身。自嘲要求你具备豁达、乐观、超脱的心态和胸怀，同时你应是一个自信的人。因为只有足够自信的人才能拿自身的失误、不足甚至生理缺陷来“开涮”，对丑处、羞处不予遮掩，反而把它放大、夸张，最后巧妙地引申发挥、自圆其说，博得众人一笑。

二、适度调侃，活跃气氛

在日常生活中，如果人们面对各种复杂的情境时都能发挥较强的应变能力，发挥口才即兴调侃一下，则会增添不少趣味。

会调侃的人懂得如何给生活添加佐料，受到不公平待遇也会泰然处之，即使心情郁闷，也能通过开玩笑的方式给别人传达某种信息。实际上，这种人热爱生活，大智若愚，充满了人格魅力，现实生活中会得到众多朋友的喜爱，因此成功的机会自然比一般人多。

但是，和开玩笑一样，调侃也要有一个尺度，尤其是那些可能让对方尴尬或误解的话还是不说为妙。调侃自己的时候可以肆无忌惮，但用在别人身上时就一定要注意分寸。入乡随俗、因人而异是调侃的一个重要原则。我们调侃的目的在于活跃气氛，千万不要适得其反。

三、先顺后逆，巧妙反驳

所谓先顺后逆是指先顺承对方的意思，对对方所说的话加以肯定，然后急转直下，说出相反或不同的观点。从兵法上来讲，这种说话技巧是借敌力为我力，引诱对方走向荒谬的极端，然后出其不意地突然逆转，集中火力杀回马枪，使对方冷不丁受当头棒喝而晕头转向，失去招架之功。

先顺后逆不在乎力量的强弱，而在于语机的把握，语机把握准了，即可达到“四两拨千斤”的效果。有些人喜欢口出狂言，你若与他正面交锋，很可能两败俱伤。先顺后逆就是先满足对方的表现欲，让他按自己的逻辑思维尽情地表现，甚至还可以适当地附和他，直至他的弱点充分暴露出来，随即来个“突逆”，这样你就能收到事半功倍的效果。

技能训练

1. 与一个初为人妻的女子探讨厨艺及她丈夫的事业。
2. 与一个初为人母的女子讨论育儿经验。
3. 与一个 18 岁孩子的母亲谈谈孩子的未来。
4. 与一个 50 岁左右的中年妇女谈谈她老公的身体情况。
5. 与一个儿孙满堂的老奶奶谈谈她的幸福晚年。

技能二
听的技巧

知识目标

1. 正确理解倾听的作用，了解倾听的过程；
2. 掌握倾听的障碍及克服倾听障碍的对策；
3. 掌握正确倾听的方法。

能力目标

1. 具备良好的倾听能力；
2. 具备消除倾听障碍的能力。

素养目标

1. 树立沟通中的尊重理念，践行社会主义核心价值观；
2. 了解善于听取谏言的古代帝王故事，学习中国传统文化。

能力测试

“倾听”技能测试

我们拥有一张嘴、两只耳朵，为的是让我们多听少说。充分倾听才会有正确的判断。在日常的谈话中，我们经常可以看到、遇到性急之人，他不等别人说完就马上下结论；也会遇到慢条斯理之人，别人说完老半天，也不见他开口。倾听是一种心态、行为的反映，是对一个人品德的评价，善听者善言。你的倾听能力如何呢？

一、态度

1. 你喜欢听别人说话吗？

A. 几乎都是　B. 常常　C. 偶尔　D. 很少　E. 几乎从不

2. 你会鼓励别人说话吗？

A. 几乎都是　B. 常常　C. 偶尔　D. 很少　E. 几乎从不

3. 你不喜欢的人在说话时，你也注意听吗？

A. 几乎都是　B. 常常　C. 偶尔　D. 很少　E. 几乎从不

4. 无论说话人是男是女、年长年幼，你都注意听吗？

A. 几乎都是　B. 常常　C. 偶尔　D. 很少　E. 几乎从不

5. 朋友、熟人、陌生人说话时，你都注意听吗？

A. 几乎都是　B. 常常　C. 偶尔　D. 很少　E. 几乎从不

二、行为

6. 你是否会目中无人或心不在焉？

A. 几乎都是　B. 常常　C. 偶尔　D. 很少　E. 几乎从不

7. 你是否注视听话者？

A. 几乎都是　B. 常常　C. 偶尔　D. 很少　E. 几乎从不

8. 你是否忽略了足以使你分心的事物？

A. 几乎都是　B. 常常　C. 偶尔　D. 很少　E. 几乎从不

9. 你是否会微笑、点头以及使用不同的方法鼓励他人说话？

A. 几乎都是　B. 常常　C. 偶尔　D. 很少　E. 几乎从不

10. 你是否会深入考虑说话者所说的话？

A. 几乎都是　B. 常常　C. 偶尔　D. 很少　E. 几乎从不

11. 你是否会试着指出说话者所说的意思？

A. 几乎都是　B. 常常　C. 偶尔　D. 很少　E. 几乎从不

12. 你是否会试着指出说话者为什么说那些话？

A. 几乎都是　B. 常常　C. 偶尔　D. 很少　E. 几乎从不

13. 你是否让说话者说完他的话？

A. 几乎都是　B. 常常　C. 偶尔　D. 很少　E. 几乎从不

14. 当说话者在犹豫时，你是否鼓励他继续下去？

A. 几乎都是　B. 常常　C. 偶尔　D. 很少　E. 几乎从不

15. 你是否会重述说话者的话，弄清楚后再提问？

A. 几乎都是　B. 常常　C. 偶尔　D. 很少　E. 几乎从不

16. 在说话者讲完之前，你是否会避免批评他？

A. 几乎都是　B. 常常　C. 偶尔　D. 很少　E. 几乎从不

17. 无论说话者的态度与用词如何，你都注意听吗？

A. 几乎都是　B. 常常　C. 偶尔　D. 很少　E. 几乎从不

18. 若你预先知道说话者要说什么，你也注意听吗？

A. 几乎都是　B. 常常　C. 偶尔　D. 很少　E. 几乎从不

19. 你是否询问说话者有关他所用字词的意思？

A. 几乎都是　B. 常常　C. 偶尔　D. 很少　E. 几乎从不

20. 为了使说话者更完整地解释他的意见，你是否会询问说话者？

A. 几乎都是　B. 常常　C. 偶尔　D. 很少　E. 几乎从不

计分方法：选 A 计 5 分；选 B 计 4 分；选 C 计 3 分；选 D 计 2 分；选 E 计 1 分。

解析：

总分为 90～100 分：你是一个优秀的倾听者；总分为 80～89 分：你是一个很好的倾听者；总分为 65～79 分：你是一个勇于改进，还算良好的倾听者；总分为 50～64

分：在有效倾听方面，你确实需要再训练；总分为 50 分以下：你注意倾听了吗？

倾听是通向心灵的途径。有人说："会倾听的人到处都受欢迎。"懂得倾听的人，才会获得朋友，因为你分担了他的烦恼；懂得倾听的人，是善解人意的人，因为你知道对方想要什么，在交谈中慎言，不伤害自己，也不伤害他人；懂得倾听的人，是受人尊重的人，因为你认真倾听他人言语，代表你对他人的尊重，同时你也赢得了他人的尊重。懂得倾听，才能让你更深刻地了解他人，也了解你自己。只有客观、辩证地看待自己，你才能取他人之长，去自己之短！

技巧一　积极聆听

情景导入

将军尝汤

将军为了显示他对部下生活的关心，突然参观士兵食堂。在食堂里，他看见两个士兵站在一个大汤锅前。

"让我尝尝这汤！"将军向士兵命令道。

"可是，将军……"士兵正准备解释。

"没什么'可是'，给我勺子！"将军拿过勺子喝了一大口，怒斥道："太不像话了，怎么能给战士喝这个？这简直就是刷锅水！"

"我正想告诉您这是刷锅水，没想到您已经尝出来了。"士兵答道。

问题与思考：

1. 将军为什么会犯这样的低级错误？
2. 这个事例告诉我们什么道理？
3. 你在与人沟通中，有过类似的情形吗？

一、倾听是最有效的沟通武器

倾听是成功的基石。倾听能够使人们与周围的人保持接触，失去倾听能力也就意味着失去与他人共同工作、生活、休闲的可能。一般来讲，人们很少只为消遣而倾听，而是为了以下目标而倾听：

（1）获得事实、数据或别人的想法；

（2）理解他人的思想、情感；

（3）对听到的内容进行选择；

（4）肯定说话人的价值。

倾听在人的生活、工作中占有很重要的位置。根据统计数据，在工作和生活中，人们平均有 40％的时间用于倾听。

沟通故事

三个小金人

古时候，有一个小国进贡了三个一模一样的小金人，这可把皇帝高兴坏了。可是这个小国不厚道，给皇帝出了一道题目：这三个小金人哪个最有价值？

皇帝想了许多办法，请来珠宝匠检查，称重量，看做工，都是一模一样的。怎么办？使者还等着回去汇报呢。泱泱大国，不会连这点小事都不懂吧？

最后，有一位老大臣说他有办法。

皇帝将使者请到大殿，老臣胸有成竹地拿着三根稻草，插入小金人的耳朵里，第一个小金人的稻草从另一边耳朵出来了；第二个小金人的稻草从嘴巴里直接掉出来了；而第三个小金人的稻草进去后掉进了肚子，什么响动也没有。老臣说：第三个小金人最有价值！使者无语，答案正确。

故事启发：

最有价值的人，不一定是最能说的人。善于倾听，才是成熟的人最基本的素质。

二、倾听的作用

（一）倾听对他人是一种鼓励

倾听能激发对方的谈话欲。说话者感到自己的话有价值，他们会乐意说出更多有用的信息，好的倾听者会使说话者的思维更加活跃。当别人感觉到你在以友好的方式听他讲话时，他会全部或部分地解除戒备心理，并会反过来更有效地听你讲话，更好地理解你的意思。

（二）倾听可以改善关系

认真倾听通常能改善人们的关系，能给说话者提供说出事实、想法等心里话的机会。倾听的时候，你将能更好地理解他们，而你对他们的讲话感兴趣也会使他们感到愉快，从而改善双方的关系。

（三）倾听可以获取重要信息

通过倾听，我们可以了解对方要传达的消息，理解对方的感情，并据此推断对方的性格、目的和诚恳程度。倾听是获取信息的重要方式，所以有人说，一个随时都在认真倾听别人讲话的人，可在闲谈之中成为一个信息的富翁。这可以说是对古语“听君一席话，胜读十年书”的一种新解。

（四）倾听可以锻炼自身能力和掩盖自身的弱点

通过仔细倾听，可以减少对方的防卫意识，增加认同感。倾听者可以训练以己推人的心态，提高思考力、想象力、客观分析能力。

（五）倾听可以调动人的积极性

善于倾听的人能及时发现他人的长处，并创造条件让其长处得以发挥作用。倾听本身也是一种鼓励方式，能提高对方的自信心和自尊心，加深彼此的感情，激发对方的工作热情和负责精神。

（六）倾听使人善言，能更有力地说服对方

只有善听才能善言。可以想象，如果在对方发言时你就急于要发表自己的观点，根本无心倾听对方在说些什么，甚至在对方还没有说完的时候就在心里盘算如何反驳，交谈是难以合拍的。只有善听才能更好地说服别人，因为你能从他的讲话中发现他的弱点，从而找到说服对方的契机。你的认真倾听会让人感到你充分考虑了他的需要和见解，增加了对方认同的可能性。

（七）倾听有助于解决问题

第一，积极倾听可使管理者作出正确决策。尤其是对于缺乏经验的管理者来说，倾听可以减少错误。第二，仔细地互相倾听对方的讲话是解决异议和问题的最好办法。这并不意味着他们必须相互同意对方的观点，他们只需表明他们理解对方的观点。第三，仔细倾听也能为对方解决问题。

三、倾听的过程

倾听是一个能动的过程，是一个对感知到的信息经过加工处理后能动地反映自己思想的过程，这个过程大致可分为感知、选择、组织、解释或理解四个阶段。这四个阶段相互联系、相互影响，任何一个阶段出现问题，倾听都可能是无效的。

（一）感知信息

听只是一种涉及听觉系统的生理过程，而倾听是一种涉及对他人整体的更加复杂的知觉过程，需要同时理解口头语言和非口头语言所传达出的信息。

（二）选择信息

并不是任何信息都能为人们所接受，人们总是对一部分信息表现出特别的关注和兴趣，同时又忽视另外一些信息。虽然人们能按某种特定的方式集中注意力，但注意力集中的范围是有限的。通常情况下，人们对 20 秒钟以内的信息能完全集中注意力，之后注意力将非常容易分散，当然，人们也能很快重新把注意力集中在相应的信息上。事实上，注意力的集中能力与是否容易厌烦紧密联系。

（三）组织信息

在倾听过程中，当你决定注意某些信息时，接下来的步骤就是对信息进行组织加工，包括识别、记忆、赋予信息含义等一系列过程。人们将杂乱无章的信息分门别类，集中储存起来，把那些过于简略的信息加以扩充，过于冗长的信息进行浓缩，使它们成为自己拥有的知识和经验的一部分。虽然人们不可能记住所有的语言信息和非语言信息，但对于那些重要的信息，人们会想方设法将其存储在自己的大脑里，而通常采用的方法之一就是记笔记。

（四）解释或理解信息

对于收集、过滤后的信息，人们会调动大脑储存的知识和经验，通过判断、推理，获得正确的解释或理解。在这一阶段，人们对信息进行评价，用自己的知识和经验来

衡量对方所说的话，或者质疑说话者的动机和观点。在理解说话者所表达的词语的同时，人们也赋予说话者的腔调、手势、表情以一定的含义。

倾听必须以听为基础，但它是一种特殊形态的听：第一，它是人主动参与的听。人必须对声音有所反应，或者说，在这一过程中人必须思考、接收、理解，并作出必要的反馈。第二，它必须是有视觉器官参与的听。没有视觉器官的参与，闭上眼睛听或只用耳朵听不能称为倾听。在倾听的过程中，必须理解别人在语言之外的手势、面部表情，特别是眼神和情感表达方式。

在倾听过程中，我们不仅要听到对方所说的话语，也不可忽视不同的重音、声调、音量、停顿等因素。例如，说话人适当地停顿，会给听话人一种谨慎、仔细的印象；但过多地停顿会给人一种急躁不安、缺乏自信或不可靠的感觉。说话的音量不同也会让人区分说话者愤怒、吃惊、轻视或怀疑等不同的态度。

课堂互动

你认为在平时的工作中，什么时候容易出现听而不闻？如何处理听而不闻？

技巧二　排除倾听障碍

情景导入

“请问你家有蜡烛吗?”

一位家庭主妇搬入新居的那一天，凑巧小区停电了。黑暗之中，主妇听到了敲门声。她开门一看是一个小孩。小孩轻声问：“请问你家有蜡烛吗?”主妇一听心里就不痛快了，她才搬来第一天，就有人敲门借东西，看来以后的麻烦多着呢。于是主妇说：“我家没有蜡烛。”小孩听完，把背在身后的手松开，递给主妇一根蜡烛：“我妈妈说你们刚搬进来，可能没有时间买蜡烛。”

问题与思考：

1. 在上述沟通中存在什么样的倾听障碍?
2. 沟通中的倾听障碍还有哪些？如何消除?

沟通的障碍来自环境、说话者和倾听者三个方面。倾听障碍则主要存在于环境、倾听者两个方面。

一、倾听障碍

倾听的障碍

（一）环境障碍

环境对倾听的影响是显而易见的。例如，管理者在会议室里向下级征询意见，大家会十分认真地发言；若换到餐桌上，下级可能会随心所欲地谈想法，甚至包括不成熟的想法。同样，过强的噪声会妨碍听众完整地听取发言。

环境之所以影响倾听，是因为环境能产生两个方面的作用：第一，干扰信息的传递过程，使信息信号消减或歪曲；第二，影响倾听者的心境。也就是说，环境不仅从客观上，也从主观上影响倾听。

（二）倾听者障碍

倾听者本人在整个沟通过程中具有举足轻重的作用。倾听者理解信息的能力和态度都直接影响倾听的效果。来自倾听者本身的障碍主要可归纳为以下两类：

第一类是倾听者的理解能力。倾听者的知识水平、文化素质、职业特征及生活阅历往往与他本身的理解能力和接受能力紧密联系在一起，具有不同理解能力的倾听者必然会有不同的倾听效果。正因为如此，倾听者的理解能力也构成倾听中的障碍。

第二类是倾听者的态度。除了倾听者的理解能力之外，倾听者的态度也构成倾听中的障碍。这些态度主要有：

（1）排斥异议。有些人喜欢听和自己意见一致的人讲话，偏心和自己观点相同的人。这种拒绝倾听不同意见的人，不仅拒绝了许多通过沟通获得信息的机会，而且在倾听的过程中不可能集中精力，也不可能和任何人都愉快交谈。

（2）用心不专。三心二意、心不在焉是这种情况的典型表现。虽然倾听者身在现场，而且表面上似乎在用心地听，但倾听者本人可能心不在焉，所以倾听的信息完全或部分未进入倾听者的头脑中，这种倾听的效果肯定不好。

（3）急于发言。人们容易在他人还未说完的时候，就迫不及待地打断对方，或者心里早已不耐烦了，这样通常不能把对方的意思听懂、听全。

（4）心理定式。由于人都有某些根深蒂固的心理定式和成见，这也会大大影响倾听的效果。

（5）感到厌倦。在倾听的过程中，由于思维的速度和听话的速度有差距，人们很容易在听话时感到厌倦。思维往往会在空闲时“寻找”一些事做，或者停留在某处，拒绝进一步思考。这是一种不良的倾听习惯。

（6）消极的身体语言。在倾听时东张西望，双手交叉抱在胸前，跷起二郎腿，甚至用手不停地敲打桌面，这些动作都会被视为发出这样的信息：“你有完没完？我已经听得不耐烦了。”这些消极的身体语言都会大大妨碍倾听的质量。

小资料

倾听者的特性如表 2-2-1 所示。

表 2-2-1 倾听者的特性

好的倾听者的特性	差的倾听者的特性
1. 适当地使用目光接触。 2. 对讲话者的语言和非语言行为保持注意和警觉。 3. 容忍并且不打断（等待讲话者讲完）。 4. 使用语言和非语言表达来表示回应。	1. 不保持目光接触（眼神游离）。 2. 心烦意乱，不注意讲话者。 3. 打断讲话者（不耐烦）。 4. 对讲话者不感兴趣。

续表

好的倾听者的特性	差的倾听者的特性
5. 用不带威胁的语气来提问。 6. 解释、重申和概述讲话者所说的内容。 7. 提供建设性（语言和非语言）的反馈。 8. 移情（起理解讲话者的作用）。 9. 显示出对讲话者外貌的兴趣。 10. 表达关心的态度，并愿意倾听。 11. 不批评、不判断。 12. 敞开心扉。	5. 很少给讲话者反馈或根本没有（语言和非语言）反馈。 6. 改变主题。 7. 做判断。 8. 思想封闭。 9. 谈论太多。 10. 自己抢先发言。 11. 给不必要的忠告。 12. 忙得顾不上听。

沟通游戏

悄悄告诉他

游戏目标：让学生理解倾听的重要性及倾听的障碍。

参加人数：每组 10 人，可有 3～4 组。

游戏工具：写着传话内容的纸条。

要求：

1. 每组 10 人排成一列，由第一个人领来纸条，记住上面的话并保留纸条。

2. 第一个人将记住的话低声耳语传给第二个人，第二个人将听到的话低声耳语传给第三个人，如此重复，直到第十个人。

3. 第十个人将听到的话写在另一张纸条上。

4. 比较这两张纸条上的内容，会发现有很大的差别，甚至是天壤之别。

讨论：

1. 为什么话传到最后会和纸条上的内容不一样？

2. 传话游戏中的倾听障碍是如何形成的？

二、克服倾听障碍的对策

（一）创造良好的倾听环境

倾听环境对倾听的质量和效果有重要的影响，沟通双方如果能够选择并营造一个良好的环境，就能够最大限度地改善倾听效果。一般来说，良好的环境包括适宜的时间、适当的地点和平等的氛围。

（二）提高倾听者的倾听技能

倾听者是倾听过程的主体，倾听者的知识水平、理解能力、倾听态度及精神状态等直接影响倾听的效果。因此，克服倾听障碍的关键在于提高倾听者的倾听技能。提高倾听者的倾听技能可从以下方面入手：完整、准确地接收信息；正确地理解信息；

适时适度地提问；及时给予反馈；防止分散注意力。

（三）改善讲话者的讲话技巧

一切沟通的技巧从本质上来说只为两个目的服务：让别人懂得你，以及让你懂得别人。讲话者在讲话过程中，要注意以下几点：一是讲话速度不要太快；二是不要太注重细节；三是不要紧张；四是要对事不对人。

技巧三　掌握倾听的方法

掌握倾听的方法

情景导入

弦外之音

1. 甲：这是我最喜欢的书，你喜欢吗？乙：很有意思。

2. 甲：你上哪儿去？乙：出去一趟。

3. 甲：你跟我去趟商店好吗？乙：我的自行车坏了。

4. 甲：××真是有点滑稽，你瞧她穿的那超短裙，超级短。乙：这些天特别热，气温有36度，不是吗？

问题与思考：

1. 上面几段对话的弦外之音是什么？你是根据什么判断的？

2. 在倾听的过程中，如何做到“耳到”“眼到”“心到”“脑到”？

3. 倾听过程中有哪些方法有助于提高你的倾听能力？

有效的倾听既是一种技巧，又是一个极富警觉性与极费心思的过程。特别是在面对面的沟通过程中，倾听者要做到“耳到”“眼到”“心到”“脑到”。所谓“耳到”，就是要集中注意力把说话者所说的每句话都听清楚。所谓“眼到”，就是要用眼睛去观察对方的表情、眼神、手势、体态与穿着等，以判断其口头语言的真正含义。所谓“心到”，就是要以换位思考的态度站在对方的立场与角度，去体会其处境与感受。所谓“脑到”，就是要运用大脑去分析对方的动机，以便了解其口头语言是否话中有话、有弦外之音。

听是一种生理反应和行为，倾听则是一种艺术，有效的倾听能够使人不需要出声就达到沟通的目的。因此，掌握倾听的方法和技巧，是培养和提高倾听技能的重点和关键。

一、以开放的心态和积极的态度倾听

一个有效的倾听者，常常会在倾听过程中思考以下问题：说话者谈论的主要内容和观点是什么？采取了什么样的表达方式？哪些内容和观点对自己有借鉴价值？从说话者身上自己能够学到什么？这些问题能够帮助倾听者在倾听过程中学到很多东西。但遗憾的是，人们在倾听时总是以自己的好恶进行取舍，只愿意听自己感兴趣的，而对自己不感兴趣的往往是充耳不闻。因此，为了提高倾听效果，在倾听时，倾听者既

要保持良好的精神状态，又要以开放的心态和积极的态度去倾听，这样不仅能够倾听到谈话的主要内容和观点，而且能够很容易地跟上说话者的节奏。

沟通素养

学会倾听，做一个受欢迎的人

在职场上，“说”不一定能赢得别人的喜爱，喋喋不休地表达自己的见解或情感，会成为他人的一种负担，让人感到反感，有时候需要另外一种表达方式：学会倾听。

美国通用公司前总裁卡耐基曾经说过这么一句话：一双灵巧的耳朵胜过十张能说会道的嘴巴。卡耐基曾经参加过一位名叫格林伯的出版商举办的宴会，在宴会上他认识了一位植物学家，卡耐基被植物学家的讲话深深地吸引了，坐在旁边全神贯注地听他讲植物学方面的趣事。散会的时候，这位植物学家在宴会主人面前，对卡耐基大加赞赏，说他非常能够鼓舞人。但卡耐基整个晚上几乎没有开口，只是在倾听。

心理学研究表明，越是善于倾听的人，与他人关系就越融洽。因为倾听本身就是对对方的一种褒奖，你能耐心倾听对方的谈话，等于告诉对方“你是一个值得我尊重的人”，这效果要比通过语言来表达尊重好很多。

二、注视对方的眼睛

眼睛是心灵的窗户。一位细心、敏感的倾听者会适当注视对方的眼睛，保持与说话者的目光接触，而不是看窗外、看天花板或者看对方肩膀后面。如果直视他人的眼睛很困难的话，也可以注视对方的眼睛周围，如发际、嘴、前额、颈部等。目光接触是一种非语言信息，表示“我在全神贯注地听你讲话”。

三、了解对方的看法

倾听时可以不同意对方的看法，但至少要认真接纳对方的话语，点头并不时说：“原来如此”“我本来不知道”等，鼓励对方继续说下去。说不定对方说的是正确的，你或许也会从中获益。如果你不给对方机会，也就永远不知道对不对了。

在倾听过程中了解对方的看法，有以下几种方法。一是注意语言内容。仔细听对方说话中的关键词、观点表述和评价性的语言。比如对方说“我认为这个政策的实施虽然有积极意义，但在细节上还有待完善”，从这句话就能直接提取出他对政策的看法是肯定主要方向，但对细节有更高期望。二是观察语气和语调。不同的语气可以传达不同的情绪和态度。如果对方说话时语气坚定、声音洪亮，可能表明他对自己的看法很有信心。像在讨论环保措施时，有人激动地大声说“垃圾分类必须严格执行，这是对我们的未来负责”，可以感受到他对严格执行垃圾分类的强烈支持，而如果是犹豫、轻声地说话，或许他对自己的观点还不太确定。三是留意肢体语言。身体前倾可能意味着对方对话题很感兴趣，并且积极投入阐述自己的看法；抱臂可能表示防御，也许他的看法带有坚持或者反对的态度；点头则可能暗示他对自己正在说的内容表示认同。例如在小组讨论中，有人身体前倾，眼神专注，一边说一边点头，表明他对自己的看法是比较自信且希望得到认同的。

四、使用开放性的动作

人的身体姿势会暗示对谈话者的态度和兴趣。自然开放的姿态代表着接受、容纳、尊重与信任。恰当的肢体语言，如用手托着下巴等，会显示出倾听者的态度诚恳，让说话者感受到倾听者的支持与信任。

五、及时给予动作和表情反馈

有效的倾听不仅会使倾听者对听到的信息表现出兴趣，而且能够利用各种对方能理解的动作与表情及时给予呼应和反馈。如用赞许性的点头、恰当的面部表情与积极的目光接触，向说话者表明你在认真倾听；用皱眉、迷惑不解等表情，给说话者提供准确的反馈信息以利于其及时调整。

六、学会复述

复述指用自己的话来重新表达说话者所说的内容。有效的倾听者常常使用这样的语言进行复述："我听你说的是……""你是否是……意思？""就像你刚才所说……"。之所以要重新表达说话者所说的话，是因为：首先，它是核查你是否认真倾听的最佳监控手段。如果你在走神或在思考你接下来要说的内容，你肯定不能准确复述完整的内容。其次，它是精确性的控制机制。用自己的语言复述说话者所说的内容，并将其反馈给说话者，可以检验自己理解的准确性。最后，复述对方说过的话，既表达了对说话者的尊重，又能够利用对方的观点来说出自己的想法。这样，倾听者不仅能够赢得说话者的信任，而且能够找到沟通语言，从而拉近彼此之间的距离。但需要注意的是，复述如果运用不当往往被看作对说话者的一种不信任。可见，复述需要掌握一些技巧，例如运用表情、体态来说明你并非怀疑，而只是想证实一下自己听到的与说话者所表达的是否相符。

七、适时适度地提问

作为一个倾听者，其主要任务在于倾听他人所说。但是，如果倾听者能以开放的方式询问所听到的事，成为谈话的主动参与者，就会增进彼此间的交流和理解。可以说，提问既是对说话者的一种鼓励，表明你在认真倾听，也是控制和引导谈论话题的重要途径。提问既有利于倾听者彻底掌握自己没有听到的或没有听清楚的事情，也有利于说话者更加有重点地陈述、表达。但需要注意的是，提问必须做到适时适度，要多听少问，如果倾听者满脑子考虑的是如何问问题，或问起来没完没了，那么这种提问就失去了应有的价值，还会引起说话者的反感和不满。

八、控制争论的念头

沟通中难免会出现不同的认识和看法，当自己的意见和看法与别人不一致的时候，倾听者一定要学会控制自己的情绪，尽量抑制内心争论的冲动，要有耐心，放松心情，一定要等对方把话说完，再来表达自己的看法和见解。有效的倾听者绝不会随意打断对方的讲话，更不会轻易动怒或争论。要记住，倾听的关键是“多给别人耳朵，少给声音”，倾听是为了了解而不是反对或争论。

小资料

倾听建议

1. 不要多说。
2. 不要轻易下结论。
3. 不要心存偏见。
4. 不要猜测。
5. 不要有分心的举动和手势。
6. 不要中途打断说话者。

沟通游戏

听与答

游戏目标：证明谁是真正的、好的倾听者，并迅速提高学生的倾听能力。

参加人数：全体学生。

游戏时间：10 分钟。

要求：

1. 教师宣布开始，接下来他将提出一系列问题，每个问题都有一个很简短的答案，学生所需做的就是将答案写在纸上。注意：每道题只念一遍。

2. 教师检查学生的答案，随后再读一遍问题，并逐一解释各题。

题目：

1. 我国法律是否规定成年男子不得娶其遗孀的姐妹为妻？

2. 如果你晚上 8:00 上床睡觉，设定闹钟在 9:00 将你叫醒，你能睡几个小时？

3. 在我国，每年都庆祝10月1日国庆节，在英国是否也有10月1日？

4. 如果你只有一根火柴，当你走进一间冰冷的房间时，发现里面有一盏油灯、一个燃油取暖器、一个火炉，你会先点燃哪一个来获取最多的热量？

5. 平均一个男子一生可以有几次生日？平均一个女子一生可以有几次生日？

6. 根据国际法的规定，如果一架飞机在两个国家的边境坠落失事，那些不明身份的幸存者是应当被安葬在他们准备坐飞机前往的国家呢，还是出事的国家？

7. 一位考古学家声称发现了一枚有“公元前48年”字样的钱币，这可能吗？

8. 有人造了一幢普通的有四面墙的房子，每面墙上都开着一个朝南的窗口，这时有只熊来敲门，这只熊是什么颜色的？

解题关键：

1. 没有任何一部法规会有如此规定，因为这个男人若想娶他遗孀的姐妹为妻，首先得让自己的妻子变成遗孀，而他的妻子要变成遗孀，他就得先去世。

2. 你只能睡一个小时，因为闹钟不会区分是白天还是晚上，除非你按24小时制设定。

3. 是的，在英国也有10月1日，还有2日、3日直到31日。

4. 首先你得点燃火柴。

5. 平均一个男人一生只有一次生日，平均一个女人一生也只有一次生日，其他的都是生日纪念日。

6. 无论哪里的法律都绝不允许埋葬不明身份的幸存者，因为他们还活着。

7. 那个考古学家在骗人，因为公元前时不可能在钱币上刻上“公元前”的字样，那时还没有公元纪年。

8. 是只白熊，因为只有在北极才可能建一幢那样的房子，在北极点每个方向都是南方。

讨论：

1. 你答对了多少？答错了多少？

2. 为什么你的成绩不太理想呢？

3. 为什么我们说倾听也应当是积极主动的，必须边听边想，不能只是被动地接受？

技能训练

训练由两人完成，按照角色扮演的方法进行训练。首先由第一个人做主讲者，用两分钟时间向另一个人讲述自己最开心的一次假期，其中包括曾度假或旅游的地点、同行者以及曾做过的有趣的事情。另一个人作为倾听者，用心倾听，尝试用良好的倾听来表现，如与主讲者进行目光交流，身体微微前倾，在适当的时候微笑或提问等。讲述完以后，两个角色进行轮换，由刚才倾听的人做主讲者，讲述同样的内容。刚才的主讲者做倾听者，先用心倾听一分钟，然后用另一种状态去倾听，如四处张望、玩弄指甲、没精打采、烦躁不安等。

思考：

（1）作为主讲者的你有何感受？为什么会如此？

（2）倾听者有效倾听的表现有哪些？

（3）你凭什么判断出对方并非在倾听？

（4）哪些倾听技巧是你常用的？

（5）当你对讲述内容不感兴趣时，会表现出什么样的行为？

（6）作为主讲者，当对方表现出不感兴趣的行为时，你的感受如何？

技能三 问的技巧

知识目标

1. 正确理解沟通中提问的重要性，掌握提问的方式；
2. 了解提问的艺术。

能力目标

1. 具备良好的语言表达能力；
2. 具备运用提问技巧进行沟通的能力。

素养目标

1. 通过经典沟通案例的学习，感受中华文化的魅力；
2. 结合专业，应用提问沟通技巧，提升职业素养。

能力测试

提问能力测试

请通过下列问题对自己的提问能力进行测试。

1. 在提问前，你通常会考虑什么？

A. 总是考虑以哪种方式提问　　B. 有时会考虑如何提问

C. 不考虑

2. 当提问完毕，你会从怎样的角度评估自己所提出的问题？

A. 一般会从对方的角度　　B. 从对方反应的角度

C. 从自己的角度

3. 当对方已经回答完你的问题时，你会如何做？

A. 什么也不说，等待对方再说　　B. 引导对方继续解释

C. 问下一个问题

4. 当对方回答你的问题时，你会如何做？

A. 回答“是的”，让对方继续讲　　B. 鼓励对方继续讲

C. 用“是的，但是……”这样的句子

5. 面对不同的听众，你会如何提问？

A. 因人而异，随机应变　　B. 从对方的角度提问

C. 按照统一的方式提问

6. 在提问时，你经常采用哪种问题？

A. 开放式问题　　B. 封闭式问题　　C. 反射性问题

7. 你在提出问题前，对于自己的表述会进行怎样的思考？

A. 看逻辑思路是否清晰　　B. 看语言组织是否有问题

C. 考虑用什么语气表述

8. 你如何看待提问时的语气？

A. 语气可能导致意思发生变化　　B. 语气不同，问题指向会不同

C. 要时刻注意语气

9. 当你想更多地了解问题产生的原因时，你一般采用怎样的提问方式？

A. 开放式　　B. 封闭式

C. 步步追问，确认每个细节

10. 在提问时，你如何让听众清晰地了解你的问题和你的真实意思？

A. 用逻辑性的思维和语言　　B. 对问题进行重复和解释

C. 用大众化的表达方式

计分方法：选 A 计 3 分，选 B 计 2 分，选 C 计 1 分。

解析：

1. 总分为 24 分以上：你的提问能力很强，请继续保持和提升。
2. 总分为 15～24 分：你的提问能力一般，请继续努力。
3. 总分为 15 分以下：你的提问能力很差，急需提升。

世界上最会沟通的人，是会问问题的人。会问问题的人会问对方感兴趣的问题，让对方喜欢回答你；问对方没有抗拒点的问题，让对方能够回答你；问能够给对方带来好处的问题，让对方愿意回答你。

技巧一　提问的目的要明确

情景导入

5Why 分析

某企业生产线上的机器总是停转，已经修过多次，但仍不见好转。企业负责人到现场询问工作人员。

问：“为什么机器停了？”答：“因为超过了负荷，保险丝就断了。”

问：“为什么超负荷了呢？”答：“因为轴承的润滑不够。”

问：“为什么润滑不够？”答：“因为润滑泵吸不上油来。”

问："为什么吸不上油来？"答："因为油泵轴磨损、松动了。"

问："为什么磨损、松动了呢？"答："因为没有安装过滤器，润滑油里混进了铁屑等杂质。"

企业负责人经过连续五次地问"为什么"，找到了问题的真正原因（润滑油里混进了杂质）和真正的解决方案（在油泵轴上安装过滤器）。由现象推其本质，再找到最终解决问题的方案，这就是5Why。

问题与思考：

1. 企业负责人是如何通过提问找到解决方案的？
2. 提问的目的是什么？应该如何提问？

一、为什么要提问

在沟通中，提问一定要有目的。通过提问，可以收集信息和发现需求；向对方表明谈话的开始和结束；控制谈话方向；制止别人滔滔不绝地谈话；征求意见；表示不明白或不相信；向对方提出建议。因此，在沟通过程中，提问是引导对方有方向地谈论和得到反馈的工具。

二、提出的问题应紧扣主题

提问是为了获得某种信息，问什么问题要在倾听者总目标的控制之下，要能通过提问把讲话人的讲话引入自己需要的信息范围。这就要求提出的问题要紧紧围绕谈话内容和主题，不应漫无边际地提一些随意而不相关的问题，因为这既会浪费双方的时间，又会淡化谈话的主题。

沟通故事

三个小贩卖水果

一天，一位老太太拎着篮子去楼下的菜市场买水果。她来到第一个小贩的水果摊前问道："这李子怎么样？"

"我的李子又大又甜，特别好吃。"小贩回答。

老太太摇了摇头没有买。她向另一个小贩走去，问道："你的李子好吃吗？"

"我这里是李子专卖，各种各样的李子都有。您要什么样的李子？"

"我要买酸一点儿的。"

"我这篮李子酸得咬一口就流口水，您要多少？"

"来一斤吧。"老太太买完李子继续在市场中逛，又看到一个小贩的摊上也有李子，又大又圆非常抢眼，便问小贩："你的李子多少钱一斤？"

"您好，您问哪种李子？"

“我要酸一点儿的。”

“别人买李子都要又大又甜的，您为什么要酸的李子呢？”

“我儿媳妇怀孕了，想吃酸的。”

“老太太，您对儿媳妇真体贴，她想吃酸的，说明她一定能给您生个大胖孙子。您要多少？”

“我再来一斤吧。”老太太被小贩说得很高兴，便又买了一斤。

小贩一边称李子一边继续问：“您知道孕妇最需要什么营养吗？”

“不知道。”

“孕妇特别需要补充维生素。您知道哪种水果含维生素最多吗？”

“不清楚。”

“猕猴桃含有多种维生素，特别适合孕妇。您要给您儿媳妇天天吃猕猴桃，她一高兴，说不定能一下给您生出一对双胞胎。”

“是吗？好啊，那我就再来一斤猕猴桃。”

“您人真好，谁摊上您这样的婆婆，一定有福气。”小贩开始给老太太称猕猴桃，嘴里也不闲着：“我每天都在这儿摆摊，水果都是当天从批发市场找新鲜的批发来的，您儿媳妇要是吃好了，您再来。”

“行。”老太太被小贩说得很高兴，提了水果边付账边应承着。

三个小贩面对同一个老太太，为什么销售的结果完全不一样呢？

故事启发：

提问是探询顾客需求的最好办法。第一个小贩急于推销自己的产品，根本没有探询顾客的需求；第二个小贩进行了促成式提问；第三个小贩通过纵深提问，挖掘出老太太需求背后的原因，最后获得成功。

三、提出的问题要少而精

恰当的提问有助于双方的交流，但太多的提问会打断讲话者的思路，扰乱其情绪。至于提多少问题比较合适，不可一概而论，要根据谈话的内容、交谈双方的个人风格而定。如果你有爱问问题的习惯，在交谈时一定要控制自己提问的数量，最好做到少问或者不问问题；如果你从不愿意问问题，在与别人进行交谈时最好预先设计一些问题，到时尽量把它们提出来，以锻炼自己的胆量和勇气。但是，不管你具有什么样的个人风格和特点，交谈时必须牢记一点，那就是多听少问。

四、问题表达要明确

进行有效提问是沟通双方共同的责任，因为它可以使双方受益，即双方都能从提问和回答中获得对事物更深刻的认识。但不管谁来提问，提出的问题一定要做到明确具体。即在表述问题时词义和内容要明确具体。同时，提问时要尽量语言精练、观点明确、抓住重点，否则会让对方还没有听到问题就对你本人产生了反感。

技巧二 掌握好提问的方式

情景导入

封闭式提问

一家豆浆店有两个服务员，一位顾客对一个服务员说："给我来一碗豆浆。"服务员说："先生您要一碗豆浆是吧，那您要不要加鸡蛋？"顾客说："不要。"于是他的鸡蛋没有卖出去。

又有顾客喊另一个服务员："给我来一碗豆浆。"服务员跑过来："先生您要一碗豆浆是吧，那您是加一个鸡蛋还是加两个鸡蛋？"顾客说："加一个鸡蛋吧。"于是，他在卖出一碗豆浆的同时也卖出了鸡蛋。

问题与思考：

1. 两个服务员各采用了什么提问方式？区别在哪里？
2. 在沟通中如何灵活地运用提问方式？

从不同的角度，按照不同的标准，可将提问分为多种类型：从回答问题的角度，可将提问划分为开放式提问和封闭式提问；从提问内容的角度，可将提问划分为明确性提问、相关性提问、选择性提问；从提问功能的角度，又可以将提问划分为激励性提问和证实性提问。

一、开放式提问和封闭式提问

开放式提问是指提出比较概括、广泛、范围较大的问题，对回答的内容限制不严格，给对方充分的自由发挥的余地。这样的提问比较宽松，不唐突，也比较得体。开放式提问常用于访谈的开头，可缩短双方心理、感情距离，但由于松散和自由，难以深挖。

封闭式提问是指提出答案有唯一性、范围较小、有限制的问题，对回答的内容有一定限制，提问时给对方一个框架，让对方在可选的几个答案中进行选择。这样的提问能够让回答者按照指定的思路去回答问题，不至于跑题。

课堂互动

请指出下面这些提问哪些是封闭式提问，哪些是开放式提问。

1. 那是什么时候发生的？那项工作怎么停下来了？
2. 你的旅行顺利吗？你是如何设计并完成你的旅行计划的？

3. 你喜欢那个候选人吗？你认为那个候选人应该怎样做才能符合我们的需要？
4. 会议开得好吗？会议上是如何讨论那些议题的？
5. 那件事为什么会发生？那件事是怎么引起的？
通常，开放式提问的疑问词及典型问法如下：
(1)“……怎（么）样……”或者“……如何……”。
典型问法：
“您通常都是怎样（如何）应付这些问题的?”
“我们怎样做，才能满足您的要求?”
“您希望这件事最终怎样解决?”
“您觉得形势会朝着怎样的趋势发展下去?”
(2)“……什么……”。
典型问法：
“您遇上了什么麻烦?”
“您对我们有什么建议?”
“您的合伙人还有什么不同想法?”
“如果采用了这种产品，您的工作会发生什么变化?”
(3)“……哪些……”。
典型问法：
“您对这种产品有哪些看法?”
“哪些问题令您经常感到头疼?”
“您觉得这种产品的哪些优势最吸引自己?”

二、明确性提问、相关性提问和选择性提问

（一）明确性提问

明确性提问是指所问的问题已经有了明确的答案，回答者只需要按照事先已经明确规定的内容进行回答即可，如“请你介绍一下开放式提问的优点与缺点”。由于明确性提问有规定的参考答案，不需要回答者自由发挥，因此回答这类提问相对来说比较简单。因此，当你需要了解对方对某种知识的了解程度时，可用明确性提问。

（二）相关性提问

相关性提问是指对两件事情间的相互联系进行提问，如：“最近发生的几件事情对学生的思想有什么影响?”目的在于探究事物之间的内在联系，使人们在思考或处理问题时能够从动态的、联系的观点出发，避免用静止的、孤立的观点看问题。

（三）选择性提问

选择性提问是指提问者提出一系列相互关联的问题，供回答者有选择地回答，如：“最近班级逃课学生太多，你认为主要原因是什么？听不懂还是老师讲得不好?”回答

者可以全部回答，也可以选择某一个问题提出自己的意见和看法。目的在于鼓励回答者多方面地考虑问题，通过其选择性的回答来获得更多的信息。

三、激励性提问和证实性提问

激励性提问是指提问者运用激励性的语言来提出问题，其目的在于激励对方或给予对方勇气，有正面激励提问和负面激励提问两种。正面激励提问是通过表扬、鼓励、肯定性的语言来进行提问，如："领导认为你的工作能力很强，让你负责这项工作绝对没问题，不知你的意见如何？"负面激励提问是利用批评、惩罚、否定性语言来进行提问，如："就凭你的能力，领导敢把这么重要的工作交给你吗？"在交谈中，要多用正面激励提问，少用负面激励提问。

证实性提问是指提问者对说话者的一些讲话内容进行的提问，如："你的意思是我们应该与顾客加强沟通？"运用证实性提问的目的如下：一是表明自己在认真倾听；二是检验自己获得的信息是否准确、可靠；三是表明自己对说话者提供的信息很感兴趣或非常重视；四是显示自己对说话者的信任。因此，在沟通过程中，恰当地运用证实性提问不仅能够给对方留下好印象，而且能够使交流进一步深入。

沟通游戏

猜物品

游戏目标：通过提问获取自己所需要的信息。

参加人数：全体学生，2 人一组。

游戏时间：5 分钟。

要求：

1. 学生每 2 人为一组，一人提问，一人回答，目的是猜物品。开始时，一人会给予提示。由一人向另一人提问题来获得这件物品更多的信息。问题的格式是"是不是……"或者"是……吗？"，只能回答"是""不是"或者"不一定"。如果问题需要回答其他内容的，则为无效问题，不予作答，所以请注意提问的技巧。

例如，一人提示：这是一款电器，另一人可以问："是不是家庭用的？"或者"是家庭用的吗？"，而不能问："是在哪里用的？"

2. 每件物品每个人只能问 5 个问题，然后根据问的问题猜出这是什么物品。

3. 在规定时间内猜对物品数目多的组获胜。

讨论：

在游戏中你是如何提问的？效果如何？如何改进？

技巧三　提问要讲究艺术性

情景导入

电话销售中的提问技巧

情景一：

电话销售员：您好，李总，我是××财务软件公司的小王，很高兴您能接听这个电话。

李总：有什么事吗？

电话销售员：是这样的，我们公司最近新代理了一种财务管理软件，听说你们公司目前还没有使用这方面的软件，是吗？

李总：你听谁说的，我们这么大的公司怎么可能不使用财务管理软件？

电话销售员：是吗，您使用的是什么品牌的财务管理软件呢？

嘟、嘟……对方已经挂断电话了。

情景二：

电话销售员：您好，李总，我是××企业管理咨询公司的小王，想请教您几个问题。

李总：什么问题？

电话销售员：是这样的，李总，经常有公司给我们打来电话，向我们咨询关于库存管理、产品分类管理及财务管理方面的问题，还请求我们提供这方面的人才。李总，不知您在这方面有什么更好的观点与意见？

李总：这个很简单，我们有专人负责仓库管理这块，产品分片分区管理，财务也有专人负责。只是，我也有些困惑，就是他们办事效率很低，我需要个什么报表，往往不能够及时统计出来，造成信息不顺畅。更麻烦的是，一旦人员流动或调整，一段时间内经常出现纰漏。不知道你们有什么好的解决办法没有？

电话销售员：李总，您目前使用的是什么财务管理软件？

李总：财务管理软件？财务管理软件目前好像用不到吧？我们一直采用人工做账。

电话销售员：是的，给我们打来咨询电话的那些公司，也是喜欢采用人工做账，只是没有您分配得那么细致、有条理性。不过，现在这些问题它们都解决了，而且效率也提高了很多。

李总：是吗？怎么解决的？

电话销售员：它们使用一种××财务管理软件，不仅节省了人力，而且每天都能够了解当天的产品进、销、存情况，畅销产品、滞销产品比例，进出账情况，欠账、拖款情况等。

李总：是吗？有这样的软件？哪里能买到？

电话销售员：这样吧，李总，我下午 2 点到你们公司去一下，您在吗？我把软件带过去，顺便给您的员工讲解如何使用这个软件，怎么样？

李总：好啊，非常感谢。

问题与思考：

1. 在情景一中，电话销售员的提问有什么问题？

2. 在情景二中，电话销售员的提问艺术体现在哪里？

生活中，只要有沟通，就一定有提问。在沟通中，提问艺术对于了解对方、获取信息、促进交流有很重要的意义。一个善于提问的人，不但能掌握沟通的进度，控制沟通的方向，而且能开启对方的心扉，拨动对方的心弦。

提问的技巧

一、要因人设问

人有男女老幼之分，有千差万别的个性，有不同的知识水平和生活环境等，因此不可“千人一问”。所谓“因人设问”，主要原因在于：一是对象不同，提问内容也要不同。二是即使同一个内容，对不同的对象也要有不同的问法。因此，要别人打开话匣子，就要“量体裁衣”，看什么对象提什么问题。即所提问题要符合被问人的年龄、身份、文化素养、性格特征等。被问的人有的热情爽快、有的性格内向、有的大大咧咧、有的审慎多疑、有的傲慢自信、有的狡黠刁钻，性格不同，气质迥异，如果不考虑这些特点，仅用一个腔调、一种方式提问，就会碰壁、闹笑话。

二、要看准时机

亚里士多德说过：思想使人说出当时当地可能说的和应当说的话。说话的时机，是由说话的时境决定的。说话主体所感知的自然环境、社会环境、心理环境和语言环境构成说话时境。孔子在《论语·季氏》里说：“言未及之而言谓之躁，言及之而不言谓之隐，未见颜色而言谓之瞽。”意思是说，不该说这话的时候却说了，叫作急躁；应该说这话时却不说，叫作隐瞒；不看对方脸色便贸然开口，叫作闭着眼睛瞎说。孔子讲的，就是根据时境把握说话时机的问题。一般来说，当对方很忙或正在处理急事时，不宜提与此无关的问题；当对方伤心或失意时，不宜提太复杂、太生硬、会引起对方不快的问题；当对方遇到困难或麻烦，需要单独冷静思考时，最好不要提任何问题。

提问的时机十分重要，交谈中如果遇到某种问题未能理解，应在双方充分表达的基础上再提出问题。过早提问会打断对方思路，而且显得不礼貌；过晚提问会被认为精力不集中或未能理解，也会产生误解。一般情况下，在对方将某个观点阐述完毕后应及时提问，及时提问往往有利于问题的及时解决，但及时提问并不意味着反应越快越好，最佳的时机还需要倾听者灵活地捕捉。如果在不适当的时机提出问题，可能会带来意想不到的损失。

三、要讲究得体

所谓得体，一是措辞审慎；二是不唐突，不使人难堪。例如，会议主持人往往如此提问：“不知各位有何高见?”这句话可能把想说的人也“唬”住了。倒不如改为：“各位有什么想法呢?”质朴无华，效果反倒好一些。

做到提问不唐突，也是不可忽视的。假如在大庭广众之下问对方：“你有什么理由可说?”“你迟到一个小时，上哪儿混去了?”如此唐突的问法，令人难以下台，对方一定会不高兴。相反，巧妙得体的提问，不但不会使人难堪，反而使人明知其难也乐于回答。

沟通故事

记者的采访

有位年轻记者满怀信心地去采访一位有成就的女科学家。他这样提问道：“请问您毕业于哪所大学?”答：“对不起，我没有上过大学。我搞科研靠自学。我认为自学也能成才。”她的回答不免使记者有几分尴尬。为了缓和气氛，他忙转移话题，想先谈谈生活，于是说道：“您的孩子在哪儿上学?”不料科学家十分不悦，答道：“我早已决定把毕生精力贡献给自己的事业，因此，我一直独身至今。请原谅，这个问题我不愿意多谈，如果你没有其他问题的话，就谈到这儿吧。我还要工作。”

故事启发：

提问是为了得到对方的回答，因此你提问时必须采用对方乐于接受的方式，而且所提问题不宜涉及个人隐私，以免对方对你的提问产生抵触情绪。

四、要尊重对方

尊重对方，固然不可不注意态度和语气，创造“问者谦谦，言者谆谆”的气氛。然而更重要的是，提问要体谅对方，考虑怎样提出问题才便于对方愉快地给予答复。一般来说，具体的问题便于回答，抽象的问题难以回答；提出的问题有先后逻辑顺序的易于回答，逻辑顺序混乱的难以回答。

五、要讲究提问的语言模式

一般来讲，提问的最佳语言模式是陈述句加疑问语缀。我们比较一下下面这两种提问：“你根本没有想出一个主意来，你凭什么认为你能提出一个切实可行的方案呢?”“我相信你能提出一个切实可行的方案，这很好，能不能先说一说呢?”显然，前面一个提问会招来被问人的冷眼，而第二个提问则会激发对方回答的积极性。这样，双方才具备了交谈的前提。对于如何提问，美国明尼苏达大学拉尔夫尼科尔博士制定了一套提问技术要点，对我们很有借鉴作用。

（1）忌提明知对方不能或不愿作答的问题。

（2）用对方较适用的“交际传媒”提问，切不可故作高深，卖弄学识。

（3）适当运用幽默语，刚开始提问时，不要限定对方的回答，不要随意打扰对方的思绪。

（4）力避你的问题引起对方的“对抗性选择”，使对方要么避而不答，要么拂袖而去。

小资料

AI提问技巧

1. 表述精准清晰

避免模糊表述，精确界定问题核心。比如问“2024年全球票房最高的三部电影”，就比“最近热门电影有哪些?”更能让AI理解你的需求。

2. 巧用限定词

从时间、地点、程度等方面约束问题。比如“在20世纪物理学领域，有哪些突破性理论改变了世界格局?”明确的时间与领域限定，可让AI给出更具针对性的回答。

3. 分步骤提问

面对复杂问题，拆解成多个小问题依次询问。例如探讨“如何开展一场社区公益活动?”可以先问“策划社区公益活动要考虑哪些前期准备工作?”再问“活动执行阶段有哪些注意事项?”等。

4. 借鉴案例提问

阐述相似案例，让AI参照给出解答。如“类似《盗梦空间》这种充满科幻元素和烧脑剧情的电影，还有哪些推荐?”

5. 追问挖掘细节

得到初步回答后，通过追问深挖内容。若AI推荐了旅游地，可追问“当地有哪些小众景点值得一去?”“特色美食具体有哪些?”

技能训练

1. 请分别用封闭式提问和开放式提问来向一家航空公司订一张去上海的机票。

2. 假如你是卖桌子的售货员，要求你通过五个问题把一张桌子卖给顾客，你会怎么问?

3. 假设你是一名历史爱好者，想深入了解古代文明。现有一款强大的AI助手，能回答各类历史问题。请根据你的需求，设计出向AI提问的恰当表述。

技能四 答的技巧

知识目标

1. 掌握慎重回答与恰当表达的技巧；
2. 掌握沟通中巧妙应对的技巧。

能力目标

1. 具备良好的语言表达能力；
2. 具备灵活应答的沟通能力。

素养目标

1. 树立文明、和谐的社会主义核心价值观；
2. 结合专业，培养尊敬他人的理念，提升职业素养。

能力测试

应答能力测试

有问必有答，在沟通中，应答不当也会使沟通陷入困境。请通过下列问题对自己的该项能力进行测试。

1. 你在回答问题时，会怎样做？

A. 思考后再回答　　B. 不经思索立即回答

C. 边思考边回答

2. 在回答别人的问题时，你通常会考虑什么？

A. 有问必答　　B. 选择性地回答

C. 不回答

3. 在回答问题时，你会从怎样的角度来回答对方所提出的问题？

A. 一般会从对方的角度　　B. 从对方反应的角度

C. 从自己的角度

4. 你在回答对方问题时，采取什么方式回答？

A. 准确回答　　B. 模糊回答

C. 看情况而定

5. 面对不同的沟通对象，你在回答时会考虑这一因素吗？

A. 因人而异，随机应变　　B. 从对方的角度回答

C. 按照统一的方式回答

6. 在回答难以回答的问题时，你会怎样做？

A. 模糊回答　　B. 转移回答　　C. 避而不答

7. 在回答问题时，你如何让对方了解你的真实意思？

A. 用逻辑性的思维和语言　　B. 对问题进行重复和解释

C. 用大众化的表达方式

8. 你如何看待回答时的语气？

A. 语气可能导致意思发生变化　　B. 语气不同，回答指向会不同

C. 要时刻注意语气

9. 你在回答问题时是如何运用口头语言和肢体语言的？

A. 用口头语言和肢体语言有效配合来回答

B. 只用口头语言进行回答

C. 只用肢体语言给予回应

10. 当你在回答完对方的问题后，你后悔过你的回答吗？

A. 没有　　B. 有时会后悔　　C. 后悔

计分方法：选 A 计 3 分，选 B 计 2 分，选 C 计 1 分。

解析：

1. 总分为 24 分以上：你的应答能力很强，请继续保持和提升。

2. 总分为 15～24 分：你的应答能力一般，请继续努力。

3. 总分为 15 分以下：你的应答能力很差，急需提升。

沟通是一种互动，有来必有往。回答别人的问题是对别人的尊重，在回答问题的同时也能让别人了解你。但在沟通过程中，遇到难以回答的问题时如何应对才能够既表达自己的观点，又让对方满意，是需要一定技巧的。

技巧一　慎重回答

情景导入

借助谐音

乾隆皇帝微服私访下江南时，带了大学士纪晓岚在身边。一天，两人走得口干舌燥，纪晓岚看到路边有棵梨树，就摘了一颗梨独自吃了起来。

乾隆皇帝很是生气，质问道："孔融四岁能让梨，爱卿得梨为什么不让呢？"

这时候，纪晓岚才发现自己失礼了，赶忙说："梨者，离也！微臣奉命伴驾，不敢让梨。"

乾隆皇帝又说："那你不能分给我一口梨吗？"

纪晓岚接着说："微臣有生之年，都将为皇上效命，决无二志，怎敢与陛下分离（梨）呢？"乾隆皇帝无可奈何，只能咽了咽口水。

问题与思考：

1. 纪晓岚面对棘手问题采用的是什么技巧？
2. 遇到类似问题，你知道该如何应对吗？

一、要给自己留有思考的时间

在沟通过程中，回答问题的速度绝不是越快越好，因为沟通与竞赛中的抢答性质是截然不同的。

有些人在对方提问的声音刚落，就急着回答问题。这些人通常有这样一种心理，就是如果对方的问话与自己的回答之间所空的时间越长，就会让对方感觉要么自己对此问题缺少准备，要么自己被问住了；如果回答得很迅速，就显示出自己已有充分的准备，也显示了自己的实力。其实不然，经验告诉我们，在对方提出问题之后，你可以通过喝水、调整一下自己的坐姿、整理一下桌上的资料、翻一翻笔记本等动作来延缓时间，考虑一下对方的问题。这样做既显得自然、得体，又可以让对方看得见，从而减轻或消除对方对己方的错误感觉。

二、不要彻底地回答问题

沟通中并非任何问题都要回答，有些问题并不值得回答。在沟通中，对方提出问题或是想了解己方的观点、立场和态度，或是想确认某些事情。对此，我们应视情况而定，对于应该让对方了解或者需要表明自己态度的问题要认真回答；而对于那些可能会有损自己形象、泄密或一些无聊的问题，不予理睬就是最好的回答，但要注意礼貌。当然，用外交活动中的"无可奉告"一词来拒绝回答，也是回答这类问题的好办法。

三、巧换概念回答棘手问题

巧换概念是指在答复中针对对方的无理主张，故意断章取义，曲解对方语言中某些词语的意思，给对方以出其不意的回答。巧换概念往往被认为是一种诡辩的伎俩，因而受到人们的反对。但有时提问者别有用心设下圈套或回答者不愿作正面答复，就会使回答者陷入被动的局面，这时通过巧换概念的方法，利用词义的多义性作答，往往能帮助回答者摆脱困境。

上例中，乾隆皇帝生气地质问纪晓岚为何不分梨，如果纪晓岚照实回答说自己忘记了，可能就是欺君之罪。纪晓岚借助"梨"与"离"的谐音，回答"不敢让梨

（离）”“怎敢与陛下分离（梨）”，既回答了皇帝的质疑、化解了失礼的尴尬，又借机向皇帝表达了自己的忠心不二，坏事也变成了好事。

技巧二　恰当表达

情景导入

口才

某年，一位公司领导到某分公司考察工作，有员工问：“您在讲话中强调了团结的重要性，这是不是指分公司不够团结？”刁钻的问题使得会场顿时鸦雀无声。这位领导微微一笑反问道：“如果我祝你身体健康，是不是你的身体就不健康呢？”片刻的寂静后是满堂的笑声和雷鸣般的掌声。

问题与思考：

1. 这位领导是如何应对员工的刁难的？
2. 在沟通过程中，如何恰当地表达自己的观点？

一、用通俗的语言表达自己的观点

当对方问你的问题很深奥时，你要让对方听明白，就必须用通俗的语言表达自己的观点，否则你的回答就没有任何意义。

沟通故事

相对论

爱因斯坦的相对论据说当时全世界没几个人能懂。有一次人们围住他，要他用“最简单的话”解释相对论。爱因斯坦是这样说的：“比方说，你同你最亲密的人坐在火炉边，一个钟头过去了，你觉得好像只过了五分钟；反过来，你一个人孤孤单单地坐在热气逼人的火炉边，只过了五分钟，但你却感觉像坐了一个小时。这就是相对论！”

故事启发：

爱因斯坦以一个人人都会遇到的生活事实为例来解释科学问题，这样就通俗易懂了。

二、用幽默的语言融洽沟通气氛

在沟通中，为了使沟通气氛融洽，在回答对方的提问时，可以用幽默的语言来达到这一目的。

沟通故事

"君子"与"小人"

有一次，闻名海内外的国画大师张大千要回四川老家，他的学生请了许多名流聚会，为老师饯行。张大千一一向大家敬酒，到了梅兰芳面前，张大千举着酒杯对梅兰芳说："梅先生，久仰大名，今日相见三生有幸。不过你是君子，我是小人，我理应敬你一杯。"梅兰芳不解其意，忙举杯问道："此话怎讲?"张大千一脸笑意，对众人说道："先生是君子，动口（唱）；我是小人，动手（画）。"张大千的幽默引得众人大笑。

故事启发：

张大千的话的确幽默。在这里，他利用绕弯子，巧解"君子动口不动手"，使语言迂回委婉，既逗笑了别人，又达到了自己敬酒的目的。

三、委婉表达

有时我们使用比较直接的语言会显得不礼貌，这时可使用委婉的表达。例如，如果某人死了，我们可以用"去世"这个词来表达。

沟通素养

理直气和的服务员

一间咖啡店里，一位顾客高声喊着："服务员！你过来！你过来!"这位顾客指着面前的杯子，满脸寒霜地说，"你们的牛奶是坏的，把我一杯红茶都糟蹋了。"

"真对不起，"服务员赔着不是，"我立刻给您换一杯。"新红茶很快就准备好了，碟边跟前一杯一样，放着新鲜的柠檬和牛奶。服务员轻轻放在顾客面前，又轻声地说："我是不是能建议您，如果放柠檬，就不要加牛奶，因为有时候柠檬酸会造成牛奶结块。"那位顾客的脸，一下子红了，匆匆喝完茶，走了出去。

有人笑问服务员："明明是他土，你为什么不直说呢？他那么粗鲁地叫你，你为什么不还以颜色?"

服务员说，"正因为他粗鲁，所以要用婉转的方式来对待；正因为道理一说就明白，所以用不着大声，理不直的人，常用气壮来压人。理直的人要用气和来交朋友。"

生活中遇到纷争，双方若能平心静气地讲明道理，相互谦让，宽容大度，以理相让，则有利于化解矛盾，消除隔阂，从而建立和谐的人际关系。

讲理是天经地义的事情，只有以理服人才能让人接受。人人都有自尊心和好胜心，在非原则性问题上，应让别人三分。现实生活中，不少冲突都是由于一方或双方纠缠不清或得理不让人，一定要小事大闹，争个胜负，结果，矛盾越闹越大，事情越搞越僵。这时，不妨糊涂一下，得理也要让三分，用宽容之心待人。得理让人，才是一种成功的处世方式。

四、用“补白法”帮自己脱离尴尬境地

在沟通中，常常会出现这种情况：对方提出某个你意料之外的问题，由于问题来得突然，再加上你没有准备，往往会措手不及，陷入尴尬的境地。其实，在这种情况下，有一个办法能够帮你缓解紧张与调整思路，那就是“补白法”。

所谓“补白法”，就是用一个或一些没有实际意义但又必不可少的词、短语或句子，来连接上下文，继续回答。例如：“噢”“好”“不错”“我想”“我认为”“我相信”“有时”“这个问题很有趣”“这个问题本身就极富挑战性”等。

在招聘面试中，当面试官提出你意料之外的问题时，就可以使用这种方法来帮你摆脱困境。

沟通故事

站在哪一边？

有一个公司招聘公关部经理，主考官提了这样一个问题：“我们公司目前经理与员工的关系很紧张，你如果当上公关部经理，打算站在哪一边？”

答：“对这个问题，我还未有所闻，更谈不上调查，是非有无都尚未弄清，当然谈不上站在哪一边。不过，我想既然是在一个单位，不管是员工还是经理，都应把能走到一起视为一种缘分，不应有大的利害冲突。如果硬要我站，我想我站在中间，我会用我的工作来消除双方的误解，让大家更好地合作。”

故事启发：

第一句回答，属于补白法的运用。很明显这个问题是让回答者二选一，是想试试应聘者的协调思想与能力，最恰当的回答是对双方都友善。这样的回答，既体现了应聘者的协调思想，又使主考官没有任何空子可钻。

五、通过情境类比、换位思考达到表达的目的

在沟通中，为了得到自己需要的东西，可用相同的情境，迎合对方的某种心理，达到预期目的。

技巧三　巧妙应对

情景导入

招聘

在某公司举行招聘营销人员的面试上，主考官先后对几个应试人提出了同一个问题：“请你从窗口往外看，你看到了什么？”

第一个人回答：“我看到了马路、汽车、房子、田野。”

第二个人回答：“我看到了田野那边的山、河流、海滩。”

第三个人回答：“我好像看到了我的朋友、亲人在那里为我祝福，希望我应试成功。”

第四个人回答：“我除了看到前面几个人看到的这些东西外，我似乎还看到了窗外有好多人、好多车，在排队购买我们公司的产品。我想，如果我被录用的话，会和你们一起把这种预想变成现实的。”

第四个回答者被录用了。

这个问题的意图在于考查应聘者的反应能力和想象力。第一位和第二位的回答缺乏想象力，属实答。第三位虽表现出了一定的想象力，为虚答，但是所选角度是自己。第四位应聘者想象力丰富，回答虚实结合，构思的是公司的前景，而且是站在公司的角度思考的。

问题与思考：

1. 在招聘中，当主考官问你同样的问题时，你会怎样回答？
2. 巧妙应对难以回答的问题时可采用的方法有哪些？

巧妙应答的技巧

一、逃避问题的方法是避正答偏，顾左右而言他

有时，对方提出的某个问题自己很难直接从正面回答，但又不能拒绝回答，这时，可以用避正答偏的办法，即在回答这类问题时，故意避开问题的实质，而将话题引向歧路，借以破解对方的进攻。

二、有些问题可以答非所问

答非所问在知识性考试或学术研究中是一大忌，然而从沟通角度来讲，却是对不能回答的问题的一种行之有效的答复方法。有些问题可以通过答非所问来给自己解围。

三、对于不知道的问题不要回答

人无完人，我们不可能全能全知。在沟通中，经常会遇到我们不知道的问题，这时，千万不可为了维护自己的面子而强作答复，因为这样有可能损害自己的利益和形象。经验和教训一再告诫我们，对不懂的问题，应坦率地告诉对方不能回答或暂不回答，以免付出代价。

四、以问代答

以问代答是用来应付沟通中那些一时难以回答或不想回答的问题的方式。此法如同把对方踢过来的球又踢了回去，请对方在自己的领域内反思后寻找答案。以问代答的方法，对于应付一些不便回答的问题是非常有效的。

五、模糊回答

对方提问不清楚，或直接回答对自己不利，但又不得不回答时，可以采用模糊回答法。模糊回答即用含义不清的语言或模糊不清的概念，使对方不得要领。

六、否定回答

当问题的前提是错误的、虚假的或者对自己不利时，回答者可以直接否定问题本身，并指出对方的荒谬之处。

七、设定条件回答

有时对方提出的问题在不同条件下有不同的结论，对这样的问题就不能作无条件回答。应根据情况，弄清对方提问的目的，特别注意是否有“陷阱”，然后设定对本方有利的条件作为前提，再回答相应的问题。当需要对付某些刁钻古怪的问题时，也以设定条件回答为好。

沟通故事

小江的回答

在一次面试中，应聘者小江和考官谈得很投机，接近尾声时，考官看看表，问：

"可不可以请你一块儿吃晚饭?"小江答:"如果作为同事,我愿意接受你的邀请。"

故事启发:

这个问题本身就是一道考题,深藏陷阱。痛快答应,有巴结考官之嫌;直接拒绝,则不够礼貌。小江加了一个条件,回答得十分得体、到位。

八、反驳对方的回答

当对方所问问题本身是错误的,可以反驳对方,方法有两种:一种是直接反驳,可以事实直接反驳,也可以一针见血地指出其错误的地方,还可以顺着对方的思路,把它引向对自己有利的方向上;另一种是间接反驳,间接反驳是不直接反驳对方,而采取迂回曲折的方式从侧面进行反驳。

沟通故事

作家的巧妙回答

一位诗人问一名作家:把一只 2.5 千克的鸡装进一个只能装 0.5 千克水的瓶子里,用什么方法才能把它取出来?作家镇静自若地答道:"您是怎样放进去的,我就怎样把它取出来!显然您是凭嘴把鸡说进这只瓶子里的,所以我也用嘴把鸡从瓶子里取出来。"作家的智慧和机敏的反应令诗人大为赞叹。

故事启发:

提出问题的目的往往是多样的,动机往往也是复杂的,如果我们没有深思熟虑、弄清对方的动机,就按照常规来做出回答,效果往往不佳。如果我们经过周密思考,准确判断对方的用意,便可做出一个高水准的回答。

技能训练

请针对下列情景,根据以下模式进行巧妙应答训练,即"认同观点+赞美+巧妙回答"。例如:"您说得很有道理,而且也很有针对性。不过……"

(1) 小张:"王经理,我觉得这次先进工作者应该是我。"

(2) 顾客:"你们的产品功能太少了。"

技能五 写的技巧

知识目标

1. 了解写作在沟通中的重要性，熟练掌握不同的写作文体；
2. 掌握写作的流程，了解不同文体的写作要求。

能力目标

1. 具备良好的书面表达能力；
2. 具备运用写的技巧进行沟通的能力。

素养目标

通过不同文体写作规范的学习，树立标准意识，培养严谨、敬业的职业精神。

能力测试

书面表达能力测试

你是否善于运用书面形式表达自己的观点？请根据自己的实际情况回答以下问题。

1. 在与他人沟通时，你经常采用书面表达方式吗？

A. 从来没有　B. 很少　C. 有时　D. 大多是　E. 经常是

2. 你是否认为书面表达比其他方式要更容易？

A. 从来没有　B. 很少　C. 有时　D. 大多是　E. 经常是

3. 当你与你的高中同学联系时，经常采用书面表达方式吗？

A. 从来没有　B. 很少　C. 有时　D. 大多是　E. 经常是

4. 你是否因为觉得麻烦，拒绝使用书面表达形式与人沟通？

A. 经常是　B. 大多是　C. 有时　D. 很少　E. 从来没有

5. 在书面表达观点时你是否非常注意措辞？

A. 从来没有　B. 很少　C. 有时　D. 大多是　E. 经常是

6. 你在使用书面表达时，是否注意表达的格式与规范？

A. 从来没有　B. 很少　C. 有时　D. 大多是　E. 经常是

7. 你是否能够熟练地运用各种书面表达方式进行沟通？

A. 从来没有　　B. 很少　　C. 有时　　D. 大多是　E. 经常是

8. 你是否认为你能够准确地使用书面表达方式达到沟通的目的？

A. 从来没有　　B. 很少　　C. 有时　　D. 大多是　E. 经常是

计分方法：选 A 计 1 分，选 B 计 2 分，选 C 计 3 分，选 D 计 4 分，选 E 计 5 分。

解析：

1. 总分为 8～16 分：你的自我表达欲望和书面表达能力还很不够，需要大力加强。

2. 总分为 17～32 分：你具有一定的自我表达欲望和书面表达能力，同时又能自我控制。

3. 总分为 33～40 分：你的自我表达欲望和书面表达能力都很强，甚至有时过于表现自己，这既是你的优点，又可能成为你不受别人欢迎的原因。

写是一种重要的沟通方式。对于那些不善言谈的人来说，写作可以发挥他们利用文字表达思想与感情的特长，取得无声胜有声的效果。

技巧一　确定恰当的写作文体

确定书写文体

情景导入

能写照样有人要

韩非是战国末期韩国人，拜儒家代表人物荀况为师。韩非所处的时代社会局势异常混乱，各国诸侯为巩固或扩大自己的地位，展开了频繁的明争暗斗。在这种局势下，他认为“仁政”已经实行不下去了，提出“法治”的主张。但是，当他向韩王提出自己的主张时，刚开始韩王还听得很认真，不住地点头表示赞同，可是听着听着，韩王就不耐烦起来。原来韩非有口吃的毛病，一到紧张或得意的时候，就越发口吃得厉害。韩王实在听不下去了，就挥手打发韩非走了。韩非的满腔变法热情被浇了一盆冷水。但是韩非不甘心，他想，我不能说，但我能写。于是，他埋头于著书之中，写出了《孤愤》《五蠹》《内储说》《外储说》《说林》《说难》等十多万字的作品。韩非的作品传到秦国后，为秦王所赏识，秦王派兵攻打韩国，迫使韩王让韩非到秦国为其效力。后来，韩非在秦国备受秦王的重用。

问题与思考：

1. 如果你不善言辞，如何与人沟通？韩非的事例给你什么样的启示？

2. 在与人沟通时，你如何使自己擅长的沟通方式充分发挥作用？

一、写作在沟通中的重要性

写作是沟通主体将自己或自己所代表的团体的意志用文字表述出来的一个创造性

的过程。因此，在沟通过程中，写作是一种重要的沟通方式，可以起到传递信息、澄清事实、表达意志、说服他人及交流感情的作用。写作作为一种重要的沟通方式，还有许多独到之处。写作可以有充分的时间做准备，以及进行创作后的修改，这可以使得最终的作品正确、完整、清晰；写作的作品可以很容易地实现多向传递，可以推敲行文、斟酌字句，柔中寓刚地表达自己的建议。写作的载体是文字，它可以准确地记录、保存信息，失真性相对较小。

课堂互动

书面沟通是一种非常重要的沟通方式，请大家交流一下，在什么情况下适合书面沟通，并举出相应的例子。

二、写作的文体类型

任何形式的书面沟通都要通过一定的文体表现出来，在沟通过程中，常用的书面文体大致可以分为以下几类。

（一）行政公文

行政公文指国家机关、企事业团体在公务活动中所使用的各种应用事务性文书形式。行政公文主要有命令、决定、公（通）告、通知、通报、议案、报告、请示、批复、函、意见、会议纪要等。

（二）计划类文书

计划类文书是经济管理活动中使用范围很广的重要文体形式。计划类文书主要包括工作计划、战略规划、工作方案、工作安排等。

（三）报告类文书

报告类文书指调查主体在对特定对象进行深入考察、了解的基础上，经过准确的归纳整理、科学的分析研究，进而揭示事物的本质，得出符合实际的结论，由此形成的汇报性应用文书。报告类文书包括调查报告、经济活动分析报告、可行性研究报告、述职报告等。

（四）法律类文书

法律类文书指根据一定的约定，达成某种协议，并共同遵守协议的条款，如果违约，违约方将给对方一定的经济补偿的具有法律效力的书面文书形式。法律类文书包括合同书、协议书、诉讼书、招标书和投标书等。

（五）新闻类文书

新闻类文书指具有公开宣传与传播功能，借助报纸、杂志、书籍等载体向大众进行报道，具有新奇性、推广性、借鉴性等特点的书面文书形式。新闻类文书包括新闻、通讯、消息、广告文案等。

（六）日常事务类文书

日常事务类文书指人们在处理日常活动过程中经常采用的一种书面沟通形式。主要包括信函类和条据类。信函类文书包括感谢信、慰问信、求职信、介绍信、证明信、请柬、邀请函等；条据类文书包括请假条、留言条、收条、票据等。日常事务类文书形式固定，书写简单，陈述的事件单一，是人们表达情感和进行沟通的常用文体。

三、写作文体的选择

（一）要考虑阅读对象

由于语言理解和表达能力存在差异，信息发送者和接收者常常会出现理解与把握上的背离，而且，如果知识面不够宽，也会造成一定的沟通障碍。因此，在书面沟通中，写作文体的选择一定要考虑阅读者的文化水平、个性特点及阅读时的心情等，选择沟通对象容易接受的写作文体来表现内容。

（二）要考虑传播的信息

不同的信息内容需要选择不同的文体来表现。

（三）要考虑自身的表达能力

表达能力弱就选择行文比较简单的文体，把要表达的意思表达清楚即可；表达能力强就选择行文比较复杂、正规的文体，有观点、有支撑材料，非常详细、具体地表达自己的意思。同时，要经常练习，以提高自己的书面表达能力，因为表述不清、词不达意，会造成沟通障碍。

沟通素养

只留下你的足迹

近年来，人们的生活水平不断提高，旅游的人越来越多，然而个别游客的不文明行为与景区的美景格格不入，某景区为了提醒和告知游人在游玩时不可随便践踏草坪、绿地，不可随便折花、乱丢垃圾，不可随地吐痰，便在景区门口张贴一则告示：除了你的脚印，什么都别留下；除了你的记忆，什么都别带走。这则告示写得很好，它用委婉的方式告诉游客要保护景区内的环境，让人容易接受。

名胜古迹，自然风光，是我们人类共有的财产，我们每个人都有责任去保护它，不能因一己之好就对环境进行破坏。作为一个社会人，我们应当懂得：当繁花美景敞开怀抱欢迎我们到来时，我们在公共场合不经意的小举动，都展示着一个人对生活的认知水准、个人修养和人生价值。公共礼仪的缺失只有通过长时间的熏陶与教育，以及现实生活中的一言一行来改变，希望我们都成为一个文明的旅游者，自觉遵守旅游的秩序、规则。让我们与文明同行！

（四）要考虑信息传播的层次

由于有些书面材料传递环节过多，使书面材料的内容发生畸变等人为的传递障碍。

技巧二　掌握写作的流程

掌握写作流程

情景导入

毕业论文

经过几年的大学学习，你即将毕业，面临着如何写毕业论文的问题。你感到无从下手，老师告诉你先写提纲，再写初稿。并指出，有了一个好的提纲，就能掌握全篇论文的基本框架，使论文的结构完整统一；就能分清层次，明确重点，周密地谋篇布局，使总论点和分论点有机地统一起来；也就能够按照各部分的要求安排、组织、利用资料，决定取舍，最大限度地发挥资料的作用。

问题与思考：

1. 听了老师的话，你知道该如何写论文提纲了吗？
2. 写作的流程有哪些？

写作的程序和相关技巧是写作前的必备知识，如果掌握了写作的流程，并且不断地加以实践，写作能力就能迅速提高。一般来说，写作过程可以分成拟订提纲、收集资料、正式写作和编辑修改四个阶段。

一、拟订提纲

拟订提纲是写作过程中的重要环节，需要花费大量的时间，提纲的拟订不仅使写作变得比较容易，而且会提高写作的质量。这一阶段包括确立目标、确定主题、分析读者和列出提纲。

（一）确立目标

即确定为什么写作以及要达到什么目的和结果。只有写作的目的和意图清晰、明确，才能使作者知道自己该写些什么以及怎样去写，使读者知道你写了些什么以及为什么去写。这样不仅能够使写作的思路更加清晰、富有条理，而且能够使各项工作有的放矢，减少或避免写作的失误，提高写作的质量和效率。

（二）确定主题

主题是写作的中心思路，确定主题是实现写作目标的基本途径。主题明确，中心思想突出，能够使读者一目了然。因此在确立目标之后，还必须根据目标确定写作的主题，并在此基础上进一步确定写作的文体及主要内容和观点。

（三）分析读者

写作的目的不是让写作者自己欣赏，而是让读者能够阅读、理解，这就要求写作者必须认真分析、研究读者。这样，写作者就能够选择对读者有用的信息或者读者可能感兴趣的信息，就知道该运用什么样的方法、使用什么样的语言来写作。

（四）列出提纲

提纲是文书写作的整体框架。一份合理的提纲能够反映写作的意图、主要内容及观点，是对写作内容的浓缩和概括。列出提纲就等于写作任务完成了一半。

二、收集资料

“巧妇难为无米之炊。”无论是写正式的文章还是写非正式的便条，都需要一些资料，这些资料可以来自脑子里的记忆，但更多地来自各种渠道的收集。收集而来的资料还需要加以归纳、整理、提炼，才能成为对写作有用的素材。在写作的过程中，这些素材或者成为写作的缘起，或者成为叙述中的事实，或者成为说理的论据，或者成为解决问题的手段。

三、正式写作

写作过程是一种高度复杂的脑力劳动过程。在这个阶段，写作者要把自己的思想、意图、内容、观点等以文字形式表达出来。写作的基本要求，有的学者把它归纳为四个方面：正确、清晰、完整、整洁。

在写作过程中，要注意以下几点：

（1）要注意文书的整体设计。包括封面设计美观大方、文字大小合适、段落设计条理清晰、页边距设置合理及表格、插图规范等。这些都会使文书给人留下良好的第一印象。

（2）开头要鲜明并具有感染力。开头最好能开门见山地表明写作的目的，让读者在开头几分钟便可以知道这份材料是否与自己有关，是否是自己感兴趣的话题。

（3）使用简洁的词语和句子。通常 15 个词左右的句子就足够了，如果必须使用较长的句子才能表达一个完整的意思，也要尽量把长句子的数量降到最低限度。

（4）书写要做到规范、清楚、工整。所谓规范、清楚、工整，是指用词准确、条理清楚、标点符号正确，语句通顺，不写错字、别字，不生造、滥用不符合规范的简化字。这样不仅能够给读者带来视觉上的美感，而且能够更准确地表现文书的内容。

（5）注意文书内容的逻辑性。书面沟通能力主要表现在对篇章结构的正确安排、词句的灵活应用、语法结构的标准规范、格式的正确使用等方面，而这一切都与写作的逻辑性密切相关。

四、编辑修改

编辑修改是文书写作的重要环节，文书的写作过程就是修改、再修改、反复比较、反复推敲的过程。对提纲、内容、观点等，修改的方法是概括、提炼、归纳；对词句、文字、标点等，修改的方法是增加、替换、删除、合并、扩大。编辑修改的目的是找出不足并完善文书。

技巧三 了解不同文体的写作要求

情景导入

总结

请你写一份年度个人学习或工作总结，字数在1 000字左右。总结要有标题、正文和落款。正文要有取得的成绩、存在的问题及今后的打算等。

问题与思考：

1. 你写过学习总结吗？是否按照以上要求写的？

2. 在学校学习过程中，除了学习总结，你还写过哪些文书？你知道它们的写作要求吗？

不同的文体有不同的写作要求，规范的格式有助于读者理解信息，帮助我们有效地沟通。下面主要给大家介绍几种学生常用的文体的写作要求。

一、求职简历的写作要求

求职简历的写作要求

（1）在写简历之前，应预先确定谁是阅读者，然后根据界定的阅读者创作简历。

（2）简历的五个主要部分包括抬头、个人简介、工作经历、教育背景和其他事项。

（3）格式选择。

时序型的简历格式按时间倒叙你的工作经历，从你最近的职位开始，然后回溯，着重强调责任和突出的成就。

功能型的简历格式在简历的开始部分就强调你特殊的成就和非凡的资质，但是并不将它们与特定的雇主联系在一起。

综合型的简历格式同时借鉴和综合了功能型的简历格式和时序型的简历格式的优点，在简历的开始部分介绍个人的价值、资信和资质（功能部分），随后在工作经历部分提供了支持性的内容（时序部分）。

（4）简历上不要出现薪金的历史记录和待遇要求。如果对方要求你提供这些信息，可写在求职信上。

（5）简历要与众不同。

（6）重点突出最近的工作经历。一般来说，雇主只对10年以内的工作经历感兴趣。一份好的简历，看起来就像一座倒金字塔，最近的经历最详细，占据的篇幅最多。

课堂互动

你在某招聘网站上看到某公司正在招聘，在招聘的职位中有非常适合你的职位，而你也非常希望能够到该公司工作。请你写一份求职信并附上你的个人简历。要求：求职信的字数在500字左右，个人简历的字数在1 000字左右。

二、调查报告的写作要求

调查报告的
写作要求

调查报告是对某项工作、某个事件、某个问题经过深入细致地调查后，将调查中收集到的材料加以系统整理、分析研究，以书面形式向组织和领导汇报调查情况的一种文书。调查报告具有写实性、针对性和逻辑性等特点。

调查报告的种类主要有：

（1）情况调查报告。这是比较系统地反映本地区、本单位基本情况的一种调查报告，其目的是弄清情况，供决策者使用。

（2）典型经验调查报告。这是通过分析典型事例、总结工作中出现的新经验，从而指导和推动某方面工作的一种调查报告。

（3）问题调查报告。这是针对某一方面的问题，进行专项调查，澄清事实真相，判明问题的原因和性质，确定造成的危害，并提出解决问题的途径和建议，为问题的最后处理提供依据，也为其他有关方面提供参考和借鉴的一种调查报告。

调查报告一般由标题和正文两部分组成。

（一）标题

标题可以有两种写法。一种是规范化的标题格式，即"发文主题"加"文种"，基本格式为"××关于××××的调查报告""关于××××的调查报告""××××调查"等。另一种是自由式标题，包括陈述式、提问式和正副标题结合使用三种。陈述式如"××大学硕士毕业生就业情况调查"；提问式如"为什么大学毕业生择业倾向沿海和京津地区"；正副标题结合式中，正标题陈述调查报告的主要结论或提出中心问题，副标题标明调查的对象、范围、问题，这实际上类似于"发文主题"加"文种"的规范格式，如"高校发展重在学科建设——××大学学科建设实践思考"等。作为公文，最好用规范化的标题格式或自由式中正副标题结合式标题格式。

（二）正文

正文一般分前言、主体、结尾三部分。

前言有几种写法：第一种是写明调查的起因或目的、时间和地点、对象或范围、经过与方法以及人员组成等调查本身的情况，从中引出中心问题或基本结论。第二种是写明调查对象的历史背景、大致发展经过、现实状况、主要成绩、突出的问题等基本情况，进而提出中心问题或主要观点。第三种是开门见山，直接概括出调查的结果，如肯定做法、指出问题、提示影响、说明中心内容等。前言起到画龙点睛的作用，要精练概括，直入主题。

主体是调查报告最主要的部分，这部分详述调查研究的基本情况、做法、经验，分析从调查研究所得材料中得出的各种具体认识、观点和基本结论。

结尾的写法也比较多，或者提出解决问题的方法、对策或下一步改进工作的建议；或者总结全文的主要观点，进一步深化主题；或者提出问题，引发人们的进一步思考；

或者展望前景，发出鼓舞和号召。

三、实习报告的写作要求

实习报告的
写作要求

将实习过程、结果及体会用书面文字写出来就是实习报告。

（一）实习报告的资料收集

从开始实习的那天起，就要注意广泛收集资料，并以各种形式记录下来（如写工作日记等）。丰富的资料是写好实习报告的基础。主要收集下列资料：实习单位所组织的学习的内容、学习方式、学习效果、自己的收获；专业知识在工作中如何灵活运用；周围同事如何处理问题、解决矛盾。实习是观察、体验社会生活，将学习到的理论转化为实践技能的过程，所以既要体验还要观察。从同事、前辈的言行中去学习，观察别人的成绩和缺点，以此作为自己行为的参照。

（二）实习报告的写法

第一部分：以实习时间、地点、任务作为引子，或把实习过程的感受、结果用高度概括的语言表达出来，以引出实习报告的内容。

第二部分：实习过程（实习内容、环节、做法）。一是将学校里学到的理论、方式方法变成实践行为；二是观察、体验在学校里没有接触过的东西。

第三部分：实习体会、经验教训，今后努力的方向等。

此外，也可以以实习体会、经验为条目来架构全文。例如，在实践中发现自己的优势：团队协作意识强，善于根据自己的知识、能力挑战新工作，事后善于总结等；从实践中看到自己的缺陷：专业知识欠扎实，动手能力差等。用这些体会把自己实践的过程和内容串起来。

（三）实习报告的写作要求

实习报告必须写自己的实习经历，可参考别人的资料，但不能抄袭。如果有引用或从别处摘录的内容要标明出处。实习报告开头要有内容摘要和关键词；语言要求简练，符合公务文书的要求。字数要在 3 000 字以上。

四、思想汇报的写作要求

准备入党的同学为了使党组织更好地了解自己，接受党组织的教育和监督，要积极主动地向党组织汇报自己的思想、学习和工作情况。这是培养自己的组织观念、提高思想觉悟的有效途径。为了便于党组织更加全面、系统地了解申请入党人员的思想状况，提倡写书面思想汇报。当然，也可以进行口头汇报。

思想汇报的基本书写格式及内容通常如下：

（1）标题。居中写“思想汇报”。

（2）称谓。即汇报人对党组织的称呼，一般写“敬爱的党组织”。顶格书写在标题的下一行，后面加冒号。

（3）正文。正文的具体内容根据每个人的不同情况而定。如果对党的基本知识、马克思主义的基本理论的学习有所收获，便可以通过思想汇报的形式，将学习体会、思想认识上新的提高及存在的认识不清的问题向党组织说明；如果对党的路线、方针、政策或一个时期的中心任务有什么看法，可以在思想汇报中表明自己的态度，阐明自己的观点；如果参加了重要的活动或学习了某些重要文件，可以汇报自己所受到的教育；如果在日常生活中遇到了个人利益同集体利益、国家利益产生矛盾的问题，可以把自己的想法、处理情况向党组织汇报。为了使党组织对自己最近的思想情况有所了解，要把自己的思想状况、有哪些进步、存在什么问题及今后提高的打算写清楚。

（4）结尾。思想汇报的结尾可写上自己对党组织的请求和希望。一般用“恳请党组织给予批评、帮助”或“希望党组织加强对我的培养和教育”等作为结束语。

在思想汇报的最后，要署名和注明汇报日期。一般居右书写“汇报人×××”。下一行写上“××××年×月×日”。

写思想汇报应注意：思想汇报应是真实思想的流露，最重要的是真实，切忌空话、套话、假话，做表面文章；写思想汇报应根据不同时期的思想认识状况，集中新体会和认识深刻的一两个方面的问题谈深谈透，不要罗列多个方面的问题泛泛而谈；写思想汇报要密切联系自己的思想实际，不要长篇大段地抄录党章、报告、领导讲话和报刊的内容，防止形式主义；写思想汇报要实事求是，对自己做一分为二的评价，不仅要对自己的成长、进步进行肯定，而且要找准存在的不足，敢于向党组织暴露缺点和问题。

五、工作总结的写作要求

工作总结就是把某一时期已经做过的工作进行一次全面系统的总检查、总评价，进行一次具体的总分析、总研究，看看取得了哪些成绩、存在哪些缺点和不足、有什么经验。

（1）情况概述。情况概述可以简单，也可以比较详细。这部分内容主要是对工作的主客观条件、有利和不利条件以及工作的环境和基础等进行分析。

（2）成绩和缺点。这是总结的中心。总结的目的就是要肯定成绩，找出缺点。成绩有哪些，有多大，表现在哪些方面，是怎样取得的；缺点有多少，表现在哪些方面，是什么性质的，怎样产生的，都应讲清楚。

（3）经验和教训。做过一件事，总会有经验和教训。为便于今后的工作，必须对以往工作的经验和教训进行分析、研究、概括、集中，并上升到理论的高度来认识。

（4）今后的打算。根据今后的工作任务和要求，吸取前一时期工作的经验和教训，明确努力方向，提出改进措施等。

写好总结需要注意的问题如下：

（1）一定要实事求是。成绩不夸大，缺点不缩小，更不能弄虚作假。

（2）条理要清楚。总结是写给他人看的，条理不清，人们即使看了也不知其所以然，这样就达不到总结的目的。

（3）详略适宜。材料有本质的，有现象的；有重要的，有次要的，写作时要去粗取精，该详细的要详细，该简略的要简略。

六、申请书的写作要求

申请书是个人、单位、集体向组织、领导提出请求，要求批准或帮助解决问题的专用书信。申请书的使用范围相当广，种类也很多。按作者分类，可分为个人申请书和单位、集体公务申请书。按解决事项的内容分类，可分为入团、入党、困难补助、调换工作、建房、领证、承包、贷款申请书等。申请书的写作要求如下：

（1）标题。有两种写法，一种是直接写“申请书”，另一种是在“申请书”前加上内容，如“入党申请书”“调换工作申请书”等，一般采用第二种。

（2）称谓。顶格写明接受申请书的单位、组织或有关领导的名称。

（3）正文。正文部分是申请书的主体，首先提出要求，其次说明理由。理由要写得客观、充分，事项要写得清楚、简洁。

（4）结尾。可写上惯用语“特此申请”“恳请领导帮助解决”“希望领导研究批准”等，也可用“此致”“敬礼”等礼貌用语。

（5）署名、日期。个人申请要写清申请者姓名，单位申请要写明申请单位名称并加盖公章，注明日期。

技能训练

1. 请写一份年度个人学习总结，字数在 1 000 字左右，总结要有标题、正文和落款。正文要有取得的成绩、存在的问题和今后的打算等。

2. 请利用假期时间去实习，回来后写一份实习报告，字数在 3 000 字左右。内容包括实习时间、地点、任务，实习过程的感受、结果，以及实习体会、经验教训、今后努力的方向等。

技能六 看的技巧

知识目标

1. 了解通过穿着打扮识人的技巧；
2. 掌握通过肢体语言识人的技巧。

能力目标

1. 具备良好的观察能力；
2. 具备灵活运用看的技巧进行沟通的能力。

素养目标

1. 培养专注、细致的职业素养，以及积极向上的进取精神；
2. 了解中华服饰传统文化，培养民族自豪感；
3. 学会发现他人的优点，践行和谐、友善的社会主义核心价值观。

能力测试

观察能力测试

1. 进入某个机关时，你：

A. 注意桌椅的摆放　B. 注意用具的准确位置

C. 观察墙上挂什么

2. 与人相遇时，你：

A. 只看他的脸　B. 悄悄地从头到脚打量他一番

C. 只注意他脸上的个别部位

3. 你从自己看过的风景中记住了：

A. 色调　B. 天空　C. 当时你心里的感受

4. 早晨醒来后，你：

A. 马上就想起应该做什么　B. 想起梦见了什么

C. 回想昨天都发生了什么事

5. 当你坐上公共汽车时，你：

A. 谁也不看　B. 看看谁站在旁边　C. 与离你最近的人搭话

6. 在大街上，你：

A. 观察来往的车辆　　B. 观察房子的正面

C. 观察行人

7. 当你看橱窗时，你：

A. 只关心可能对自己有用的东西　　B. 也要看看不需要的东西

C. 注意观察每样东西

8. 如果你在家里需要找什么东西，你：

A. 把注意力集中在可能放这个东西的地方

B. 到处寻找　　C. 请别人帮忙

9. 看到你的亲戚、朋友过去的照片，你：

A. 激动　　B. 觉得可笑

C. 尽量了解照片上都是谁

10. 假如有人建议你去打牌，你：

A. 试图学会玩并且想赢　　B. 借口过一段时间再玩而给予拒绝

C. 直言你不玩

11. 你在公园里等一个人，你会：

A. 仔细观察你旁边的人　　B. 看报纸

C. 想某事

12. 在满天繁星的夜晚，你：

A. 努力观察星座　　B. 只是一味地看天空

C. 什么也不看

13. 你放下正在读的书时，总是：

A. 用铅笔标出读到什么地方　　B. 放个书签

C. 相信自己的记忆力，什么标记也不做

14. 对于你的邻居，你能：

A. 记住他的姓名　　B. 记住他的外貌

C. 什么也记不住

15. 你会在摆好餐具的餐桌前：

A. 赞扬它的精美之处　　B. 看看人是否到齐了

C. 看看所有的椅子是否都放在合适的位置上

计分方法：见表 2-6-1。

表 2-6-1　观察能力测试计分要求

题号	1	2	3	4	5	6	7	8	9	10	11	12	13	14	15
A	3	5	10	10	3	5	3	10	5	10	10	10	10	10	3
B	10	10	5	3	5	3	5	5	3	5	5	5	5	3	10
C	5	3	3	5	10	10	10	3	10	3	3	3	3	5	5

解析：

1. 总分为 100～150 分：你是一个很有观察力的人。同时，你也能分析自己和自己的行为，你能够极其准确地评价别人。

2. 总分为 75～99 分：你有相当敏锐的观察能力。但是，对别人的评价有时带有偏见。

3. 总分为 45～74 分：你对别人隐藏在外貌、行为方式背后的东西不关心，尽管你在交往中不会产生多少严重的心理障碍。

4. 总分为 45 分以下：你不关心周围人的内心思想。你是一个自我中心倾向严重的人，而这可能会成为你进行社会交往的障碍。

沟通的主要工具是语言，但沟通的工具绝不只有语言，很多非语言信号也是重要的沟通工具。在沟通过程中，通过看，观察人们的动作、姿态、眼神、表情、服饰、仪表等非语言信号就能得到许多有价值的信息。非语言信号所包含的信息远远超出语言所提供的信息，非语言沟通更能够真实地表明人的情感和态度。

技巧一　从穿着打扮看人

从衣着打扮看人

情景导入

以衣取人

由于政治、经济和习俗等方面的原因，古代的服装以颜色、材料或质地等鲜明的特性，显示了穿着者的贵贱尊卑或性别职业，因而不同特点的服饰就成了不同社会地位的人的代称，有的甚至沿用至今。

巾帼：本是古代妇女头上的头巾或装饰物，借以代表女性，源于《三国志》。当时诸葛亮多次向司马懿挑战，司马懿不予应战，诸葛亮便把妇女的头饰遗下，以此嘲笑司马懿还不如一个女性。自古以来把妇女中的英雄豪杰称为“巾帼英雄”。

黄衣、袈裟：和尚穿的斜襟对开服，故代指和尚。

青衿：古代读书人常穿的衣服。《诗经》里有“青青子衿，悠悠我心”等句，今代指读书人。

白丁：古代平民着白衣，故常以白丁称呼平民百姓，或以“白衣”“白身”称之。

黄裳：黄色是社稷坛五色土中央的颜色，最为尊贵。裳是裙子，下身穿的，穿着黄裳意味着居尊位。“黄裳”还有太子的别称之说。

布衣：《盐铁论·散不足》中说：“古者庶人耋老而后衣丝，其余则麻枲而已，故命曰布衣。”这是相对做官的人而言的，常有“一介布衣”之言。

麻衣：麻衣其实也是布衣，但词义不尽相同。古代读书求官的士人多穿麻衣，所以麻衣又做赴试求官的人的代称。

青衣：古代婢女、丫鬟多穿青色衣服，于是人们便多以“青衣”代称婢女、丫鬟。

纨绔：纨绔是古代一种用细绢做成的裤子。古代富贵人家的子弟都穿细绢做的裤子，这能反映出他们奢侈的特点，因此，人们常用纨绔来形容富家子弟。

绅：古代士大夫系在衣外的大带子，带子余下的部分垂在腰下作为饰物，叫作

“绅”。因此，绅就成了官员或者做过官、有声望的人的代称，如乡绅、豪绅。

荆：原是指一种灌木。在古代还用来制作妇女的发钗，称为“荆钗”。荆钗布裙，指用荆枝代替发钗，穿麻布裙，形容妇女简陋寒素的服饰。旧时丈夫对人称自己的妻子为“山荆”“拙荆”或“荆室”，这固然是表示自谦，但骨子里却有自珍自爱的意思。

问题与思考：

1. 古代以衣取人说明了什么问题？
2. 你在与人沟通的过程中会以衣取人吗？以衣取人会影响沟通效果吗？

一、衣如其人

古人云：相由心生，衣如其人。人的善恶来自内心，却可以在面相上显现出来；人的性格来源于本性，却可以从穿衣上体现出来。花季少女喜欢时尚的服饰，它折射出一种积极向上的精神状态；中年女性选择服饰，注重端庄、稳重、大方，在一定程度上折射出其审美品位；阳光少年喜欢轻松、休闲的服饰，在朝气蓬勃中带着些许个性；成熟男性则喜欢精致、经典的服饰，用以体现都市精英男性的理性、睿智。

二、化妆识人

化妆是一种身体语言，一位女士精心打扮，除了令自己更好看，也是对别人的一种尊重。同时化妆可以在一定程度上帮助我们了解一个人。喜欢化浓妆的人，可能比较外向、自信，而喜欢淡妆的人，往往比较低调、自然；妆容比较精致的人可能比较严谨、有条理，做事情会很认真；妆容比较有个性的人，有自己的想法，不愿意随波逐流，敢于尝试新事物；频繁补妆的人，很在意自己在别人眼中的形象，有点小完美主义。

技巧二　肢体语言暴露内心世界

肢体语言
暴露内心世界

情景导入

你读懂客户的肢体语言了吗？

小陈是一位销售员，与客户见面时，他发现有些客户常常两臂交叉置于胸前，这样的肢体语言通常意味着防御和提防。因此，小陈在遇到这种情况时，会与客户及时进行眼神交流，让客户感受到对他们的重视，同时给他们递一些资料或其他东西，慢慢地客户会减缓抵触情绪，他们的思想也会随之打开，交谈变得越来越顺利。

问题与思考：

1. 你在与人沟通中注意观察对方的肢体语言吗？
2. 两臂交叉置于胸前，这样的肢体语言在向外传递着什么信息？
3. 如果你遇到的客户两臂交叉置于胸前，你会用什么样的肢体语言回应对方？

所谓肢体语言，是指人通过喜、怒、哀、乐、举手、投足等肢体动作自觉或不自觉地表现内心世界的一种语言形式，也就是一个人的心理变化在肢体上的外在表现。

肢体语言不仅可以补充人们沟通时的语言内容，强化语言的情感色彩，而且可以把自己的内心世界显现出来。所以，关注沟通对象的肢体语言，是了解对方心理变化的重要手段。

在与人沟通的时候，我们除了应该揣摩对方语言的含义之外，观察对方的肢体语言也是非常重要的一环。对方的真实意思可能会被巧妙的辞令所遮掩，但对方的肢体动作却可能将其内心暴露无遗。

一、从“心灵的窗户”看人的内心世界

眼睛被称为“心灵的窗户”，观察肢体语言，首先要看的是眼神。如果对方眼神镇定，毫不慌乱，说明其胸有成竹、胜券在握；如果对方眼神迷离，不能长时间注视一个地方，说明其遇到了很大的困难，对解决问题毫无把握；如果对方眼神犀利，说明其心里正考虑着一件跟他个人关系极为密切的事情，最好不要打扰。

沟通故事

“王顾左右而言他”

孟子对齐宣王说：“大王有个臣子把他的妻子和孩子托付给朋友照顾，自己到楚国去游历。等他回来的时候，却发现他的妻子和孩子在挨饿受冻，那该怎么办呢？”齐宣王答道：“和他绝交！”孟子又说：“有一个司法官不能管理他的下属，那该怎么办？”齐宣王说：“罢免他！”孟子说：“一个国家治理得很不好，那该怎么办？”齐宣王回头看看左右，说些其他的话把话题扯到别处去了。

“王顾左右而言他”，并不是齐宣王在满世界找什么东西，而是齐宣王觉得这个问题不好回答，国家治理不好，自然是国君要负责任，这话在大庭广众之下说出来，将来万一给人抓住把柄，就不好办了，所以只好用眼睛四处看看，表示自己不愿回答这个问题。如果孟子再紧追不舍的话，恐怕齐宣王就要恼羞成怒了。

故事启发：

通过对方的眼睛，可以了解其内心变化。如果对方的眼睛没看你，那就说明他对你的话题不感兴趣或者不愿意回答了。

二、从笑容看人的内心

在沟通过程中，当一个人“哈哈”大笑时，他的心态是开朗轻松的，这时你可以放心大胆地跟对方交谈，只要不是让对方扫兴的话题，一般情况下他是乐意和你交流的。

笑，是人类最美的语言，然而，并不是所有的笑都代表开心和快乐。当你学会透过笑容了解别人的时候，你就能捕捉到别人的情绪变化，更好地理解他人，与他人共情，进而拉近彼此之间的关系，为有效的人际沟通打开一扇大门。

三、从肢体动作和姿势看人的意图

肢体语言的另一个组成部分是四肢和身体的姿态，比如鼓掌表示兴奋，顿足代表生气，搓手表示焦虑，垂头代表沮丧，摊手表示无奈，捶胸代表痛苦……心理学家专门编撰了关于肢体语言会话的手册，对各种各样的肢体语言进行“翻译”。

先看看头部，头部笔直表示中立，头部侧倾表示感兴趣，垂头表示没兴趣和否定。

再说肩膀，肩膀舒展说明有勇气和责任感，肩膀下垂说明不堪重负，肩膀收缩表示怒火中烧。

还有腿部，如果一个人叉腿站着，说明他不自信，紧张而不自然；如果一个人是收紧脚踝站着，说明他在发火，在千方百计地控制自己。

手部的肢体语言更为丰富：用手指轻轻触摸脖子说明对方对你说的话持怀疑或不同意态度；当他把手放在脑袋后边，他可能要和你辩论了；用手托腮，手指顶住太阳穴，说明在仔细斟酌你说的话；轻轻抚摸下巴则说明对方在考虑。

人的肢体语言很丰富，上面所介绍的只是大概的情况，具体到每一个人，并不一定完全一致，比如有时我们看到对方跷起了二郎腿，觉得他似乎对谈话厌倦了，可是他的眼睛却依然炯炯有神，这是为什么呢？很可能是因为他坐的时间太久了，需要放松一下腿部的肌肉。所以，在根据肢体语言判断对方性格和心理的时候，我们一定要注意观察各方面的表现，综合考虑，如果生搬硬套的话，就容易产生误会，甚至闹出笑话来。

技巧三　看人说话

情景导入

学会阅读对方的表情

著名学者钱钟书在《围城》里面有一段很经典的描述，大概情节是这样的：苏文纨拿出自己的女用折扇，叫曹元朗和方鸿渐评价写在扇子上的一首诗歌。曹元朗看完，连声说“好”。但是方鸿渐却并不认为它是一首好诗，完全没有注意到旁边的唐小姐在向他皱眉摇头。苏小姐愠怒了，便收回折扇，因为希望方鸿渐能给一个肯定的评价，所以还是把折扇第二次递给了方鸿渐。方鸿渐再次看了这首诗后，连忙大叫，说这首诗是偷来的。苏小姐铁青了脸。方鸿渐又改口说，这首诗至少是借的，而且是借的外债，就是说抄袭的国外诗人的诗句。当时，坐在旁边的唐晓芙不断地给方鸿渐递眼色，并试图打断方鸿渐对扇子上诗歌的贬低。而此时的苏文纨也是一张苦瓜脸，怒不可遏。方鸿渐始终不去关注苏文纨的表情，只顾自个儿说得痛快，后来苏文纨一下子夺过扇子，怒气冲冲，就此作罢。以至于后来方鸿渐想方设法向苏小姐赔礼道歉，才将事情扭转过来。

问题与思考：

1. 方鸿渐是怎样得罪了苏文纨？

2. 在日常生活中，我们在与别人交往时，你是否注意到去阅读对方的表情呢？

在和别人沟通的时候，有的人喜欢自己说自己的，不管别人是怎样的表情，不管对方有没有兴趣、愿不愿意听，反正坚持一个原则，那就是一吐为快。但是听话的人不但痛苦、难受，而且会窝一肚子的气。因此，在沟通过程中，要注意阅读别人的表情。

一、看表情说话

不同的人爱听不同的谈话内容，这是容易理解的。但困难的是你怎么知道他爱听什么、不爱听什么呢？这就要“看”人说话，边“看”边说，边说边“看”。这里的“看”，即观察。在与对方沟通时，要善于一边说一边察言观色。

（一）看面部表情

法国哲学家狄德罗曾经说过，一个人的心灵的每一个活动都表现在他的脸上，刻画得很清晰，很明显。有时对方口头表示赞同你的意见，但他的眉头却不知不觉地紧皱了起来，或者他的嘴唇突然紧闭，而且嘴角向下撇，这些表情恰恰是其内心不愉快的外部表现。因此他说的赞同的话其实是言不由衷的，或者碍于情面，或者屈于权势，才不得不这样说。

小 资 料

微表情与人际沟通

有人做过统计，在人与人的沟通交流中，表情的作用占了55%。而微表情是人类试图压抑或隐藏真实情感时泄露的非常短暂的、不能自主控制的面部表情。它与普通表情的区别在于，微表情持续时间很短，仅为1/25秒至1/5秒。因此，大多数人往往难以觉察到它的存在。这种快速出现且不易被察觉的面部表情被认为与自我防御机制有关，表达了被压抑的情绪。微表情既可能包含普通表情的全部肌肉动作，也可能只包含普通表情肌肉动作的一部分，它是一种自发性的表情动作，表达了人类高兴、轻蔑、愤怒、恐惧、悲伤、惊讶六大基本表情。可见表情这种非语言行为对于我们表达自身情感是非常重要的，可视为人类心理活动的晴雨表。

（二）看体态表情

几乎每一种体态、每一种动作都是一种特殊的语言，都在显现着一个人的内心世界。假如与你沟通的人双脚并立、双臂交叉在胸前，这就表明此人对你怀有某种敌意，他在做自我防卫。又如，沟通者常向你摊开双手，这表明此人是真诚坦率的，他对你毫无提防之心。

（三）看语言表情

与人沟通时不但要看他说什么，而且要看他怎么说。这是因为说话声音的种种变化不仅能表现一个人的性格，比如急性子的人说话节奏快、声音响亮，慢性子的人说话节奏慢、声音低沉，而且能够表明一个人的情绪与心境。例如，人忧伤时语速慢、声音低、节奏平缓，而人兴奋时语速快、声音高、节奏强烈。

所谓“看人说话”，主要是“看”上述三种表情。从这些表情变化中，我们便可随时猜测对方的心理状态，透视对方的心理需要，然后也就可以随时调整自己沟通的内容与方式，使之更适应对方。这样，沟通便可获得预期的良好效果。

二、从声气中认识人

人类的声音包含各种要素，声调是很重要的要素之一。声调高可以让别人安静下来；声调低有时候更容易让人们集中注意力去听。当然，声调高或低都需要姿势辅助，效果才好。

讲话的速度也影响沟通。讲话速度太快的人，一方面容易给人热心、投入的印象，另一方面会让对方感觉焦躁、混乱及粗鲁。说话速度慢的人，虽然给人深思熟虑、诚实的印象，但太慢了也会让人以为其犹豫不决或漫不经心。

从声气中认识人，对看人说话来说是很重要的一件事。

（一）和声细气者

人们在请求、询问、安慰、陈述意见时常常和声细气，它可以弘扬男性的文雅大度和女性的阴柔之美。尤其是在抒发情感时，和声细气更具有一种迷人的魅力。由于语音学中音素、音位的原理和人们说话时用声、用气的心理状态及规律的不同，这种声和气宛如柔和的月光和涓涓的细流，由人的心底流出，轻松自然，和蔼亲切，不紧不慢，能给倾听者以舒适、安逸、细腻、亲密、友好、温馨的感觉。和声细气地说话的男人，为人厚道、宽容、襟怀开阔；和声细气地说话的女人，为人温柔、善良、善解人意。

（二）轻声小气者

轻声小气表现说话者的尊敬、谦恭、谨慎和文雅，在和别人交谈时，可以缩短人与人之间的感情距离，密切双方的关系。但用轻声小气来公开坚持意见、反驳别人、维护正义和尊严或表示强调是不可取的。

技能训练

观察力训练

睁大你的眼睛（以没有感到不适为宜），注意力完全集中，注视正前方，观察你视野中的所有物体，但不可以转动眼球。坚持 10 秒钟后，回想你所看到的物体，凭借记忆将所能想起来的物体的名称写下来。坚持 10 天，每天变换观察的位置和视野，在第 10 天看看你是否取得了进步。

技能七 笑的技巧

知识目标

1. 正确理解微笑的重要性，掌握微笑的要点；
2. 掌握正确的微笑技巧。

能力目标

1. 具备运用微笑传递情感的能力；
2. 具备运用微笑打开僵局的能力。

素养目标

1. 培养沟通中的阳光心态，养成微笑服务的职业习惯；
2. 践行敬业、诚信、友善的社会主义核心价值观。

能力测试

你对自己的微笑是否满意?

是否需要改变你的微笑？问一下自己下面这些问题，马上就可以得到答案！

◆ 你在别人面前微笑时感到很自信吗？
◇ 你微笑时有没有不自觉地用手捂嘴？
◇ 你是否觉得自己拍照时，从某一侧比从另一侧照更漂亮？
◇ 你是否觉得别人的微笑比你的更有魅力？
◇ 当你在看时尚杂志时，目光是否会被模特的微笑所吸引？
◇ 你是否经常在想“我要能和杂志上的模特一样有着迷人的微笑该多好呀”？
◇ 你是否希望自己的牙齿更洁白？
◆ 你是否喜欢自己牙齿的形状？
◇ 你是否希望自己的牙齿更长些或者更短些？
◇ 你是否觉得自己在微笑时暴露的牙齿过多或者过少？
◇ 你是否喜欢比自己的牙齿更宽点或者更窄点的牙齿？

◇ 你是否觉得自己的牙齿形状过于方或者过于圆？

◇ 当你从镜子里看自己的笑容时，你是否觉得自己的某颗（些）牙齿或牙龈存在一些问题？

◇ 你是否觉得自己在微笑时暴露的牙龈组织过多或者过少？

◆ 你是否对自己的牙龈形态感到满意？

解析： 如果你除了“◆”问题外，其他问题大部分答案都是“否”，说明你对自己的微笑是满意的；如果不是这样，说明你对自己的微笑并不十分满意，自信不足。如果你想让自己更有魅力，你应该考虑去改变一下自己的微笑了。

技巧一　自信的微笑

微笑的要求

情景导入

最自信的微笑

原一平其貌不扬，也不年轻。

在原一平当保险推销员的前半年里，他没有为公司拉来一份保单。他没钱租房，就睡在公园的长椅上。他没钱吃饭，就去吃饭店专供流浪者的剩饭。他没钱坐车，每天步行去他要去的地方。可是，他从来不觉得自己是个失败的人，至少从表面上没有觉得他是个失败者。自清晨从公园长椅上“起床”，他就向每一个他所碰到的人微笑，不管对方是否在意或者回报他微笑，他都不在乎。而且他的微笑永远是那样由衷和真诚。

终于有一天，一个常去公园的大老板对原一平的微笑产生了兴趣，他不明白一个吃不饱饭的人怎么会总是这么快乐。于是，他提出请原一平吃一顿饭，可原一平却拒绝了。他请求这位大老板买他的一份保险，于是，原一平有了自己的第一份业绩。这位大老板又把原一平介绍给许多商场上的朋友。原一平的自信和微笑感染了越来越多的人，他最终成为日本历史上签下保单金额最多的保险推销员。

原一平成功了，他的微笑被称为“全日本最自信的微笑”。

原一平说：走向成功的路有千万条，微笑和信心只是助你走向成功的一种方式，但这又是不可或缺的方式。原一平的成功告诉我们：做人，就要做一个对自己有信心、对他人有爱心的人，给自己一份信心，给他人一个微笑，成功就会渐渐地向我们靠拢。

问题与思考：

1. 原一平是如何靠微笑取胜的？
2. 在生活中，你经常对人微笑吗？效果如何？

自信是力量的源泉，微笑是勇气的开端，给自己一个自信的微笑，它将赋予你力量与希望。当你遇到难题不会做时，给自己一个自信的微笑，它将帮你克服心魔，用冷静的头脑去寻找正确的答案；当你受了委屈感到难过时，给自己一个自信的微笑，它将帮你解开心结，鼓励你用一种积极乐观的态度去面对人生。

一、微笑是人类最美丽的表情

微笑能给人以自信，给人以坚强，给人以勇气，给人以温暖。微笑着的人给人的感觉是成熟、稳重，有安全感，值得信赖。在经营人脉的过程中，不要忘了你最有力的武器——微笑。

二、微笑是化解敌意的武器

微笑可以化解对方的敌意，使对方在不知不觉中折服于你的人格魅力。当一个人对你怀有敌意的时候，他的心灵充满了戒备。但是当你给他的不是拳头，而是一个大度的微笑的时候，他会措手不及，他的心灵会被这个浅浅的微笑所震撼，紧闭的心扉也会因此而打开。

沟通故事

女孩的微笑

女孩打开门时，发现一个持刀的男子正瞪着她。女孩灵机一动，微笑着说："朋友，开什么玩笑！是卖菜刀的吧，我喜欢，我想买一把……"

女孩接着说："你看起来很像我以前的一位好心的邻居，看到你真高兴！你是要咖啡还是茶，我给你倒一杯……"

这时，男子也开始腼腆起来了，有点结巴地说："谢谢，不需要，谢谢……"

最后，女孩真的买下了那把刀。男子接过钱后迟疑了一会儿，便走了。在转身要走时，他回过头来说："小姐，你将改变我的一生！"

故事启发：

女孩的机智与微笑挽救了她的生命，也改变了那个男子的一生。

三、微笑是化解尴尬的润滑剂

当我们和朋友之间的交往因出现了摩擦而变得生涩的时候，当我们因过去的误解感到无法互相面对的时候，微笑往往能够弥补我们之间的裂痕，让彼此变得更加和谐。微笑，是人与人之间最短的距离。纵使再远的空间阻隔，只要一个微笑，就能拉近彼此的心灵。

沟通素养

空姐的十二次微笑

飞机起飞前，一位乘客请求空姐给他倒一杯水吃药。空姐很有礼貌地说："先生，为了您的安全，请稍等片刻，等飞机进入平稳飞行后，我会立刻把水给您送过来。好吗？"

15 分钟后，飞机早已进入了平稳飞行状态。突然，乘客服务铃急促地响了起来，空姐猛然意识到：糟了，由于太忙，忘记给那位乘客倒水了！空姐连忙来到客舱，小心翼翼地把水送到那位乘客跟前，面带微笑地说："先生，实在是对不起，由于我的疏忽，延误了您吃药的时间，我感到非常抱歉。"这位乘客抬起左手，指着手表说道："怎么回事？有你这样服务的吗？你看看，都过了多久了？"空姐手里端着水，心里感到很委屈。但是，无论她怎么解释，这位挑剔的乘客都不肯原谅她的疏忽。

接下来的飞行途中，为了补偿自己的过失，空姐每次去客舱给乘客服务时，都会特意走到那位乘客面前，面带微笑地询问他是否需要水，或者别的什么帮助。然而，那位乘客余怒未消，摆出一副不合作的样子，并不理会空姐。

临到目的地前，那位乘客要求空姐把留言本给他送过去。很显然，他要投诉这名空姐。此时，空姐心里虽然很委屈，但是仍然不失职业道德，非常有礼貌，而且面带微笑地说道："先生，请允许我再次向您表示真诚的歉意，无论你提出什么意见，我都将欣然接受您的批评！"那位乘客脸色一紧，嘴巴准备说什么，可是却没有开口。他接过留言本，在上面写了起来。

飞机安全降落，所有的乘客陆续离开后，空姐打开留言本，惊奇地发现，那位乘客在本子上写下的并不是投诉信，而是一封热情洋溢的表扬信。

是什么使得这位挑剔的乘客最终放弃了投诉呢？在信中，空姐读到这样一句话："在整个过程中，你表现出的真诚的歉意，特别是你的十二次微笑，深深打动了我，使我最终决定将投诉信写成表扬信！你的服务质量很高。下次如果有机会，我还将乘坐你们的这趟航班！"空姐看完信，激动得热泪盈眶。

英国诗人雪莱说：微笑，实在是仁爱的象征，快乐的源泉，亲近别人的媒介。有了笑，人类的感情就沟通了。确实，微笑可以缩短人与人之间的距离，化解令人尴尬的僵局，沟通彼此的心灵，使人产生一种安全感、亲切感、愉快感。当你向别人微笑时，实际上就是以巧妙、含蓄的方式告诉他，你喜欢他，你尊重他，他是一个受欢迎的人。这样你在给予别人温暖与鼓励的同时，也就容易博得别人的尊重与喜爱。

空姐的疏忽带来了乘客的不满，但空姐所表现出的真诚的歉意，一次次的微笑服务，最终还是打动了乘客的心，换来了乘客的理解和信任，这说明精诚所至、金石为开，人与人之间只要真诚相待，就没有化解不了的矛盾、解不开的结。在生活中千万不要吝惜你的微笑，因为微笑是促进人与人之间沟通的制胜法宝，它可以换来别人的宽容和理解，甚至博得信任、传递爱心！

四、微笑是浇灌人脉之树的甘霖

我们常常用“迷人”这个词语来形容人的微笑，当你用微笑面对一个人的时候，你收获的是同样美丽的微笑。微笑着的人是受欢迎的人。如果你善于运用微笑，那么将会有意想不到的效果。

小资料

微笑的力量

微笑不花费一分钱，但却能给你带来巨大的好处；
微笑会使对方富有，但不会使你变穷；
没有微笑，你就不会这样富有和强大；
有了微笑，你就会富而不贫；
微笑能给家庭带来幸福；
能给生意带来好运；
它会使疲倦者感到愉悦；
使失意者感到欢快；
使悲哀者感到温暖；
它是疾病的最好药方；
微笑买不着、讨不来、借不到、偷不走；
微笑是无价之宝。

技巧二　用微笑传递自己良好的情绪

情景导入

第九次微笑

小王大学毕业那年，应聘到广州一家很有名气的四星级涉外大酒店的餐饮部当服务员。在试用期即将结束的前一天晚上，一位客人要求为其调送一杯咖啡。由于小王当时正在为其他客人服务，等轮到去那位客人那里时，比约定的时间已经晚了 20 多分钟。小王小心翼翼地把咖啡送过去，面带微笑地说：“先生，首先感谢您对我的欣赏和信任。但由于一时没能抽出身来，耽误了您的时间，非常抱歉！”这位客人却不领情，把左手一扬，正好碰到小王双手捧着的咖啡杯，咖啡溅了她一身。可对方视而不见，指了指手表说：“多长时间了？哼！像你这样服务，还像个四星级酒店吗？”

小王连声道歉，接下来的时间里，她更加全心全意地为客人服务，不敢有半点马虎。客人要什么，小王就给什么，动作十分麻利，语言也特别温柔。尽管对方一点儿也不合作，仍旧一副怒气冲冲的样子，小王却毫不介意，脸上始终带着甜美的微笑。最后，那位客人说：“虽然你的综合素质表现得很不错，但真正能打动我的，还是你的微笑，那一脸甜美灿烂的微笑，你一共展现了九次！特别是你的第九次微笑，那种毫不矫情的、纯真的笑，击退了我最后一道冷漠的防线！”

结果，小王试用期结束后就被提升为领班，只在领班的位置上锻炼了两个月，就接替了餐饮部经理的位置。从服务员到餐饮部经理，就是那九次微笑改变了她的人生！

问题与思考：

1. 小王用什么样的微笑改变了她的人生？

2. 在你与人沟通的过程中，微笑发挥了什么样的作用？

真正的微笑应渗透着自己的情感，表里如一、毫无包装的微笑才有感染力，才能被视作“社交的通行证”。

作为最有感染力的交际语言，微笑是放之四海而皆准的，但在运用微笑传情达意的时候，也是需要技巧的。掌握好这些技巧，得心应手地运用情绪心理规则，能很快缩短你与他人的距离，表达出你的善意，给人春风般的温暖，达到感染他人的效果。

一、微笑要看场合

微笑要看场合是否适合，否则就会适得其反。比如，当你同对方谈论一个严肃的话题，或是告知对方一个不幸的消息，或是你的谈话让对方感到不快时，都是不应该微笑的。

微笑作为脸部最常用的表情之一，可在下列情况和场合中加以运用：上台与下台时应微笑，这有助于你显示谦虚得体的态度；听众提问时应微笑，这能表达你对别人的赞许；对别人的建议表示不同意，做出反对言行时应面带微笑；含蓄地批评与指责时应面带微笑。

当然，微笑作为一种沟通中的催化剂，也不能从头到尾一直都使用，而应该与沟通时的情感表达联系在一起。

二、要笑得真诚

人对笑容的辨别力非常强，所以当你微笑时，一定要真诚。真诚的微笑让对方内心产生温暖，引起对方的共鸣，使之陶醉在欢乐之中，加深双方的友情。

小 资 料

微笑产业

日本人喜欢微笑，日式微笑服务也举世闻名。一个有关微笑的产业因此而诞生。

在日本，有微笑培训课程教授公司主管如何令微笑具有说服力，有微笑咨询导师教授企业如何利用微笑赚更多钱，有微笑书籍教生意人如何在商场上达成协议，还有企业专门研究微笑，推出可以捕捉微笑的照相机。作为日本商业市场上的一块大蛋糕，微笑产业每年可以带来数千亿日元的产值。

三、微笑的对象要合适

对不同的沟通对象，应使用不同含义的微笑，传达不同的感情。尊重、真诚的微笑应该是给长者的，关切的微笑应该是给孩子的，暧昧的微笑应该是留给自己心爱的人的。

四、要笑得自然

微笑需要发自内心才能笑得自然，笑得亲切，笑得美好、得体。切不可为了微笑而笑，没笑装笑。

五、微笑的程度要合适

微笑是向对方表示一种礼节和尊重，我们倡导多微笑，但不建议你时刻微笑。微笑要恰到好处，比如当对方看向你的时候，你可以直视他微笑点头；当对方发表意见时，你可以一边听一边不时微笑。如果不注意微笑的程度，没有节制，就会有失身份，引起对方的反感。

沟通故事

微笑的分寸

某日华灯初上，一家饭店的餐厅里宾客满堂，服务员来回穿梭于餐桌和厨房之间，一派忙碌景象。这时一位服务员跑去向餐厅经理汇报，说客人投诉有盘海鲜菜中的蛤蜊不新鲜，吃起来有异味。

这位餐厅经理颇有处理问题的本领和经验，于是不慌不忙地向投诉的客人走去。一看，哟，这不是老主顾张经理嘛！他不禁心中有了底，于是迎上前去一阵寒暄：“张经理，今天是什么风把您吹来了，听服务员说蛤蜊不大对您老胃口……”张经理打断他说：“并非对不对胃口，而是我请来的客人尝了蛤蜊以后，马上讲这道菜大家千万不能吃，有异味、变了质的海鲜，吃了非出毛病不可！我是东道主，自然要向你们提意见。”餐厅经理面带微笑，向张经理进行解释，蛤蜊不是活鲜货，虽然味道有些不纯正，但吃了不大要紧，希望他和其余的客人谅解包涵。

不料此时，在座的那位客人突然站起来，生气地指责餐厅经理，意思是，你还笑得出，我们拉肚子怎么办？你应该负责任。这突如其来的兴师问罪，使餐厅经理一下子怔住了！他脸上的微笑变成了哭笑不得。到了这步田地，他该如何找台阶下呢？总不能让客人误会刚才我面带微笑的用意吧，又何况微笑服务是饭店员工首先应该做到的。于是他仍旧微笑着准备再做一些解释。不料，这次的微笑更加惹恼了那位客人，他摆出了动手的架势。幸亏张经理及时拉餐厅经理的衣角，示意他赶快离开现场，否则简直难以收场。

故事启发：

餐厅经理不应该由于认识客人而想采取大事化小、小事化了的态度，他应该一视同仁，诚恳虚心地接受任何一位客人的意见。如果他能站在张经理的角度，考虑其处境或考虑到客人吃了不新鲜的蛤蜊以后可能会产生的种种后果，那么那种僵局可能不会出现。由于餐厅经理考虑不周，结果使微笑服务反而走向反面，引发不愉快的结局。要知道，微笑服务固然应该经常加以倡导，但在不同的场合，微笑也要有分寸。

技巧三　学会正确微笑

学会正确微笑

情景导入

满面春风的董事长

有一次，一位实习记者去见某公司董事长。约定的时间到了，先来的却是董事长秘书："对不起，请您再等几分钟好吗？"记者以为董事长的会议还没有开完，便又耐心地等了一会儿。几分钟之后，董事长满面春风地走出来与他握手寒暄，并带着歉意说："刚才，我在主持一个很重要的会议，表情很严肃，散会后带着这样一副表情来见一位不是很熟的人，担心会给你留下一个不好接近的印象，而且也有失礼貌。所以，我又对着镜子休整了片刻，等心情和面孔都恢复正常了，才出来和你见面，实在对不起，让你久等了。"

问题与思考：

1. 这位董事长为什么要调整好表情才去见记者？

2. 你在与人沟通中注意表情的调整吗？你每天对别人微笑吗？

人因为愉快才会微笑，微笑也能使人愉快。成功人士总是脸上带着微笑，因为他们知道微笑的力量。一个表情不友好的人会让别人退避三舍；反之，一个脸上经常带着微笑的人，就会使人忍不住想接近他。

一、微笑的要诀

（一）微笑与眼睛的结合

在微笑时，眼睛也要“微笑”，不然会给人“皮笑肉不笑”的感觉。学会用眼神与别人沟通，这样你的微笑才会更传神、更亲切。眼睛会说话，也会笑。如果内心充满善良和友爱，那么眼睛的笑容一定也非常动人。

眼睛的笑容有两种：一是“眼形笑”；二是“眼神笑”。

课堂互动

取一张厚纸遮住眼睛下边的部位，对着镜子，心里想着最使你高兴的情景。这样，你的整个面部就会露出自然的微笑，这时，你眼睛周围的肌肉也处于微笑的状态，这是“眼形笑”。然后放松面部肌肉，嘴唇也恢复原样，可目光中仍然含笑脉脉，这就是“眼神笑”。学会用眼神与别人沟通，这样你的微笑才会更传神、更亲切。

（二）微笑与语言的结合

微笑着说“早上好”“您好”“欢迎光临”等礼貌用语，不要只笑不说，或只说不笑。如果只笑不说，对方无法确认你要向他传达的意思；如果只说不笑，对方就会感觉你的问候不是发自内心的。

（三）微笑与身体的结合

在微笑的同时运用身体语言能够相得益彰，给对方以最佳的印象。

二、微笑训练

微笑不需要任何投入，但是并不是所有的人都会微笑，平常应加强微笑的训练，让大家能看到你发自内心的微笑。

要想呈现出真诚的微笑，我们首先要做心理上的训练：当你练习微笑的时候，心里可以想象着你最喜欢的人站在你的面前，这个人可以是你的父母、你的爱人或者你的孩子，你满眼含情地注视着他（她），心中充满了喜悦，你对着对方笑了，笑得那么真诚，那么自然，对方看到你的微笑后，也能够感到安全和温暖。

有了发自内心的情感积淀，我们就可以练习如何微笑了，可以采用两步训练法：

第一步叫眉开眼笑，用手遮住自己的鼻子和嘴，只露出眼睛，练习让自己的眼睛笑起来。这时眼角是微微上提的，眉头也一定是舒展的，就是我们说的眉开眼笑。练会了这一步，即使你戴着口罩，照样能把你的笑容传递出去。

第二步叫嘴角上翘，面对镜子，摆出“一”字口型，用力抬高嘴角两端，下唇迅速与上唇并拢到不露齿的程度。经过嘴角上扬的练习，大多数人都可以在与人接触时，嘴角保持自然上扬状态，显得更加年轻、柔和。

这个练习不但会让你笑得更美，而且原本有下垂趋势的面颊肌肉经过一段时间的练习后，也会比以前更紧实，既让你看上去更自信、开朗，又达到了美容的效果。

你也可以咬住一根筷子，露出上排牙齿，再用双手按住两颊肌肉，调整嘴角上扬的角度，直到你认为是最好的位置为止。然后把筷子拿掉，最美丽的微笑一般是露出六颗到八颗牙齿，注意不要露出牙根，看看镜子，这就是你最理想的微笑表情。

技能训练

微笑训练

（1）同桌、同学之间互相通过一些笑话或有趣的动作使对方发笑。

（2）通过回忆美好的往事引发微笑。

（3）通过一些相似的发音口型（如“一”“茄子”“呵”“哈”等），找到适合自己的最美的微笑状态。

（4）每一次课前早到一会儿，与老师、同学微笑寒暄。

下篇　应用篇

我们每天都在沟通。在家里，我们与父母沟通；在学校，我们与同学沟通，与老师沟通；在日常生活中，我们与陌生人沟通；在工作中，我们与同事沟通，与上级沟通，与下级沟通，与客户沟通。沟通无时无刻不在进行着，在我们的工作和生活中扮演着相当重要的角色。

情境一

演讲沟通技巧

知识目标

1. 掌握命题演讲的技巧；
2. 掌握即兴演讲的技巧；
3. 掌握论辩演讲的技巧。

能力目标

1. 具备命题演讲的能力；
2. 具备即兴演讲的能力。

素养目标

用不同的演讲主题开展爱国、爱党的理想信念教育。

能力测试

考考你的演讲能力

1. 演讲的前一天晚上，你会：

A. 特别激动，睡不好觉

B. 睡觉之前把演讲稿认真地复习两遍

C. 和平时一样，照常休息

2. 走进演讲比赛的现场，你感觉：

A. 气氛压抑，手心出汗

B. 刚开始时很紧张，但过一会儿之后情绪平稳了很多

C. 完全不紧张

3. 如果前面的演讲者表现精彩，你会：

A. 觉得自己希望不大，想放弃　　B. 硬着头皮上，不管那么多

C. 在心里告诉自己：我比他讲得更好

4. 马上轮到你上场时，你会：

A. 心跳加速，脑中一片空白　　B. 掏出演讲稿再看一遍

C. 认真整理思路，准备从容上场

5. 当前面的选手演讲时，你会：

A. 完全不听，只看自己的演讲稿　　B. 边听边看自己的演讲稿

C. 认真倾听，并据此补充自己演讲稿中的不足

6. 上场前，朋友的安慰：

A. 只会使自己更紧张　　B. 对自己没有什么帮助

C. 让自己信心倍增

7. 走上演讲台时，你一般：

A. 没有任何感觉　　B. 感觉很勉强

C. 充满自信

8. 演讲时，你对演讲稿的内容：

A. 照搬照背，有时甚至卡壳忘词　　B. 顺畅地将其全部说出来

C. 根据现场的情况适当地增删

9. 演讲前精心设计的手势动作：

A. 因为过于紧张，忘了用　　B. 因为不好意思，最终没有做

C. 按预先的设想全部完成

10. 演讲结束后，你认为自己的表现：

A. 糟糕透了，很失败　　B. 无所谓，讲完就行

C. 认真总结自己的经验教训

解析：

1. 如果你选择的 C 为 8～10 个，说明你具备良好的心理素质，无论是在心理上还是在演讲技巧上，你都能做到游刃有余，自如地表达自己的思想、情感，而且条理清晰、轻松自然。你具有一定的现场感，知道如何根据听众的情况适当调整自己的演讲方式，你现在要做的就是如何使自己的演讲技巧更上一层楼。

2. 如果你选择的 C 为 5～7 个，说明你心理素质一般，有一定的演讲经验。你总有些心理障碍无法克服，对自己不是很自信。你具备一些演讲素质，但还没有充分地发挥出来。演讲前的准备工作你还没有做到最好，对演讲稿的把握你不是特别有信心，你需要努力克服自己的紧张情绪，相信自己是优秀的，做好充分的准备迎接下一次的演讲实战。

3. 如果你选择的 C 为 1～4 个，说明你的心理素质较差，演讲能力有待提高。你的应变能力和心理承受能力都很弱，演讲对于你来说是一座高不可攀的山。你要在平时注重积累、加强练习，这是一个长期的学习目标，你应从心理上克服对演讲的惧怕，把演讲看作一件平常事。

子情境一　命题演讲的技巧

情景导入

陶行知的开场白

有一次，陶行知先生在武汉大学演讲，走上讲台，他不慌不忙地从箱子中拿出一只大公鸡，台下的听众全愣住了，不知陶先生要干什么。陶先生从容不迫地又掏出一把米放在桌上，然后按住公鸡的头，强迫它吃米，可是大公鸡只叫不吃。怎么才能让鸡吃米呢？他又扳开鸡的嘴，把米硬往鸡的嘴里塞，大公鸡拼命挣扎，还是不肯吃。陶先生轻轻地松开手，把鸡放在桌子上，自己向后退了几步，过了一会儿，大公鸡自己就吃起米来。这时陶先生开始演讲："我认为，教育就跟喂鸡一样，先生强迫学生去学习，把知识硬灌给他，他是不情愿学的，即使学也是食而不化，过不了多久，他还是会把知识还给先生的。但是如果让他自由地学习，充分地发挥他的主观能动性，那效果将一定会好得多！"台下一时间掌声雷动，为陶先生形象的演讲开场白叫好。

问题与思考：

1. 陶行知演讲的开场白吸引人的地方在哪里？
2. 演讲时可采用哪些技巧以取得最佳的演讲效果？

命题演讲是根据既定的题目或限定的主题范围，事先做了充分准备的演讲。开幕词、闭幕词、报告会、各种集会上的讲话，乃至课堂演讲等都属于命题演讲。

一、命题演讲的特点

（1）严谨性。命题演讲有较充分的准备，无论是主题的确定、材料的选择、演讲稿的设计还是演讲过程，都是周密安排的。

（2）稳定性。命题演讲的内容是事先确定的。在临场演讲时，演讲者一般按照写好的演讲稿演讲，它所受时境的限制较少，内容因时境而变化的可能性也相对要少一些。

（3）针对性。命题演讲的"题"总是有针对性的，即听众关心的热点问题，"题"是有所指的。

二、写好演讲稿

（一）演讲稿的格式

演讲稿的一般格式包括题目、称谓、正文、署名和日期。

沟通故事

丁肇中的演讲

各位朋友：

得到诺贝尔奖，是一个科学家最大的荣誉。我想借这个机会向发展中国家的青年们强调实验工作的重要性。

中国有句古话："劳心者治人，劳力者治于人。"这种落后的思想，对发展中国家的青年们有很大的害处。由于这种思想，很多发展中国家的学生都倾向于理论研究，而避免实验工作。事实上，自然科学理论不能离开实验的基础，特别是物理学是从实验中产生的。我希望我这次得奖，能够唤起发展中国家的学生们的兴趣，从而认识到实验工作的重要性。

故事启发：

这篇演讲稿只有三部分：标题、称呼、正文，是一篇典型的演讲稿，因为它是在大会上宣读的，不便读出署名和日期。但按演讲稿的规范化格式要求，它缺少署名和日期。

另外，当众演讲要注意礼仪，所以经常要有问候语，比如开头说："大家好"，结束的时候说："谢谢大家"。

（二）写演讲稿的要求

一要了解对象，把握热点问题。写演讲稿，首先要了解听众是哪些人，他们的思想状况、文化程度、职业状况怎样；其次要了解听众的心理、愿望和要求，特别是他们所关心和迫切需要解决的问题是什么。只有这样，才能确定讲什么和怎么讲，才能从实际出发，写出有针对性的演讲稿。这样的演讲稿才能切合实际，达到宣传、交流的目的。那么，什么是热点问题呢？热点问题即听众普遍关心的问题。如果演讲者讲的是听众感兴趣的话题，那自然会使演讲增添魅力；反之，听众则不感兴趣。

二要有正确、鲜明的中心。主张什么、反对什么，要旗帜鲜明，全篇必须紧紧围绕一个中心展开说理，使中心鲜明突出。

三要有感人的典型材料。一篇演讲稿的中心，要依靠典型的、感人的事例来阐明。只有用真实动人的事例展开说理，体现中心，才有说服力。

四要语言通俗、生动。演讲稿只有用通俗的语言，才能使听众听得懂、能理解，从而达到宣传教育的目的。演讲稿的语言要生动，要把抽象的道理具体化，把概念的东西形象化，这样才能吸引听众。

五要注意内容安排的变化。演讲稿要写得张弛有度、有起有伏，这对于唤起听众的兴趣、集中听众的注意力是非常有必要的。

（三）演讲稿的写作

（1）标题：醒目、有吸引力。

（2）称谓：得体，要兼顾在场的每一个人。称谓得体体现出对听众的尊重。

（3）正文：包括前言、主体和结尾。前言旨在构建演讲的坡道，通过讲故事、提问等方式寻找与听众的连接；主体旨在阐述发现，一般围绕演讲要点、演讲中心和道理展开；结尾要给听众送上一份“礼物”，可以运用励志话语、幽默笑话、解答开场问题等途径结束演讲。

（4）署名和日期。

三、演讲的基本要求

写好演讲稿，仅仅是演讲的准备阶段。演讲成功与否取决于“讲”和“演”，即口头表达过程。演讲成功取决于以下几个方面：正确运用有声语言；适当运用态势语言；恰当运用应变技巧；演讲者的形象设计。

（一）正确运用有声语言

首先，读音要正确、清楚。这就是要求声音表达科学化。如果字音不对或语音不标准，听众听不明白，难以理解。

其次，声音要清亮、圆润。它要求声音表达要艺术化，增强演讲的魅力。

最后，声音要富于变化。人的耳朵总是听到同一种持续的音调，会感到呆板、厌烦，影响对所听内容的接受与理解。声音的变化，不仅是听众的要求，也是演讲者表达思想感情的要求。在声音的变化中，有两点需要注意：一是思想感情的变化要与声音变化统一，做到“以情发声”“以声带情”，声情并茂。二是声音要有节奏韵律，比如声音的高低、快慢、实虚、收放的变化，而且在演讲时忌讳“一气呵成”，要懂得适时地停顿，以引发听众思考。

课堂互动

用下列不同语气表达“你真是好人”这句话。

- 由衷赞扬。
- 憎恨厌恶。
- 欢喜愉悦。
- 讥讽嘲弄。

（二）适当运用态势语言

用眼睛、面部表情、手势动作来增强有声语言的表达力。演讲者上台及下台时，应面带微笑，充满自信地站起来，挺胸收腹抬头，神态自如地走到台前，然后面对众人静场片刻。定势沉稳，听众会眼前一亮，增加听的兴趣，也会使演讲者受到感染。步态慌乱，大步流星，上台没站稳就开始演讲，动作缓慢，手足无措，都会给人留下不好的印象，演讲者自己也缺乏信心。在演讲过程中，演讲者要做到姿态端正，挺胸收腹抬头，自然站立，双手下垂，目光亲切自然。

小资料

1. 演讲时正确的站立方法

(1) 平分式。

脚是底盘，站时立稳；两脚平分，肩宽相等。

(2) 稍息式。

一脚稍前，一脚稍后；调换重心，减轻疲劳；

动要在理，动有规律；肯定向前，否定向后；

叙述、描写，左右移动；生理调整，需在间隙。

2. 演讲时正确的手势动作

手指、手掌、拳头、手臂运用恰当，形象有力。

抚胸握拳，抒发情谊；用手比画，象形模拟；

伸直手指，指示方向；手臂上展，象征美景；

向内向上，积极肯定；向外向下，消极否定；

不可不动，不可乱动；单手双手，因情而定。

（三）恰当运用应变技巧

(1) 失误。演讲中说错话，如果不影响问题的表达，听众又听不出来，可不必去纠正。如果是关键性的问题，那就必须给予纠正。最好的办法是按照正确的话再讲一遍，听众也就明白了。例如：北京师范大学李燕杰教授在一次讲话中，由于失误，说错了一句关键性的话，话音未落，他便觉察到了，于是他就自问自答地说了一句："这句话是对的吗？不对。"然后他又按正确的说法说了一遍。这种纠正失误的办法，反映了演讲者的应变能力。

(2) 兴趣转换。当你讲到一个自己认为非常重要且需要详细讲述的问题时，一个你认为不需要详细讲的小问题却引起了听众的兴趣和关注。这时，千万不要按计划讲，否则听众会不满意，会不愿意听，这必然影响演讲效果。正确的做法是不回避听众感兴趣的问题，继续讲下去，这样再讲到原来的问题，听众也会感兴趣。

(3) 反应冷漠。在演讲中，或由于时间、环境的原因，或由于内容、方法的原因，演讲引不起听众的兴趣，听众出现困倦、交头接耳甚至开小会的局面。这时，演讲者切不可一意孤行地讲下去，而要根据具体情况采取应急措施。比如，听众对你讲的某部分不感兴趣，那么你就当机立断压缩这部分内容。如果听众有些懒散，注意力不集中了，你可以设置一些悬念，激发听众的兴趣，调动听众的情绪，也可以采用提问的方法，如"这是为什么呢？""这个问题怎么解决呢？"等，促使听众产生积极的思维活动。

(4) 收到条子。听众在听讲中，总是根据自己的理解，向演讲者提出自己不同的看法、要求和各种问题，这是正常的，是听众认真听讲、肯思索的表现，演讲者必须报以欢迎的态度。条子递上来了，最好的处理办法是暂时放在一边，如果看，不仅打断演讲的思路，也会分散听众的注意力。待讲完后再看条子，根据听众提出的问题一一作答。回答问题时要实事求是，能答就答，不能答就说明情况，不应不懂装懂。

（四）演讲者的形象设计

演讲者的形象要与演讲内容及演讲者职业协调一致。同一个内容，面对学者与青年学生，服饰不应一样；面对教师与农民，服饰也应有别。健康、自信、得体的形象定会为演讲增添光彩。

沟通素养

青春是用来奋斗的

尊敬的老师、亲爱的同学们：

大家好！今天我演讲的题目是“青春是用来奋斗的”。

青春，是生命中最璀璨的季节，它如同一幅绚丽多彩的画卷，等待我们用奋斗的笔触去描绘；它似一首激昂澎湃的歌曲，需要我们以拼搏的旋律去奏响。2013 年 5 月，习近平总书记同各界优秀青年代表座谈时寄语：“现在，青春是用来奋斗的；将来，青春是用来回忆的。”这句话，如同一盏明灯，照亮了我们青春前行的道路，深刻地诠释了青春的意义与价值。

奋斗的青春，能让我们在困境中突破自我。看看历史长河里的榜样，马克思在特里尔中学毕业之际，就立下为人类幸福而工作的志向，此后一生都在贫困与疾病中为共产主义理论奋斗；青年时期的毛泽东，离开韶山冲，“孩儿立志出乡关，学不成名誓不还”，在艰难时局中探索救国救民之路。他们的青春，没有安逸享乐，而是直面风雨，在奋斗中打破困境的枷锁，最终成就了伟大的事业。青春时期的每一次挑战、每一次困境，都是成长的契机，只要我们敢于奋斗，就能在泥泞中踏出坚实的脚印，在荆棘中开辟出属于自己的道路。

奋斗的青春，能助力我们实现人生理想。当代，无数青年用奋斗书写着精彩人生。“天问一号”探测器成功着陆火星的背后，是一群平均年龄 30 岁的航天科研人员，他们日夜钻研、反复试验，用智慧与汗水将中华民族的飞天梦想推向更遥远的深空；在脱贫攻坚的战场上，许多年轻干部扎根基层，与群众并肩作战，用脚步丈量土地，用实干改变贫困面貌，让青春在乡村振兴中绽放绚丽之花。他们都在用行动证明，青春不是用来蹉跎的，唯有奋斗，才能将理想的种子浇灌成参天大树，让人生在追逐梦想的征程中熠熠生辉。

奋斗的青春，还能让我们在时代浪潮中贡献力量。如今，我们正处在一个伟大的时代，科技飞速发展，社会日新月异，时代赋予了我们新的使命与责任。作为新时代的青年，我们的青春奋斗，不应仅仅局限于个人的小天地，更应与国家、民族的命运紧密相连。无论是投身科技创新，为突破“卡脖子”技术而拼搏；还是致力于文化传承，让中华优秀传统文化在新时代焕发生机；又或是参与社会公益，为构建和谐社会添砖加瓦，都是我们奋斗的方向。青春因奋斗而升华，当我们将个人奋斗融入时代发展的洪流，就能汇聚成推动社会进步的磅礴力量。

同学们，青春的时光稍纵即逝，莫等闲，白了少年头，空悲切。让我们以梦为马，不负韶华，在青春的赛道上奋力奔跑。用奋斗去谱写青春的每一页篇章，用汗水去浇灌青春的梦想之花。相信多年后回首，我们会骄傲地说：“我的青春，奋斗无悔!”

谢谢大家!

子情境二　即兴演讲的技巧

情景导入

主持人的机敏

某节目主持人在一次演出中，下台阶时摔倒了。但她非常沉着地爬了起来，对台下的观众说："真是人有失足，马有失蹄。看来这次演出的台阶不那么好下呢！但台上的节目会很精彩的，不信，你们瞧他们。"

主持人这段非常成功的即兴演讲，以敏捷的反应、幽默的语言和适时的话题转移，使自己摆脱了难堪，也显示出她非凡的口才。以致她话音刚落，会场就报以热烈的掌声。

问题与思考：

1. 你认为主持人的这段话是否精彩？
2. 如果你是这位主持人，你会作何反应？

即兴演讲又称即席演讲或即时演讲，它相对于命题演讲而言，指演讲者在某种特定的情境或某种特定的人物、气氛的激发下，兴之所至，在事先没有准备或没有充分准备的情况下有感而发的临时性演讲。如各种大小会议上的开场白、总结致辞；各种生日祝词、婚庆祝词、开业庆典祝词、节日祝福、迎送答谢词；各种集会、座谈、谈判、聚会上的即兴讲话。日常生活中的介绍和自我介绍、应聘面试、新上任时的发言、刚参加工作与领导同事间的简短沟通、交流寒暄等，虽然不算严格意义上的即兴演讲，但和即兴演讲一样，由于它们在表情达意方面的针对性、快捷性、真切性，适应了快节奏、高效率的现代社会生活需要，因此也备受群众的欢迎。

一、即兴演讲的特点

（1）话题集中，针对性强。一般是对近期或眼前情况有感而发的，因此话题内容选取角度较小，说明、议论求准、求精、求新。

（2）临场发挥，直陈己见。即兴演讲不像命题演讲事先拟好讲稿，也不像辩论演讲事先进行模拟训练，演讲者往往是当场打腹稿，即席讲话，故说情况、讲道理、表看法、提意见很少绕弯子。即兴演讲切忌观点模棱两可、晦涩艰深，令人不知所云。

（3）生动活泼，短小精悍。即兴演讲应贴近生活实际，短小精悍，简明扼要，时间一般控制在1～5分钟，有的甚至只有一两句简短的话。即兴演讲应具有思想性、趣味性、知识性，忌讳冗长杂散、啰唆重复、不着边际的官话、空话。

沟通故事

业务书评授奖大会上的即兴演讲

在上海市“钻石表杯”业余书评授奖大会上，一位同志的即兴讲话是这样的：“今天，我参加‘钻石表杯’业余书评授奖会，我想说的一句话是：钻石代表坚韧，手表意味时间，时间显示效率。坚韧与效率的结合，这是一个人读书的成功所在，一个人的希望所在。”

故事启发：

这位同志的即兴演讲非常短小精悍、简明扼要，却寓意深刻。

二、即兴演讲的技巧

即兴演讲的技巧

进行即兴演讲既需要多方面的知识素养，又需要敏捷的思维能力、快速的语言表达能力和应变能力。

（一）恰当的准备技巧

（1）知识素养准备：演讲者的知识积累、兴趣爱好、阅历修养与演讲的成功有着紧密的关系。“巧妇难为无米之炊。”许多演讲者感到演讲的最大困难在于没有演讲材料。这就要求我们平时做有心人，家事、国事、天下事，事事关心，广泛地阅读、收集和积累材料。

课堂互动

1. 请分别以“珍惜时间”“奉献青春”“珍爱生命”“和平万岁”为主题，收集名人名言、故事、古今中外的人物的典型事例。

2. 请收集有关亲情、爱情、友情的古今诗词各 5 首，并背诵下来。

（2）临场观察准备：演讲者要尽快观察、熟悉演讲现场，及时收集、捕捉现场的所见所闻，包括现场环境（时间、地点、场景布置），听众及其他演讲者的演讲等，以确定自己的话题，增加演讲的即兴因素。

（3）心理素质准备：即兴演讲既然是有感而发，演讲者就要有稳定的情绪、十足的信心、必胜的信念，这样才能保证思路通畅、言之有物、镇定从容。

（二）快速思维的技巧

临场性决定了即兴演讲者必须具有较强的快速思维能力。快速思维即快速组织语言，实际上就是一个快速创作、打腹稿的过程。

其技巧主要表现为：“三定”“四思”“五借”。

（1）“三定”：定话题，定观点，定框架。定话题即应选择你想说的，观众想听的，你能讲的，社会生活需要的话题。定观点即应确立明确精练、正确深刻、为大家所能接受的言之有理的观点。定框架有两种模式，一是开门见山式，方法是：先亮出主题，然后对主题作较详细的论证和分析说明。二是曲径通幽式，方法是：先举例，再叙主旨要点，再说理由，进行论证分析。

（2）“四思”：逆向思维，纵深思维，发散思维，综合思维。逆向思维是指从相反方向思考问题，即一反传统看法，提出与之相对或相反的观点。但要注意观点必须持之有据，能够自圆其说。纵深思维是指从一般人认为不值得一谈的小事，或无须作进一步探讨的定论中，发现更深一层的被现象掩盖着的事物本质，即“透过现象看本质”。发散思维是指从同一问题中产生各种各样的为数众多的答案，在处理问题中寻找多种多样的正确途径，多端、灵活、精细、新颖是它的特点。综合思维是前面三种思维的综合运用。事实上我们在思考问题时，一般情况下都是将各种思维综合在一起使用的。

（3）“五借”：借题发挥，借人发挥，借物发挥，借事发挥，借景发挥。借的东西很多，五借是泛指。它要求演讲者要善于观察现场，获取信息。

沟通故事

闻一多的借景发挥

1945 年 5 月 4 日，云南大学、中法大学等校的大学生，在云南大学的操场上举行纪念五四运动大会。会议开始不久，天便突降暴雨。一些学生离开会场避雨去了，会场秩序大乱。这时，闻一多迎着暴雨站在台上高呼：“热血的青年们过来！继承五四精神的热血青年站起来！怕雨吗？我来讲个故事：今天是天洗兵！武王伐纣那天，陈师牧野的时候，军队正要出发，天降大雨，于是领头人说，此天洗兵，把蒙在甲胄上的灰尘洗干净，好上战场攻打敌人。今天，我们集合起来纪念五四运动，天下雨了，这也是天洗兵，不怯懦的人上来，走近来！勇敢的人走拢来！”

故事启发：

闻一多这段即兴演讲的开场白，成功地借用了“景”（雨），引出武王伐纣的故事——“天洗兵”的壮志豪情，进而号召青年们继承“五四”光荣传统，经受暴雨的洗礼，做一个坚强的民主革命战士。这段开场白既切景、切情，又切合大会的宗旨，颇具鼓动力、号召力。由此来看，即兴演讲的开场白要想取得好效果，就要善于借“兴”而发，“兴味”十足，才能精彩纷呈。

（三）表达技巧

（1）四种表达技能：一是散点连缀。在即兴演讲前紧张地选材构思时，人的头脑中会出现很多散乱的思维点，演讲时要捕捉这些思维点，从这些点的关系中确定一个中心，并用它连缀这些点，与主题无关的全部舍去，当表达网络形成后，就可以开始演讲了。二是模式构思。用我们前面所讲的两种模式作框架，使自己的表达有条理。三是扩句成篇。即开门见山的构思方法，但也要将思路理清，注意逻辑明晰。四是借题发挥。

（2）五注重：一是注重开头和结尾，开头要引人入胜，结尾要耐人寻味；二是注重内容，内容要言之有物，蕴意深刻；三是注重语言形式，以口语短句为主，巧用比喻、排比、设问、反问、引用、反复等修辞手法，注意过渡词、句、段的使用，加强衔接，防止语言陋习，不用粗话和方言；四是注重语调有激情，把握好语调的抑扬起伏；五是注重演讲者的形象，防止不良陋习。

三、即兴演讲者应具备的素质

（1）一定的知识广度。只有学识丰富的人，才能在短暂的准备时间内从脑海中找到生动的例证和恰当的词汇，使即兴演讲增添魅力。这就要求演讲者具备一定的专业知识，并能了解日常生活知识，如风土人情、地理环境等。

（2）一定的思想深度。这是指即兴演讲者对事物纵向的分析认识能力。演讲者应能宏观地把握内容，通过表层迅速深入事物本质，形成一条有深度的主线，围绕着丰富的资料，连贯成文，以免事例繁杂、游离主题。

（3）较强的综合材料的能力。即兴演讲要求演讲者在很短的时间里，把符合主题的材料组合在一起，故演讲者应具备较强的综合能力，有效地发挥出其知识的广度和思想的深度。

（4）较高的现场表达技巧。即兴演讲没有事先精心准备的演讲词，临场发挥是特别重要的。演讲者在构思初具轮廓后，应注意观察场所和听众，摄取那些与演讲主题有关的人物或景物，因地设喻，即景生情。

（5）较强的应变能力。即兴演讲由于演讲前无充分准备，在临场时容易出现意外，如怯场、忘词等现象。遇到这种情况，只有沉着冷静、巧妙应变，才能扭转被动局面，反败为胜。

四、即兴演讲的注意事项

（1）保持警觉，选准话题。无论参加什么会议，即兴演讲者都要始终全神贯注，对会议的主题、讨论的具体题目、争论的焦点等都有很强的警觉性和思想准备。有了思想准备，还必须寻找一个好的话题，而准确的话题来源于对会议有关情况的熟悉与掌握。

（2）抓住话题，组合材料。确立了话题就要抓住不放，进而紧扣话题、精心组织材料进行论证。即兴演讲无法事先做充分准备，完全依靠即兴抓取材料，其来源一是平时的知识积累，二是眼前的人和事，应以后者为主。即兴演讲者如过多地引用间接材料，往往会失掉即兴演讲的现实感和针对性，起不到应有的作用，只有多联系现场的人和事，才能紧紧抓住听众的注意力。

（3）情感充沛，以情夺人。要使听众激动，演讲者自己先要有激情。演讲者动了真情，才能喜怒哀乐分明，语言绘声绘色，从而感染听众，达到交流情感的目的。

（4）语言生动活泼。要根据听众的知识结构和文化修养，选用不同风格的语言。

对一般听众的演讲可选用朴素的语言，而对文化素养较高的听众则可选用高雅的语言。这就要求演讲者平时要善于学习人民群众中生动活泼的语言，学习古人语言中有生命的东西。

（5）短小精悍，逻辑严密。即兴演讲多是在一种机动的场合下进行的，没有人乐意听长篇大论，因此必须短小精悍。短小就篇幅而言，精悍就内容而言。即兴演讲不能像命题演讲那样讲究布局谋篇，但也要结构合理、详略得当，要有快的节奏风格和一气呵成的气势，切忌颠三倒四、离题万里、拖泥带水。

子情境三　论辩演讲的技巧

情景导入

鲁迅的据理力争

鲁迅在厦门大学研究院任教时，校长林文庆常克扣办学经费、刁难师生。一次，林把研究院负责人和教授都找来开会，提出要将经费再减掉一半，大家听后纷纷反对，可是又说服不了林。林怪声怪调地说："关于这件事不能听你们的，学校的经费是有钱人拿出来的，只有有钱人，才有发言权！"说完后，林洋洋得意地双手一摊，在场的人都怔住了，面面相觑，无话反驳。突然，鲁迅站了起来，从口袋里摸出两个银币，"啪"的一声放在桌上，铿锵有力地说："我有钱，我也有发言权！"鲁迅借林的话随机应变，冷不防的反驳使林措手不及。接着，鲁迅慷慨陈词，大谈经费只能增不能减的道理，一款一项，有理有据，林文庆被驳得哑口无言。

问题与思考：

1. 在人们的日常生活中，辩论有着怎样的用途？
2. 辩论的技巧有哪些？如何灵活地运用这些技巧？

论辩演讲是观点对立的双方就一个有争议的问题，以驳倒对方的观点、树立己方观点为目的的口才训练的高级形式。

一、论辩演讲的特点

（1）对抗性。辩论双方所持的观点往往是针锋相对、非此即彼的，这种认识上的矛盾性就成为双方对抗争论的焦点。同时，辩论双方要面对面地进行争论，各抒己见，努力论证自己的观点、批驳对方的观点，呈现出一种攻与守的对抗状态。

（2）逻辑性。辩论时需要根据人们的逻辑思维习惯摆事实、讲道理，用已知的概念和判断推出预计的结论。因此辩论最常用的方法就是逻辑推理，找出对方论证逻辑上的漏洞比任何否定都更彻底，逻辑是辩论的生命。

（3）策略性。辩论中要想捍卫自己的观点、令对方信服，就需要讲究方式方法，讲究策略，怎样进攻、怎样防守、怎样反击才能克敌制胜，使真理得到传播，需要巧妙精心的策划。

（4）临场性。辩论的进程是受到辩论双方制约的，任何一方都不能绝对左右谈话的内容和进展，只能在辩论现场听取了对方的发言之后灵活处理、随机应变、临场发挥。此外，辩论者临场的竞技状态与现场气氛对辩论过程和结果也会产生影响，比如辩论者的身体状况、心理倾向、个人喜好、意外变故等都会使辩论形势发生变化。

（5）紧张性。辩论双方要在有限的时间里辨明是非、决出胜负，就需要做到进攻迅猛快捷，迅速捕捉信息并做出反应，不容许有丝毫的犹疑。思维节奏和语言节奏都是比较快的，因此现场气氛严肃、紧张而又激烈。

（6）犀利性。辩论的语言风格是简洁明快、犀利有力，这是由辩论的对抗性特点所决定的。为了发挥出强烈的攻击力，说理要入木三分，批驳要直言快语，语气要铿锵有力，从气势上压倒对方，赢得听众。

二、辩论前的准备工作

（一）提出合理的论点

正确合理的论点是辩论获胜的基础。论点正确使对方难以找到辩驳的缺口，使己方增添获胜的信心。确立论点要注意科学全面，要符合辩证法的原则。任何事物都有正反两面，而且时刻处于运动变化之中，美与丑、真与假、善与恶是相对的、有条件的，我们对事物的认识不能绝对化，否则就会犯主观片面的错误，应在一定条件下谈论其正确性与合理性。

（二）收集有利的材料

辩论中需要收集大量的材料来作为己方观点的支柱和驳斥对方观点的武器。辩论材料有以下几个方面的要求：一是要典型，否则不仅起不到论证的作用，反而会给对方反击的机会；二是要真实，虚假的或假设的材料是不堪一击的，真实才可信，才有说服力；三是要有现实性，生活中发生过的、人们所熟悉的材料易于被理解，能够引起共鸣，并使对方无从否定；四是要有权威性，是指辩论材料最好选择那些已被实践证实是正确的材料，这样的材料可信度高、驳击力强；五是材料要丰富，材料越丰富，论点的支柱就越坚实。辩论者应广泛收集材料，古今中外触类旁通，事例、数据、名人事迹、名人言论等都可成为我们信手拈来的武器。

（三）充分估计对方形势

辩论双方是就同一个问题展开对抗，双方都需要寻找于己有利的论点、论据、论证，基于这一点，一方可以推测出另一方的战略战术，以便设计对策有备而战，增加获胜的把握。因此，要站在对方的立场作深入的探究。估计对方可能提出的论点，论点中的概念和判断的内涵、外延和科学逻辑性如何；估计对方可能占有的论据，论据的真实性、概括性和适用范围如何；估计对方可能使用的论证方法，论证的严密性如何等。对这些问题进行细致的分析有助于找出对方的破绽，研究相应的对策。同时要揣摩对方的个性、心理。在有条件的情况下，对对方的辩论人员进行一些了解也有助于知己知彼。例如，通过观看对方其他场次的比赛来了解他们的个性、心理素质、知识水平、语言风格、惯用的策略、弱点等情况，以便避长击短，合理安排我方人员，提早予以防备。

（四）设计严密的辩论战略

在辩论中要想取胜，只凭正确的论点、充分的材料还不够，还需考虑“怎么辩”的问题，即如何将我们所掌握的信息综合起来，得到合理的安排，使之发挥出最大的作用。因此，辩论前要对整个辩论过程作一番周密的计划。

一是要设计辩论程序，包括辩题论证的进程、攻守破立的时机、材料的分配、四位辩论人员的任务。

二是选择辩论方法。辩论方法的选择要根据论题的特点、攻守防卫的战术需要、双方交锋的形势等因素来确定。常用的辩论方法有归纳法、演绎法、类比法、反证法等。

三、辩论技巧

（一）进攻技巧

辩论的技巧

进攻主要是指主动发起对对方论点、论据、论证的驳斥。在辩论中经常组织有力的进攻能使己方处于主动地位，可加强气势，避免被动挨打，并能给场上评判和观众留下一种有实力、已占上风的好印象。常见的进攻技巧有：

(1) 先发制人，以攻为守。辩论一开始立即发起进攻，争取主动，给对方一个下马威，可以镇定自己的情绪，打乱对方的部署。

(2) 抓住错漏，穷追猛打，扩大影响。在辩论过程中对方不可能不出现失误，这是展开攻势的最好时机，要抓住漏洞猛追狠打，把对方逼进死胡同，不给其喘息和掩饰的余地。

常见的错误主要有：出现口误，正反颠倒；概念使用不当，名实不符，前后不统一；逻辑推理不正确，因果之间没有必然联系，或使用简单枚举法时论据片面等；队友之间的配合不好，出现观点前后矛盾的现象；引用不当，断章取义。

(3) 集中力量打开缺口。在双方势均力敌、难分胜负时，力量分散会使人疲惫、急躁、毫无进展，这时应该集中力量攻坚，选择对方相对比较薄弱的环节，紧密配合，志在必得，一旦对方无招架之力，便打开了缺口，增强了气势，确立了己方的主动地位，接下来的辩论就比较容易进行了。

(4) 迂回曲折，攻其不备。当强攻不下、正面无从下手时，应避开锋芒，迂回前进，寻找其他途径攻其不备。

（二）防卫技巧

辩论中的防卫有两方面的含义：一是指在对方进攻之前做好防护工作；二是指在对方进攻之后做好防御工作。前者是尽量不给对方可乘之机，后者是赶紧补漏，防止一损俱损。常见的防卫技巧主要有：

（1）加固“堡垒”，令对方望而却步。在获得了初步胜利时不能满足，而应进一步巩固成果，或不时地重复已公认的于己有力的证词进行强调，或补充新的材料，加固观点的支柱，将人们的支持牢牢地吸引到己方这边，总之要使对方在己方固若金汤的“堡垒”面前望而却步、攻而不下。

（2）借对方之“石”攻己之“玉”。辩论中矛盾的两方面是既对立又统一的，一个辩题正反两方的结论都有其相对的科学性及片面性。因此在辩论中有些材料变换一下角度即可为双方利用，如果能巧妙地借对方之“石”为己所用，便能收到很好的效果。

（3）紧密合作，互相补台。辩论中队友之间的互相配合非常重要，任何一个环节的失误都意味着整体的失败。队友间的默契配合无形中加固了自己的“堡垒”。首先，要及时对队友发言不够全面深入之处给予补充；其次，当队友出现错误时，要想法补台；再次，队友受到攻击时要立刻施救；最后，队友进攻顺利的话，要大肆宣扬，有所呼应，扩大战果。

（4）就地取材，获得“哗众取宠”效应。灵活的辩论者应较善于从现场寻找素材，这往往能获得强烈的反响。

（5）扬长避短，避重就轻。辩论中不宜在于己不利的问题上过多纠缠，否则会疲于应对，步步后退，而应扬长避短，在自己的强项上与之周旋。另外，面对对方的责难应避重就轻，避开严重的错误、致命的追问，对那些无伤大局的问题给予轻描淡写的回答后，便立刻转换话题，转入对自己有利的方面。

（三）反击技巧

有进攻就要有反击，只有瓦解了对方的攻势，才能确保己方的实力。面对对方的进攻，辩论者要冷静沉着，寻找反击的机会。

（1）针锋相对，接连提问。在激烈的语言交锋中，连珠炮似的提问犹如重磅炸弹的狂轰滥炸，会使对方应接不暇、进攻受挫，在心理上造成慌乱和紧张。

（2）反面事例，以一当十。事实胜于雄辩，面对对方的进攻，最好的办法是列举一些反面的、为人所熟知的事例，这些事例的客观性、真实性比一般理论都更有威力。

（3）善于类比，后发制人。对对方的责难，可用类比的方法进行逻辑推理，得出一个否定的结论，使对方的论证不攻自破。

（4）巧妙转移论题的矛盾焦点，进行反驳。在一次关于金钱是否万能的辩论中，有这样一段对话：正方：“有钱能买到布达拉宫吗?”反方：“没钱能建成布达拉宫吗?”这里双方就转移了论题的矛盾焦点。

（四）诱导技巧

诱导是指在强攻不下的情况下，巧妙地设计陷阱，诱“敌”深入。可以制造一些似乎对对方有利的条件，利用其急于求成的心理，引其就范；还可以以毒攻毒，利用对方已有的战术，但要注意不可露出破绽，不给对方仔细思索的余地，速战速决。

（五）语言技巧

辩论是以语言为武器进行交战的，要在较短的时间内讲清一个道理并要令人首肯，需要掌握一定的语言技巧。

（1）掌握好语流节奏，气势逼人。应根据观众的心理节奏掌握好语流节奏，做到抑扬顿挫、起伏有致，充分发挥语言的魅力。多用排比句、反问句、设问句、短句等，干脆有力，显得精彩雄辩。多用成语，既通俗易懂，又富于文采。注意利用停顿制造效果。

（2）语言生动形象，巧用修辞。辩论语言只有生动、形象、个性鲜明才有感染力，才能赢得喝彩。多用比喻，形象具体。多用大众化语言即口语化语言，凡是听众懂的俗语、歇后语、名言、格言都可采用。幽默耐人寻味、令人捧腹，一句笑话、一首打油诗都能表现出辩论者诙谐智慧、从容不迫的风度，掀起听众情绪的高潮。

（3）感情充沛，感染听众。辩论中辩论者应全身心地投入，应充满激情，用自己有声有色的语言技巧去感染听众，用感人之事、肺腑之言与听众进行情感交流，使人能从辩论者的举止言谈中感受到他对主持人和评判团的尊重之情，对听众和对方辩友的友好之情，对自己论点的坚信之情，从而获得好感、赢得支持。

总之，以上所列举的技巧都是要求辩论者既能遵从预先的设想，又能稳中有变、机智灵活。此外，辩论还应遵守良好的辩论道德，不胡搅蛮缠，不搞人身攻击，不抢话插话，应保持大方得体、宽容有礼的风度，使辩论真正成为人们思考问题、解决矛盾的文明手段。

技能训练

1. 任选下列一个场合，写一篇演讲稿：

（1）在同学的毕业送别会上；

（2）在“三好学生”的领奖台上；

（3）在新同学入学的欢迎会上。

2. 任选下面一题进行演讲：

（1）青年节即将来临，学校要组织一次纪念活动，请你以此为主题进行演讲，时间为 5 分钟。

（2）党的生日来临在即，校团委要组织一次“庆‘七一’”演讲活动，请你以此为主题进行演讲，时间为 5 分钟。

（3）“一二·九”纪念日就要到了，你所在的院系举办了一次演讲比赛，请你作为选手参加演讲比赛，时间为 5 分钟。

情境二

谈判沟通技巧

知识目标

1. 掌握谈判中入题、陈述、提问、应答、赞美等语言沟通技巧；
2. 掌握谈判中非语言沟通技巧及应用。

能力目标

1. 具备良好的语言沟通能力；
2. 具备灵活运用非语言沟通的能力。

素养目标

强化规则意识，培养公正意识和责任心。

能力测试

你的谈判能力如何？

1. 你认为谈判：

A. 是一种意志的较量，一定有输有赢

B. 是一种立场的坚持，谁坚持到底，谁就获利多

C. 是一种妥协的过程，双方各让一步一定会海阔天空

D. 双方的关系重于利益，只要双方关系友好必然带来理想的谈判结果

E. 是双方妥协和利益得到实现的过程，以客观标准达成协议可得到双赢结果

2. 在签订合同前，谈判代表说合作条件很苛刻，按此条件自己无权做主，还要通过上司批准。此时你：

A. 指责对方谈判代表没有权做主就应该早声明，以免浪费这么多时间

B. 询问对方上司批准合同的可能性，在最后决策者拍板前要留有让步余地

C. 提出要见决策者，重新安排谈判

D. 与对方谈判代表先签订合作意向书，取得初步的谈判成果

E. 进一步给出让步，以达到对方谈判代表有权做主的条件

3. 为得到更多的让步，或为了掌握更多的信息，对方提出一些假设性的需求或问题，目的在于摸清底牌。此时你应该：

A. 按照对方假设性的需求和问题诚实回答

B. 对于各种假设性的需求和问题不予理会

C. 指出对方的需求和问题不真实

D. 了解对方的真实需求和问题，有针对性地给予假设性答复

E. 找出对方真正的需求和兴趣，不要给予清晰的答案，并可将计就计促成交易

4. 谈判对方提出几家竞争对手的情况，向你施压，说你的价格太高，要求你给出更多的让步，你应该：

A. 更多地了解竞争状况，坚持原有的合作条件，不要轻易做出让步

B. 强调自己的价格是最合理的

C. 为了争取合作，以对方提出的竞争对手最优惠的价格条件成交

D. 提出既然竞争对手的价格如此优惠，你为什么不与他们合作的问题

E. 提出竞争事实，指出对方提出的竞争对手情况不真实

5. 当对方提出如果这次谈判你能给予优惠条件，保证下次给你更大的生意时，你应该：

A. 按对方的合作要求给予适当的优惠条件

B. 为了双方的长期合作，得到未来更大的生意，按照对方要求的优惠条件成交

C. 了解买主的人格，不要以“未来的承诺”来牺牲“现在的利益”，可以其人之道还治其人之身

D. 要求对方将下次生意的具体情况进行说明，以确定是否给予对方优惠条件

E. 坚持原有的合作条件，对对方所提出的下次合作不予理会

6. 谈判对方有诚意购买你整体方案的产品（服务），但苦于财力不足，不能完整成交。此时你应该：

A. 要对方购买部分产品（服务），成交多少算多少

B. 指出如果不能购买整体方案，就以后再谈

C. 要求对方借钱购买整体方案

D. 如果有可能，协助对方贷款或改变整体方案，改变方案时要注意相应条件的调整

E. 先把整体方案的产品（服务）卖给对方，对方有多少钱先给多少钱，所欠之钱以后再说

7. 对方在达成协议前，将许多附加条件依次提出，要求得到你更大的让步，你应该：

A. 强调你已经做出的让步，强调“双赢”，尽快促成交易

B. 对对方提出的附加条件不予考虑，坚持原有的合作条件

C. 针锋相对，对对方提出的附加条件提出相应的附加条件

D. 不与这种“得寸进尺”的谈判对手合作

E. 运用推销证明的方法，将已有的合作伙伴情况介绍给对方

8. 在谈判过程中，对方总是改变自己的方案、观点、条件，使谈判无休止地拖下

去。你应该：

A. 以其人之道还治其人之身，用同样的方法与对方周旋

B. 设法弄清楚对方的期限要求，提出己方的最后期限

C. 节省自己的时间和精力，不与这种对象合作

D. 采用休会策略，等对方真正有需求时再和对方谈判

E. 采用“价格陷阱”策略，说明如果现在不成交，以后将会涨价

9. 在谈判中双方因某一个问题陷入僵局，有可能是过分坚持立场之故。此时你应该：

A. 跳出僵局，用让步的方法满足对方的条件

B. 放弃立场，强调双方的共同利益

C. 坚持立场，要想获得更多的利益就得坚持原有谈判条件不变

D. 采用先休会的方法，会后转换思考角度，并提出多种选择等策略以消除僵局

E. 采用更换谈判人员的方法，重新开始谈判

10. 除非满足对方的条件，否则对方将转向其他合作伙伴，并与你断绝一切生意往来，此时你应该：

A. 从立场中脱离出来，强调共同的利益，要求平等机会，不要被威胁吓倒而做出不情愿的让步

B. 以牙还牙，不合作就去寻找新的合作伙伴

C. 给出供选择的多种方案以达到合作的目的

D. 摆事实，讲道理，同时也给出合作的目的

E. 通过有影响力的第三者进行调停，赢得合理的条件

计分方法：见表 3-2-1。

表 3-2-1　谈判能力测试计分方法

题号	1	2	3	4	5	6	7	8	9	10
A	2	2	4	10	4	6	10	4	4	10
B	3	10	3	6	2	2	4	10	6	2
C	7	7	6	5	10	6	8	3	2	6
D	6	6	7	2	6	10	2	6	10	6
E	10	5	10	8	5	3	7	7	7	7

解析：

1. 总分为 95 分以上：谈判专家。
2. 总分为 91～95 分：谈判高手。
3. 总分为 81～90 分：有一定的谈判能力。
4. 总分为 71～80 分：具有一定的谈判潜质。
5. 总分为 70 分以下：谈判能力不合格，需要继续努力。

子情境一　谈判中的语言沟通技巧

情景导入

农夫卖玉米

一个农夫在集市上卖玉米。因为他的玉米棒子特别大，所以吸引了很多买主。其中一个买主在挑选的过程中发现很多玉米棒子上都有虫子，于是他故意大惊小怪地说："伙计，你的玉米棒子倒是不小，只是虫子太多了，你想卖玉米虫呀？可谁爱吃虫肉呢？你还是把玉米挑回家吧，我们到别的地方去买好了。"

买主一边说着，一边做着夸张而滑稽的动作，把众人都逗乐了。农夫见状，一把从他手中夺过玉米，面带微笑却又一本正经地说："朋友，我说你是从来没有吃过玉米咋的？我看你连玉米质量的好坏都分不清，玉米棒子上有虫，这说明我没有用农药，我的玉米是绿色植物，连虫子都爱吃我的玉米棒子，可见你这人不识货！"接着，他又转过脸对其他的人说："各位都是有见识的人，你们评评理，连虫子都不愿意吃的玉米棒子就好吗？比这小的玉米棒子就好吗？价钱比这高的玉米棒子就好吗？你们再仔细瞧瞧，我这些虫子都很懂道理，只是在玉米棒子上打了一个洞而已，玉米棒子可还是好玉米棒子呀！"

他说完了这一番话后，又把嘴凑在那位故意刁难的买主耳边，故作神秘状地说道："这么大、这么好吃的棒子，我还真舍不得这么便宜就卖了呢！"

农夫的一席话，把他的玉米棒子个大、好吃、虽然有虫但是售价低这些特点都表达出来了，众人被他的话说得心服口服，纷纷掏出钱来，不一会儿工夫，农夫的玉米销售一空。

问题与思考：

1. 农夫在卖玉米的过程中，如何巧妙地运用语言使自己从不利转向有利？
2. 为什么说语言表达方式不同，效果会不同？

语言沟通在谈判中的作用非常大，运用得当与否，直接关系到自己一方在谈判中的实际位置，甚至整个谈判的成功或失败。

一、谈判中入题的技巧

掌握入题的技巧，是避免谈判时剑拔弩张气氛的有效途径。例如，采取迂回入题的办法，就可以消除这种尴尬状况，平复自己的情绪，使谈判气氛变得轻松、活泼，为谈判成功奠定一个良好的基础。

（一）从题外话入题

实际场景中，可用的题外话话题十分丰富，不必事先准备或刻意修饰，信手拈来即可，是一种简单、有效的入题技巧。

例如，可以谈谈关于气候的话题：“今天的天气真冷”“还是南方的温度比较适宜”等；可以谈有关旅游的话题：“广西桂林真是山水甲天下”。

（二）从客套话入题

如果谈判的一方为主人，则可以介绍一下自己的经历，或者谦虚地表示自己各方面照顾都不周，没有尽好地主之谊，请谅解等诸如此类的客套话。

（三）从介绍人员入题

从介绍人员入题，既可以缓解紧张的情绪，又往往能不露锋芒地显示己方强大的阵容，暗中给对方施加心理压力。例如，可以在谈判前，简要介绍一下己方人员的经历、学历、年龄、成果等，尤其要突出一些有实力的谈判人员。

（四）从介绍情况入题

为了达成合作的意向，在谈判开始前，可以先简略介绍一下己方的生产、经营、财务等基本情况，给对方提供一些必要的资料，以显示己方雄厚的实力和良好的信誉。这样既可以表明自己的坦诚，又能坚定对方进行合作的信心。

二、谈判中陈述的技巧

谈判的主要过程是陈述，陈述也是实现谈判目的的重要手段。在实际谈判过程中，谈判者必须对自身严格约束，不允许有任何自由主义作风。这就要求谈判者在陈述时既不能信口开河，又不能把对方想知道的情况都坦诚相告，还要准确地表达自己的观点与见解，并表达得有条有理、准确适宜。要做到这些，必须熟练掌握以下几点。

（一）转折语

转折语是谈判中陈述某种观点的技巧之一，谈判中如果遇到问题难以解决，或者有话不得不说，或者接过对方的话题转向有利于自己的方面，都要使用转折用语，如“可是”“但是”“虽然如此”“不过”“然而”等。转折语具有缓冲作用，可以防止气氛僵化，既不致使对方感到太难堪，又可以使问题向有利于己方的方向转化。

（二）解围语

当谈判出现困难，无法达成协议时，为了突破困境，给自己解围，可以运用解围语。例如，“行百里者半九十，最后的阶段是最难的啊！”“这样做，肯定对双方都不利。”这些解围语有时能产生较好的效果，只要双方都有谈判诚意，对方可能会接受你的意见，促使谈判成功。

谈判中的陈述技巧

（三）弹性语

所谓弹性语，是指在谈判中要根据对方的学识、气度、修养，随时调整己方的说话语气、用词。这是双方沟通思想、交流感情的有效方法。

其实，无论何种谈判，话不能说得太过，更不能说得太死，对不同的谈判者应说不同的话。如果对方很有修养，语言文雅，己方也要采取相似的语言，让人感觉谈吐不凡。如果对方语言朴实无华，那么己方用语也不必过多修饰。如果对方语言爽快，那么己方就无须迂回曲折，也应打开天窗说亮话，干脆利落地摊牌。

（四）结束语

谈话时所说的最后一句话与第一句话一样，常常能给人留下很深的印象。因此，在谈判中假如你以否定性话语来结束会谈，那么，这否定性话语会给对方一种不愉快的感受，并且印象深刻。同时，将会给下一轮谈判带来不利影响，甚至危及上一轮谈判中谈妥的问题或达成的协议。

所以，一般情况下谈判结束时对对方给予的合作应表示感谢，这既是谈判者应有的礼节，对今后的谈判也是有益的。例如："您在这次谈判中表现很出色，给我留下了深刻的印象。""你处理问题大刀阔斧，佩服，佩服！"

三、谈判中提问的技巧

提问是谈判中获得对方信息的一般手段。通过提问，除了可以从中获得众多的信息之外，还常常能发现对方的需要，知道对方追求什么，这些都对谈判有很大的指导作用。另外，提问还是谈判应对的一个手段，是谈判者机警的表现。

实践中，不同的谈判过程，获得信息的提问方式也不同。一般情况下，提问有以下几种方式：

（1）一般性提问，如"你认为如何？"等；

（2）直接性提问，如"谁能解决这个问题？"等；

（3）诱导性提问，如"这不就是事实吗？"等；

（4）探询性提问，如"是不是？""你认为呢？"等；

（5）选择性提问，如"是这样，还是那样？"等；

（6）假设性提问，如"假如……怎么办？"等。

除了方式不同外，还必须注意以下几个问题。

（一）提问题要恰当

如果按问题规定的回答方式能够得到使对方接受的判断，那么这个问题就是一个恰当的问题；反之，就是一个不恰当的问题。所以，在磋商阶段，谈判者要想有效地进行磋商，首先必须确切地提出争论的问题，力求避免提出含有某种错误假定或敌意的问题。

（二）问题要有针对性

这也就是说，一个问题的提出目的是要把问题的解决引到某个方向上去。在磋商阶段，一方为了试探另一方是否有签订合同的意图，谈判者必须根据对方的心理活动运用各种不同的方式提出问题。比如，当买主不感兴趣、不关心或犹豫不决时，卖主应问一些引导性问题："你想买什么东西？""你愿意付多少钱？""你对于我们的消费调查报告有什么意见？"提出这些引导性的问题后，卖方可根据买方的回答找出一些理由来说服对方，促成对方与自己成交。

（三）提问题必须审慎明确

审慎地运用问题，使你能轻易地引起对手的注意，使之对问题保持持久的兴趣。此外，经常地提出问题，你的对手会被引导到你所期望的结论上。由于提出问题是一个具有相当力量的谈判工具，因此在应用时必须审慎明确。问题决定讨论或辩论的方向，适当地提问常能指导谈判的结果。提问还能控制收集情报的多寡，并可以刺激对手慎重地考虑你的意见。为了答复你的问题，对手不得不想得深入一点——他会更谨慎地重新检测自己的前提，或是再一次评估你的前提。

四、谈判中应答的技巧

与提问相伴的就是应答，问与答构成了人们语言交流的重要形式。谈判中的问答，更是一个证明、解释、反驳或推销本方观点的过程。通常，同样的问题会有不同的回答，而不同的回答又会产生不同的谈判效果。在某种意义上甚至可以认为，不会回答，就等于不会谈判。因此，与“问”相似，“答”也要讲究原则和技巧。

在谈判中，人们应该遵循的应答原则有以下几种。

（一）给自己留有思考时间

为了对整个谈判有利，在面对对方的提问时，回答问题的谈判者应该给自己留一些思考的时间，搞清对方提问的真实意图，再决定自己的回答方式和范围，并预测在己方答复后对方的态度和反应，考虑周详之后再从容作答。否则，很容易进入对方预先设下的圈套，或是暴露本方的意图而陷于被动。

（二）慎重回答尚未理解的问题

在谈判中，答话一方的任何一句话都近似于一句承诺，一经说出，在一般情况下很难收回。同时，谈判者的提问中往往深藏“杀机”，这是提问者为了获取信息、占据谈判中的主动地位所致。所以，如果在不了解问话的真正含义之前贸然作答，就很可能会掉进对方设下的陷阱，把不该说的事情说出来。鉴于此，对于对方的提问一定要考虑充分，字斟句酌，慎重回答。

（三）回答时要有所保留，不可“全盘托出”

谈判中回答问题还有一个大的原则需要注意，即该说的就说，不该说的则不能说。换句话说，谈判者为了避免答复中的失误，可以自己将对方问话的范围缩小，或者对回答的前提加以修饰和说明，以缩小回答的范围。这是因为有些问题不值得回答，有些问题只需局部回答，如果不讲策略地“全盘托出”，就难免会暴露自己的底细。在这种情况下，提问的一方也就不再需要继续提问就获得了对他们有用的信息，而己方则会因此失去继续反馈交流的通道，导致己方在谈判中处于被动地位。

对此，在实际场景中可以这样应对：当对方提出问题，或是想了解己方的观点、立场和态度，或是想确认某些事情时，谈判者应视情况而定。如果是应该让对方了解，或者需要表明己方态度的问题，就要认真作出答复；而对于那些可能有损己方利益或无聊的问题，则不必作出回答。

（四）不给对方追问的机会

实践证明，在谈判过程中，如果面对的是对方连续性的提问，且提问环环相扣、步步紧逼，己方就会掉进对方的圈套而陷于被动，甚至有可能导致谈判的失败。因此，谈判者在进行答复时尽量不要留下尾巴，授人以柄，让对方抓住某点继续提问，而要尽量遏制对方的进攻，使其找不到继续追问的借口。

五、谈判中的赞美语言

一般来说，赞美的话人人爱听，人们受到赞美，都会心情愉快，信心大增，在自身受到肯定的同时也容易对称赞者产生好感。

鉴于赞美的上述作用，在谈判中适当运用赞美，不仅能缩短谈判双方的距离、密切彼此的关系，更会为谈判的成功奠定良好的基础。但谈判中的赞美也是一门艺术。实践证明，在谈判中过于夸张的赞美会让对方感到尴尬，失实或者不恰当的赞美则显得虚伪。因此，赞美不仅要真诚，更要善于发现一个人真正值得真诚赞美的地方。

子情境二　谈判中的非语言沟通技巧

情景导入

解读谈判中的身体语言

谈判中有五种常见的身体语言，根据这五种身体语言，可以解读到五种不同的信息：

- 第一种：两手抱于胸前，表现出一种防御态度，或者表示一种反对意见。
- 第二种：身体前倾，表示他对对方所谈的事情感兴趣，态度比较积极。
- 第三种：摸着下巴，说明他在思考，想做出某种决定。
- 第四种：头朝上，眼睛向上看，表示她可能对这件事缺乏兴趣。
- 第五种：身体既不前倾，也不后仰，处于一种中立的状态。

问题与思考：

1. 在谈判中，针对上面五种身体语言信息，你应该做出什么样的回应？
2. 除了上述身体语言外，还有哪些身体语言？可以透露出什么样的信息？

身体语言可以传递很多信息。一名优秀的谈判高手，可以从谈判对方的身体语言中获得各种各样的信息。传播学家艾伯特·梅拉比安曾提出一个公式：

信息的全部表达＝7%的语调＋38%的声音＋55%的身体语言

学会观察身体语言有利于正确理解对方的谈判意图。实际上，在谈判过程中，人的四肢、躯干、五官等每时每刻都在传递着交流的信息，谈判者必须学会从中观察，为谈判提供判断依据。

一、眼睛

眼睛是心灵的窗户。实际上，眼睛也确实是一个人心理状态的反映。眼睛睁大，眉毛扬起，可能表示惊愕；眯着眼睛，皱着眉头，可能表示正在深思熟虑；不敢用眼睛正视对方，可能表示他有负疚感或隐瞒了什么；相互凝视，可能是含情脉脉，也可能是愤怒无比；眼睛长时间停留在一个物体上，可能表示他心不在焉；用眼睛偷窥，说明他在看与不看之间纠结；双眼紧闭，则反映了他的孤傲。

在谈判过程中，听话者应看着对方，表示关注；而讲话者不宜再迎视对方的目光，除非两人的关系已密切到了可直接“以目传情”的地步。讲话者说完最后一句话时，才将目光移向对方的眼睛，这是在表示一种询问“你认为我的话对吗”或者暗示对方“现在该轮到你讲了”。

沟通故事

曾国藩的识人术

某日，李鸿章带了三个人拜见曾国藩（李是曾的学生），请曾国藩给他们分派职务。恰巧曾国藩散步去了，李鸿章让那三个人在厅外等候，自己到里面去了。不久，曾国藩散步回来，李鸿章禀明来意，请曾国藩考察那三个人。曾国藩摇手笑言：“不必了，面向厅门，站在左边的那个是个忠厚人，办事小心谨慎，让人放心，可派他做后勤供应一类的工作；中间那个是个阳奉阴违、两面三刀的人，不值得信任，只宜分派一些无足轻重的工作，担不得大任；右边那个是个将才，可独当一面，将大有作为，应予重用。”

李鸿章很是惊奇，问：“还没用他们，大人您如何看出来的呢？”

曾国藩笑着说：“刚才散步回来，在厅外见到了这几个人。走过他们身边时，左边那个态度温顺、目光低垂、拘谨有余、小心翼翼，可见是一小心谨慎之人，因此适合做后勤供应一类只需踏实肯干，无须多少开创精神和机敏的事情。中间那个表面上恭恭敬敬，可等我走过之后，就左顾右盼、神色不端，可见是个阳奉阴违、机巧狡诈之辈，断断不可重用。右边那个始终挺拔而立、气宇轩昂、目光凛然、不卑不亢，是一位大将之才，将来成就不在你我之下。”曾国藩所指的那位“大将之才”，便是日后立下赫赫战功并官至台湾巡抚的淮军勇将刘铭传。

故事启发：

一个人的精神状态和骨骼形貌，犹如两扇大门，只要打开精神和形骸的门，就能测知人的内心世界，这是识人的第一要诀。

二、面部表情

脸红是面部的一个突出特征，它多数情况下表明人的害羞；面部放松，是有信心的表示；面部抽搐，则是愤怒的表示；面部紧张，则说明存在对立情绪或心中忐忑不安。

口部的不同微笑代表着不同的含义，不露出牙齿的抿嘴微笑，常见于一个没有实际参与谈判的人，这是一种旁观者会心的笑；轻笑时露出牙齿，表明对方在征求意见或希望得到我方认可，也可能表示一种活跃气氛的愿望；张嘴大笑，则是一种发自内心的喜悦。

在谈判过程中，微微笑一笑，双方都从发自内心的微笑中获得这样的信息："我是你的朋友。"微笑虽然无声，但是它说出了许多意思：高兴、欢悦、同意、尊敬。作为一名成功的谈判者，应时时处处把笑意写在脸上。

值得注意的是，一些经验丰富的谈判者会利用身体语言来迷惑对方，因此，身体语言并不能完全地、真实地表现谈判者的内心。要更准确地判断谈判者的内心，还要综合整个现场环境以及谈判对方所有人的身体语言来判定。

三、手势

从一定程度上讲，用手传递信息可能早于用声音传递信息，正因为这样，手所反映的信息量比其他形体所反映的信息量要多得多。一般情况下，先伸出手与人相握，握手时用力较大，上下抖动者属于性格外向者，支配欲望强烈；被动地伸手，手掌无力者属于性格内向者，具有自卑感和容忍性。两手摊开表示坦诚、顺从或无可奈何；两手交叉放在胸前，暗示防御或敌意；掌心向上伸开手表示谦虚、诚实；掌心向下伸开手则表示压抑、控制；用食指点指对方，表示教训和侵略；不断玩弄手指表示拘谨和缺少信心。

四、体势

精神应该通过姿势和四肢的运动来表现，在谈判过程中，人们的一举一动都能体现特定的态度，表达特定的含义。

谈判人员的体势会流露出他的态度。身体各部分肌肉如果绷得紧紧的，可能是由于内心紧张、拘谨，在与地位高于自己的人交往中常会如此。身体的放松是一种信息传播行为，向后倾斜 15 度以上是极其放松。人的思想感情会从体势中反映出来，略微倾向于对方，表示热情和感兴趣；微微起身，表示谦恭有礼；身体后仰，显得若无其事和轻慢；侧转身子，表示嫌恶和轻蔑；背朝人家，表示不屑理睬；拂袖离去，则是拒绝交往的表示。谈判中，如果倾听者头侧向讲话者一边，表示他对你的讲话很感兴趣；如果低头看资料，表示对所讲的事情不太关心；十指交叉抱住后脑，是想显示权威和信心；双腿合拢，身体前倾表示谦恭有礼；双腿不停地交换姿势说明对讲话失去了兴趣；突然转身则表示拒绝和回避。

如果你在谈判过程中想给对方一个良好的第一印象，那么你首先应该重视与对方见面的姿态表现，如果你和别人见面时耷拉着脑袋、无精打采，对方就会猜想也许自己不受欢迎；如果你不正视对方、左顾右盼，对方就可能怀疑你是否有诚意。

五、物体语言

随手扔名片或纸笔，说明缺乏应有的教养；在手中玩笔，表示对所谈的问题毫无兴趣或漫不经心；快速打开笔记本说明发现了重大问题；慢慢打开笔记本是为了表示对对方的关注；将眼镜摘下，反映身体疲劳或对讨论的厌倦；整理服饰或收拾东西，表明本次谈判可能要结束。

沟通素养

以辩明理，以论求真

辩论是指意见相悖的双方或多方围绕一个或几个问题展开争辩，以确立自己的观点、驳斥对方的观点的一种口语形式。

《墨子·小取》中指出：夫辩者，将以明是非之分，审治乱之纪，明同异之处，察名实之理，处利害，决嫌疑。

也就是说，辩的目的，在于明确是与非的界限，审查治与乱的准则，弄清同与异的所在，考察名与实的原理，处理利与害的关系，解决疑惑。

明是非、明同异、察名实，可以说是辩的三个最基本、最直接的目的。其中："明是非"是"辩"的最基本、最首要的目的，离开了是非之分，也就失去了"辩"的意义。"明同异"是为了区分事物之间的同和异，这是分辨是非的重要根据和标准。"察名实"则是为了弄清楚名与实的关系。在进行辩论之前必须首先进行"正名"，辨明名与实的关系，才能使"名"具有确定性。

处利害、决嫌疑、审治乱，这三点可以说是明辨理论的应用。"处利害"就是把"辩"应用于处理利与害的关系上；"决嫌疑"就是解决思想中疑难、困惑的问题；"审治乱"就是审察国家的"治"和"乱"，在政治上辨明治与乱的是非，找出"乱"的根本原因和实现"治"的根本办法。

因此，真理在实践中得以检验，在言辩中越辩越明；种种利益的归属，也在言辩中得以确定。言辩，给了我们发现的乐趣，合作的快意，以及获取共识的满足感。

人有思想，但是人的思想有真实地反映现实的，也有歪曲地反映现实的，所以人的思想有的是正确的，有的是不正确的。我们必须用"辩"来分辨真伪，判别是非，然后去"伪"存"真"，去"非"从"是"。这是思维的功能，也是逻辑的功用。

因此，要让学生在辩论中探究，在辩论中明理。这不仅能够发展学生的逻辑思维能力，锻炼学生的表达能力，而且还可以发展学生的智力，使学生的自信心大大增强，个体潜能得到尽情发挥。辩论的作用可以归纳如下：一是有助于人们发现和认识真理，二是可以开发人的智力，三是可以增长知识，四是可以培养良好的口才，五是可以提高逻辑思维与应变能力，六是可以培养竞争意识和团队精神。

技能训练

1. 你有一辆已开了几年的汽车，想把它卖掉。如果能卖到七万元，你就很满意。就在你准备刊登出售汽车广告的当天下午，有人想八万元买你这辆车。此时，你如何与买家谈判？请注意你的语言沟通技巧和非语言沟通技巧的运用。

2. 假如你是班长，想就班风建设问题与同学们沟通，使大家采纳自己的建议。请设计沟通方案并实施，看看效果如何。

情境三

电话沟通技巧

知识目标

1. 掌握打电话和接电话的技巧；
2. 掌握转接电话的技巧；
3. 了解特殊电话的处理技巧。

能力目标

1. 具备良好的语言沟通能力；
2. 具备灵活应对各种电话事件的能力。

素养目标

1. 养成良好的沟通心态，建立良好的人际关系，培养职场沟通能力；
2. 通过电话沟通技巧的学习，提高电话沟通能力，提升职业素养。

能力测试

你的电话沟通能力如何？

请就以下问题做出“是”或“否”的选择，测试你的电话沟通能力如何。

1. 电话铃响得令人不耐烦了才拿起听筒。
2. 对着话筒大声地说：“喂，找谁啊？”
3. 一边接电话一边嚼口香糖。
4. 一边和同事说笑一边接电话。
5. 遇到需要记录某些重要数据时，总是在手忙脚乱地找纸和笔。
6. 抓起话筒却不知从何说起，语无伦次。
7. 使用“超级简略语”。
8. 挂完电话才发现还有问题没说到。
9. 抓起电话粗声粗气地对对方说：“喂，找一下×经理。”
10. 抓起话筒向着整个办公室吆喝：“小王，你的电话！”
11. 态度冷淡地说：“×××不在！”迅速挂断电话。
12. 让对方稍等，就自此不再过问他（她）。

13. 答应替对方转达某事却未告诉对方你的姓名。
14. 对对方说："这事儿不归我管。"然后就挂断电话。
15. 接到客户索赔电话，态度冷淡或千方百计为公司产品辩解。
16. 接到打错了的电话很不高兴地说："打错了！"然后粗暴地挂断电话。
17. 电话受噪声干扰时，大声地说："喂，喂，喂……"然后挂断电话。

解析：

如果你的回答"是"较多，说明你的电话沟通能力很差，急需改进。

如果你的回答"是"与"否"相当，说明你的电话沟通能力一般，需要加强改进。

如果你的回答"否"较多，说明你的电话沟通能力很好，应继续保持与提升。

现代社会，各种高科技的手段拉近了人与人之间的距离，即使远隔天涯，也可以通过现代通信技术实现近若比邻。事实上，我们在日常的沟通活动中，借用得最多的工具就是电话。因此，掌握一些电话沟通的技巧是非常必要的。

子情境一　打电话的技巧

打电话技巧

情景导入

谁先挂电话？

王强是一家公司的销售主管，该公司的销售业务主要是通过电话联络来完成的，因此王强会定期举办电话礼仪训练，效果也一直不错。有一天，一个业务员向王强反映，一个自己一直跟单的大客户竟转向他人，自己并没有什么地方得罪客户。王强与该客户很熟悉，就侧面去了解，客户表示这个业务员对他没有诚意。王强觉得有点疑惑，认为自己的业务员都受过专业训练，没理由会这样。接下来几天，他仔细观察该业务员的工作过程，终于发现问题出在挂断电话上。

问题与思考：

1. 在与客户电话沟通中，究竟应该如何挂断电话？
2. 你觉得这位业务员到底犯了什么样的错误让客户不满？

在我们的工作和生活中，已经离不开电话这种沟通方式。但是，你会打电话吗？你知道打电话应该掌握哪些技巧吗？

一、充分的准备

像所有其他书面和口头沟通一样，打电话之前也需要准备。尽管和对方不是面对面，对话是声音对声音，但为了尽可能地做好，应注意做到：

（1）先写下想说的事、其中的要点以及日期、事实等需要注意的问题。

（2）知道接电话人的名字和职业。

（3）在打电话前检查区号和号码是否正确。

（4）选一个打电话最合适的时间。最好在别人方便的时候打电话给他，而不是你方便的时候。谈话可以这样开始：“现在与您交谈合适吗？”还要考虑别人是否方便与你在电话中长时间交谈。

小资料

如何选择打电话的时间

从职业来看，以下时间打电话比较合适：

会计师：切勿在月初和月末，最好是月中接触。

医生：上午11点后和下午2点前。

推销员：上午10点前或下午4点后。最热、最冷的时候或雨天会更好。

行政人员：上午10点前后到下午3点为止。

证券业从业人员：避免在开市后，最好在收市后。

公务员：工作时间内，切勿在午饭前或下班前。

饮食业从业人员：避免在用餐时间，最好是下午3点到4点。

建筑业从业人员：大清早或收工时。

律师：上午10点前或下午4点后。

教师：大约在下午4点后，放学的时候。

以一周时间来看，以下是打电话的注意事项：

周一：这是双休日结束后上班的第一天，客户有很多事情要处理，公司还往往开一些会议安排本周工作，所以大多很忙碌，尤其是上午半天。最好别打电话。

周二到周四：这三天是打电话的最合适的时机，应充分用好这几天。

周五：一周的工作结束，如果选择这天尤其是这天的下午打电话过去，得到的答复一般是：等下周我们再联系吧。

以一天来说，以下是打电话的注意事项：

8:00～10:00：这段时间大多数客户会紧张地完成上一天顺延下来的工作，并开始今天新的工作，故此时打电话不太合适。

10:00～10:30：这段时间客户大多不是很忙，是打电话的黄金时间。

11:30～14:00：午饭时间，不要轻易打电话。

14:00～15:00：这段时间会让人感觉烦躁，尤其是夏天，故不宜打电话。

15:00～下班前15分钟：这段时间客户要收拾东西，准备下班，如果是简短的电话，目的是取得联系、邮寄资料的话，可以给客户电话，否则不要打电话。

（5）计划好开始说什么。

（6）写下想问的问题，尽量只说一件重要的事。

（7）在电话旁放上纸、笔以便记录。还要放好需要随时查阅的文件、数据、以前的函电以及所有其他相关的材料。不要让对方等着自己到处查找有关的资料或打开计算机寻找需要的文件。

（8）拨号时要细心。误拨号码是沟通失败和浪费时间的最主要原因，也是打电话者常犯的错误。如果打电话拨错了号码，应当说一声：“对不起，我拨错了号码。”

二、重要的第一声

我们打电话给某单位，若一接通，就能听到对方亲切、悦耳的招呼声，心里一定会很愉快，对该单位也有了较好的印象，双方对话能顺利展开。在电话中只要稍微注意一下自己的行为，就会给对方留下完全不同的印象。

三、良好的状态

（一）要有喜悦的心情

打电话时我们要保持良好的心情，这样即使对方看不见你，但是也会被你欢快的语调感染，对你留下良好的印象。由于面部表情会影响声音的变化，所以即使在电话中，也要抱着“对方看着我”的心态去应对。

（二）端正的姿态

打电话过程中绝对不能吸烟、喝茶、吃零食，因为懒散的姿态对方能够“听”得出来。如果你打电话的时候，弯着腰躺在椅子上，对方听你的声音就是懒散的、无精打采的；若坐姿端正，身体挺直，所发出的声音也会亲切悦耳、充满活力。因此打电话时，即使看不见对方，也要当作对方就在眼前，尽可能注意自己的姿态。

（三）清晰明朗的声音

打电话时声音要温雅有礼，以恳切之话语表达。嘴与话筒间应保持适当距离，适度控制音量，以免因听不清楚而产生误会，或因声音粗大让人误以为盛气凌人。

四、认真清楚地记录

打电话的时候我们随时都有可能要记些什么，因此通话前要做好准备，无论是私人电话还是公务电话，尤其是后者，应该在电话机旁准备好一些物品：电话号码簿、电话记录本和记录用笔。不要总是在需要时才告诉对方“请等等，我去拿纸和笔”，这样既拖延了通话的时间，也是不礼貌的行为。

应随时牢记“5W1H”技巧。所谓“5W1H”是指：When（何时）、Who（何人）、Where（何地）、What（何事）、Why（为什么）和How（如何进行）。在工作中，这些资料都是十分重要的。电话记录要求既简洁又完备，这就有赖于“5W1H”技巧。

五、有效的电话沟通

上班时间打来的电话几乎都与工作有关，公司的每个电话都十分重要，不可敷衍，即使对方要找的人不在，切忌轻率答复“他不在”就将电话挂断。接电话时也要尽可能问清事由，避免误事。对方查询本单位其他部门电话号码时，应马上告知，不能说不知道。

六、不要煲“电话粥”

打电话切忌喋喋不休、不分重点、唠唠叨叨、说个没完，而要简明扼要、节省时间。

电话交谈所持续的时间，以谈话内容多少来定：事多则长，事少则短。如果不是预约电话，时间须 5 分钟以上的，那么就应首先说出自己的通话大意，并征询对方现在讲话是否方便；若不方便，就另约时间。

七、挂电话前的礼貌

通电话时，如果自己正在开会、会客，不宜长谈，或另有电话打进来，需要终止通话时，应说明原因，告知对方：“一有空，我马上打电话给您”，免得让对方觉得自己厚此薄彼。

终止通话时应恭候对方先放下电话，不宜“越位”抢先。一般来说，下级要等上级先挂电话，晚辈要等长辈先挂电话，被叫要等主叫先挂电话，不可只管自己讲完就挂断电话，那是一种非常没有教养的表现。

子情境二　接电话的技巧

接电话技巧

情景导入

接电话的方式

第一种接电话的方式：“您好，这里是青年协会外联部。”“好的，请稍等。”

第二种接电话的方式：“喂，你找谁？”“不在！”或者：“谁？”“你打错了！”随后是“啪嗒”一声挂断电话。

问题与思考：

1. 两种不同的接电话方式在对方心里分别会产生什么样的效果？
2. 你在接电话时会选择哪种接电话的方式？

打电话需要技巧，接电话同样需要一定的技巧。

一、迅速准确地接听

即使业务繁忙，听到电话铃声，也应准确迅速地拿起听筒，最好在电话铃响三声之内接听。电话铃响一声大约 3 秒钟，若长时间无人接电话，或让对方久等是很不礼貌的，对方在等待时心里会十分急躁，从而对你留下不好的印象。

未及时接电话应说明原因并道歉。许多公司规定，电话铃响三遍以前就要去接听，如果因为工作关系超过三声以后才接电话，要向对方道歉："对不起，让您久等了。"

二、融入笑容的声音

即使你不看到和你通话的人，你也要像他们就在你的面前一样对待他们。他们一直在注意着你的声音，你需要把全部的注意力投入通话中。你的态度应该是有礼貌的，声音是适中的、清晰的、柔和的，不要在电话里喊叫或声音很尖。

三、自报家门

一拿起电话就应清晰地说出自己的全名，有时也有必要说出自己所在单位的名称。同样，一旦对方说出其姓名，你可以在谈话中不时地称呼对方。

四、了解来电的目的

了解对方来电的目的，即便自己无法处理，也应认真记录下来。委婉地探求对方来电的目的，不但可以不误事而且会赢得对方的好感。

五、避免将电话转给他人

自己接的电话尽量自己处理，只有在万不得已的情况下才能转给他人。转给他人时，应向对方解释一下原因，并请求对方原谅。

六、转入正题

当你接听电话时，不要哼哼哈哈地拖延时间，而应立即做出反应。一个好的开场白可能是："您需要我做什么?"当你觉出对方有意拖延时间时，应立即说："真不巧！我正要参加一个会议，不得不在 5 分钟后赶到会场。"这样说会防止谈论不必要的琐事，加速谈话的进程。

七、边听边做出反应

在电话里听对方说话时，可做出某种反应，如随声应答并附和“是”“是这样”“真的吗”“好极了”“对”“好的”“啊”“噢”“嗯”等，让对方知道你在听他说话。假如一味默默地听，对方会以为你没有听或线路中断，会问：“喂！喂！你听到了吗？”从而打断交谈，还会引起某些误解。

八、掌握应诺声音

接电话时，要掌握好应诺的语气、音量。态度要热情，语气要柔和。如果应诺的语气粗暴，或声音过低，打电话者会以为接电话者不高兴接电话。如果接电话者因感冒影响声音，要向打电话者说明：“我感冒了，不能大声说话，请原谅。”这样说，打电话者不仅不会认为接电话者失礼，甚至还会体谅接电话者。

九、随时记录

在手边放有纸和笔，随时记下所听到的信息。如果没做好准备而让对方重复，会使对方感到你心不在焉、没有认真听他说话。

十、避免电话中止时间过长

如果在接电话时不得不中止电话而查阅一些资料，应当动作迅速。还可以有礼貌地向对方说：“您是稍候片刻，还是过一会儿我再给您打过去？”

十一、不懂的地方，应礼貌地提出来

没听懂的地方，不能含糊不清，应问：“××先生，很抱歉，您能再说一遍吗？”

十二、复述并确认

为了避免误解对方的意思而造成不必要的麻烦，一定要看着笔记确认一下：“我再重复一遍……要求是……是这样吗？”

十三、对方挂掉电话后，再放下听筒

一般打电话的人先挂断电话，但如果给你打电话的人地位不如你高，你也可以先挂断电话。应慢慢地、轻轻地挂断电话。因为无论通话多么完美得体，如果最后毛毛躁躁地“咔嚓”一声挂断电话，会令对方很不愉快。

课堂互动

按照以下拨打、接听电话的要点，找出自己的不足之处，并制订改进计划。

- 是否把记事本和笔放在触手可及的地方。
- 是否养成随时记录的习惯。
- 时间是否恰当。
- 情绪是否稳定。
- 条理是否清楚。
- 语言是否简练。
- 是否微笑着说话。
- 是否真诚面对通话者。
- 是否使用平实的语言。
- 是否获得信息接收者的注意。
- 用语是否规范准确。
- 对方是否熟悉公司的内部情况。
- 是否对专业术语加以必要的解释。
- 是否及时对关键性字句加以确认。
- 是否善于分辨关键性字句。

子情境三　转接电话的技巧

转接电话的技巧

情景导入

转接电话的对话

“喂，您好，这里是××公司，我是×××，请问我能为您做什么呢？”

“请问你们的销售主管王先生在吗？”

“对不起，他现在不在，请问怎么称呼您？”

“我姓王，是他的一个客户，有一件事要咨询他，他什么时候回来？”

“对不起，他可能在短时间内回不来，如果方便，请留下您的电话和您所要办理事务的简要内容，以便他回来及时回电给您。”

“我的电话是××××××××。”

“方便留下您的全名吗？”

“好，我的全名是王××。”

“确定是这些内容吗？王女士，我一定及时将您的电话转告给王主管，谢谢您的来电。再见。”

问题与思考：

1. 分析以上情景，你认为这样的对话符合转接电话的要求吗？

2. 你有没有替人转接过电话？你是如何做的？

在办公室，我们常常遇到接到的电话不是找你，而是找其他人，这时你觉得如何做比较妥当呢？你了解转接电话的技巧吗？

一、听清楚关键字句

常有这种情况：客户打电话找科长，科长却不在办公室。这时，代接电话者态度一定要热情。可以告诉对方科长回公司的时间，并询问对方：“要我转达什么吗？”对方可能会说出下列几种愿望：（1）稍后再打电话；（2）想尽快与科长通话；（3）请转告科长……

如果科长暂时不能回公司，则可告诉对方：“科长出差在外，暂时无法联系，如有要紧事，由我负责与科长联系行吗？”

若受客户委托转告，则应边听客户讲边复述，并按“5W1H”的要求认真记录。

通话结束应道别：“我叫××，如果科长回来，定会立刻转告。”自报姓名，其目的是让对方感到自己很有责任感、办事踏实可靠，使对方放心。

给科长打电话联系时，应告诉科长客户的姓名、公司名称、电话号码、打来电话的时间，并与科长一一确认。

二、慎重选择理由

被指定接电话的人不在的原因有很多，如因病休息、出差在外、上厕所等。这时，代接电话的你应学会应付各种情况。

告诉对方××不在办公室时，应注意不要让对方产生不必要的联想，特别不能告诉对方××的出差地点，因为其出差所办之事或许正是不能让对方知晓的商业秘密。

另外，当遇到领导正在参加重要会议，突然接到客户的紧急电话时，应正确判断，妥当处理。如果领导事先要求“开会期间不得打扰”，那转告之类的事，当然不能例外。如果事先没有要求，可以想一个两全其美的办法，既不中断会议，又不打扰领导，比如用纸条。在纸条上写道：“××先生打电话找您，接电话（　　），不接（　　），请画钩。”然后悄悄走进会议室，将纸条递给领导看，领导一目了然，瞬间即画好钩。如此这般，既不影响会议，领导又能当场定论，是一种很合适的方法。

小资料

秘书转接老板电话的技巧

如果是老板至亲的人，如家人、朋友、医生、老师等，接到这类电话，秘书应说："我知道老板很想立即与你通话。"

如果是老板的重要客户，老板有时间应该立即转给老板与其通话。如果暂时没有时间，秘书应说："我知道老板很想接你的电话，他现在正在接另一个长途电话，等他处理完，我会告诉他回电给你。"

如果是老板不想接听电话的人，接到这类电话，秘书则说："很抱歉，老板目前在开会，他没有时间来接电话。所以我只能建议您换个时间再打电话。"

子情境四　特殊电话的处理技巧

情景导入

特殊电话的处理技巧

积极的态度

有一位推销员曾给一位客户打电话长达 3 个月，在最近一次打电话时，这位客户很粗暴地对他说："你以后不要再打电话给我了。"挂断电话之后，推销员觉得很纳闷，认为自己只是通过电话告诉他一个消息。想到这儿，这位推销员又拿起了电话，对客户说："您挂了我的电话，我只是为了告诉您一个消息，我不知道到底做错了什么，让您这么生气，如果我打扰了您，我向您表示歉意。"这位客户一听，很不好意思地向推销员道歉。从此以后，这位客户成为了这位推销员的重要客户。

问题与思考：

1. 这位推销员是如何处理客户的拒绝电话的？
2. 如果你是这位推销员，你会如何处理？

在电话沟通中，经常会遇到各种不同的特殊情况，使电话沟通无法正常进行。掌握一些特殊电话的应对技巧，有助于我们更好地利用电话进行沟通，促进人际关系的和谐和事业的成功。

一、听不清对方的话语

当听不清对方讲话时，进行反问并不失礼，但必须方法得当。"对不起，刚才没有听清楚，请再说一遍好吗？"对方定会耐心地重复一遍，丝毫不会责怪。

二、接到打错了的电话

有一些人接到打错了的电话时，常常冷冰冰地说："打错了。"最好能这样告诉对方："这是××公司，你找哪儿？"你热情友好地处理打错的电话，也可使对方对你的公司产生初步的好感，说不定就会成为本公司的客户，甚至成为本公司的忠诚支持者。

三、遇到自己不知道的事

有时候，对方在电话中一个劲儿地谈自己不知道的事，而且像竹筒倒豆子一样，没完没了。碰到这种情况，职员常常会感到很恐慌，虽然一心企盼着有人能尽快来接电话，将自己救出困境，但往往迷失在对方喋喋不休的陈述中，好长时间都不知对方到底找谁，待电话讲到最后才醒悟过来："关于××事呀！很抱歉，我不清楚，负责人才知道，请稍等，我让他来接电话。"碰到这种情况，应尽快理清头绪，了解对方的真实意图，避免被动。

四、接到领导亲友的电话

领导对部下的评价常常会受到其亲友印象的影响。打到公司来的电话，并不局限于工作关系。领导的亲朋好友，常打来与工作无直接关系的电话。他们对接电话的你的印象，会在很大程度上左右领导对你的评价。因此，领导的亲朋好友对下属职员的一言一行非常敏感，期望值很高，请切记时刻严格要求自己，不仅要及时转接，而且要注重电话礼仪规范。

五、接到顾客的索赔电话

要求索赔的顾客也许会牢骚满腹，甚至暴跳如雷，如果作为被索赔方的你缺少理智，像对方一样感情用事，以唇枪舌剑回击顾客，不但于事无补，反而会使矛盾升级。正确的做法是：你泰然处之，洗耳恭听，让顾客诉说不满，并耐心等待顾客心静气消。其间切勿说："但是""话虽如此，不过……"之类的话进行申辩，应一边肯定顾客话中的合理成分，一边认真琢磨对方发火的理由，找到正确的解决方法，用肺腑之言感动顾客，从而化干戈为玉帛，获得顾客谅解。

六、难以及时回答对方的电话

无论你接电话前精力如何集中，当你拿起电话时，就发现总有这样或那样的原因让你需要更长一点的时间向对方作出有效的答复。在这种情况下，你可以使用下列权宜之词，以帮助自己赢得时间，你可以说：

“对不起，另一部电话响了，请您稍等，我马上就回来。”

“对不起，有人正等着和我通话，等一会儿我再给您打过去好吗？”

“对不起，碰巧这时有人来找我，我一会儿给您打过去好吗？”

“您能给我点时间去查查资料吗？”

“我认为这件事很重要，让我仔细考虑一下再答复您。”

“对于这件事我有许多想法，我能过一会儿再打电话跟您讨论吗？”

“很抱歉，现在我很忙，我知道这件事对您非常重要。明天下午四点您有空吗？那时我再跟您详谈好吗？”

“这个消息我并不知道，我能落实一下，明天再给您打电话吗？”

“很荣幸能为您服务，我们能在星期五约个时间，我再打电话给您谈这件事吗？”

七、接到一些令人困惑的电话

有时，我们可能遇到这样的情况：你接到一个电话却不明白对方在说些什么，或者使用一些你并不理解的词语和表达方式，或者要求你回答问题，承担自己并不知道的责任。尽管对于对方所说的你一无所知，但你却并不甘于承认自己的无知，不甘于因此而居下风。

面对这些情况，也有很多办法。其一就是言辞模棱两可。比如，可以说：“您能再解释得更清楚一点吗？我不太明白您用这个词表达的意思。”或者“您所指出的那个细节我并不完全清楚，我查一查后再回复您。”

沟通素养

善于沟通的外卖员

由于外卖送货地址在地图上的定位出现偏差，系统给外卖员分配的送往指定位置的时间偏短。外卖小哥未到送货地址，指定配送时间即将用完。面对这样的情况，外卖小哥的处理方式，展现出了较强的沟通能力。他的处理方式如下：

第一步：打电话告知客户情况，外卖会晚一点到达，原因在于“系统定位出现错误”。第二步：提醒客户不要点击未送达的按钮。第三步：到达位置后，有礼貌地和客户再一次说明了迟到的原因。

外卖小哥通过成功的电话沟通，不仅展现了良好的职业素养，而且表现出较强的沟通能力。职场中许多问题产生的原因在于，沟通双方之间的信息不对称，它需要运用自己的沟通能力来进行解决，将对方未知的信息传递给对方，不让对方产生误解。

技能训练

1. 你的一个同事给你打起电话来喋喋不休，你又有别的事情要忙，你会如何拒绝他？

2. 每个家庭或每个人都会遇到别人打错电话的时候，接电话的人的态度是冷漠还是热情，是调侃还是不耐烦，每个人处事的方法各不相同。下面是一个温柔应对打错的电话的案例：

一日午夜，电话铃突然响起。

“谁这么晚还打电话？”被吵醒的人揉揉惺忪睡眼，黑暗中抓起电话。

“喂，谁呀？”

“大舅，是我。”

“哦，是你呀，外甥。”

“大舅，您身体好吗？”

“挺好的。”

“我舅妈身体好吗？”

“都挺好的。”

“咦？大舅，您声音怎么变了？”

“因为你打错电话了，外甥。”

对方愣了5秒，然后电话中传来“嘟嘟”的声音。

请问：如果遇到类似的电话，你会如何应对？

情境四

会议沟通技巧

知识目标

1. 掌握组织会议的技巧；
2. 掌握主持会议的技巧。

能力目标

1. 具备独立组织会议的能力；
2. 具备良好的沟通协调能力；
3. 具备会议主持及控场能力。

素养目标

1. 培养专注、精益求精的工作态度；
2. 培养良好的职业素养；
3. 培养时间观念，以及尊重他人的理念。

能力测试

你的会议沟通能力如何？

你在会议沟通活动中是否具有以下行为要点？

1. 总是在会议开始前 3 天就安排好了会议的日程，并将该日程通知到每位与会者。
2. 当与会者询问日程安排时总是回答：“还没定呢，等通知吧。”
3. 对于会议将要进行的每项日程都胸有成竹。
4. 会议开始前半小时还在为是否进行某几个议题而犹豫不决。
5. 提前将每一项会议任务安排给相关的工作人员去落实，并在会议开始前加以确认。
6. 会议开始前才发现还有一些会议设备没有安排好。
7. 预先拟定参会人员名单，并在开会前两天确认关键人士是否会出席会议。
8. 自己也记不清邀请了哪些人出席会议，会议开始前才发现忘了邀请主管领导参加会议。
9. 会议时间安排恰当，能够完成所有的议题。

10. 会议总是被一些跑题、多话者干扰，难以顺利进行。

11. 会议室布置得当，令与会者感觉舒适又便于沟通。

12. 会议室拥挤不堪，令与会者感觉不快，大家都盼望着早点结束会议。

计分方法：以上 12 个问题，可能是你在会议沟通活动中常见的表现，如果你对单数题号的题选择了“是”，请给自己加上 1 分；如果你对双数题号的题选择了“是”，请给自己减去 1 分。最后看看自己的总分吧！

解析：

1. 总分为 3～6 分：你的会议沟通技巧是值得称道的。
2. 总分为 0～2 分：你的会议沟通技巧还不错，但需要进一步改进。
3. 总分低于 0 分：你的会议沟通技巧真不怎么样，赶快努力吧！

子情境一　组织会议的技巧

组织会议的技巧

情景导入

组织会议的关键

小王刚大学毕业，学的是秘书专业，被分配到某高校办公室。办公室主任准备召开一次各部门的协调会议，让小王去承担会议的组织工作，但小王只懂理论，没有实践经验，在会议组织过程中漏洞百出，让领导很不满意。

问题与思考：

1. 会议组织中的关键是什么？
2. 如果你是小王，你认为应该如何组织这次会议？

会议的组织是每一个职场人士都会面临的问题，组织会议不仅需要掌握一定的技巧，而且必须在实践中去体验和提高。

一、确认会议的必要性

一次高效会议的第一步是确定是否有开会的必要。这个确定工作看似多余，实际上必不可少。这一步确定工作的作用相当于一个“筛选器”，它使那些不符合条件的“会议”提前落选，从而为高效会议的产生把好第一关。

二、确定会议的主题及目标

开会必须要有主题，即要解决的问题，然后围绕主题确定会议目标。目标必须具体而且可以衡量，同时要兼顾挑战性和可实现性。

三、确定会议的议程

会议的议程如同轨道，可以令会议在预定的方向上有步骤、有计划地进行。一般来说，会议的议程是有一定模式的，大多数的会议议程都包括主持人的开场白、介绍基本情况、自由发言、讨论问题、整合意见、得出结论和会议结束等几个部分。

除此之外，还可以根据实际需要对会议的议程进行添加或删减。例如，有的会议结束时可能需要领导发言，有的会议的议题情况由主持人代为介绍等。这些都要视具体的情况而定。

议程确定之后，一定要根据会议的类型把握好会议的长度。一般来说，日常的例会需要 30～90 分钟；临时性会议中的短期会议长度为 30 分钟以内、中期会议长度为 30～120 分钟、长期会议长度为 1 天以上。

四、开会地点的安排

开会地点的选择要切合会议的内容及形式，还要注意会议的预算、会议的规模及室温、灯光、噪声等各种因素，而且需要确保与会者的舒适度。一个让与会者感到不适的地方不会给会议带来良好的效果。

公司内部的会议一般在公司内举行，但不同类型的会议，举行的地点也有所不同。公司的例会，需要一个固定的会议场所，最好是一间独立、宽敞、明亮的房间，里面有必要的布置和设备；公司间的会议，根据会议举行的目的而选择不同的地点；大型会议，特别是比较正式的会议，其场所要求比其他会议要高一些，但是仍有不少地点可供选择，比如会议中心和高校会堂等。

另外，会场的布置也要注意，如果与会人员超过 10 个，会场最好布置成“U”字形，主持人可以站在会场中央，这样有利于协调讨论；如果是全体会议，可以布置成阶梯教室的形式；5～7 人的会议，最好安排圆桌会议。

五、确定合适的开会时间

日常的例会最好选择在周二至周四的 8:00～11:00 或 14:00～16:00 举行；临时例会则要选择与会者都感到方便的时间。另外，紧急会议召开时间的选择，一般遵循“越快越好”的原则。

六、邀请适合参与会议的对象

适合参与会议的人员应该符合如下条件。

（一）有利于议题的讨论

与会议的议题有关，应当是与会者的首要条件；与会者还应包括可以为会议提供专业或独家信息的人和能使会议讨论更有效率的人。

（二）有利于会议的顺利进行

与会者还包括有利于会议顺利进行的人。例如，对会议起不可或缺的协调作用的人、代表着某个团体或群体利益的人等。

（三）符合召集者的意愿

召集者的意愿是会议召开的一个决定性因素，于是，那些符合召集者意愿的人当然也是与会者的理想人选。

以上三个标准是确定与会者的一般标准，有时在一些特别场合下还有其他的标准，但是这三个标准是基础标准。

课堂互动

如果今天要开一个新产品发布会，你认为参加会议的人有哪些？开发部的人要不要参加？销售部的人要不要参加？相关原料的采购人员要不要参加？提供特定咨询的人要不要参加？

七、辅助器材的准备

会议需要相关的辅助器材，因此，开会前应准备好以下电子设备：

首先是照明设备，无论采光效果如何，电灯的照明度都不应低于办公室的照明度；其次是扩音设备，一般有三四个即可，均匀分布在会议室内，扩音设备的功率要和会议室的大小相适应，扩音设备不但可以提高发言者传递信息的效率，而且可以帮助主持人或发言者在场面混乱的时候控制局势；再次是投影设备，一般包括电脑、投影仪、投影幕及相关的传导线等，投影仪多为可移动型，可在投影幕前 2～4 米处安装；最后是视听设备，虽然现在投影设备一般都可以替代视听设备，但如果条件允许，还是应当有一套视听设备，包括电视机、DVD 影碟机、音箱等。

八、发放会议通知

在开会前，要把会议通知及时发放到参会人员手中。发放会议通知的方式有两种：一种是通过电子邮件来发放；另一种是通过邮寄来发放。有的时候是两种形式结合起来使用，先通过电子邮件发放通知，收到回执后，再邮寄正式的通知，最后打电话确认。

九、食宿、车辆的安排

如果组织的是内部会议，不需要安排食宿，但如果组织的是全国性的大型会议，会议期间参会人员的食宿安排也是会议组织中的重要内容，要给参会人员提供舒适、满意的食宿条件，需要组织者协调各种关系才能做到。另外，还要做好会议期间的车辆使用安排，保证会议的正常进行。

十、会议的评价

会议结束后，要对参会人员进行会议效果评价，以便以后更好地举办会议。评价内容有：

（1）是否达到了会议通知上所拟订的会议目标？

（2）本次会议在哪些方面成功？在哪些方面不成功？

（3）下一次会议如何提高效率？

子情境二　主持会议的技巧

主持会议的技巧

情景导入

你会怎么办？

假设你是公司某部门负责人，你在召集本部门人员开会时，总遇到下述情况：

（1）小张拖拖拉拉，开会总是迟到；

（2）小王在会上默不作声，不管正确与否，从不发表意见；

（3）小李在会上十分活跃，不管会议内容如何，总爱打断主持人的讲话，对会议内容进行评价，时常导致会议难以正常进行。

作为部门的负责人，你会采取什么措施处理？

问题与思考：

1. 你认为应该如何处理以上情况？

2. 在会议中还会遇到哪些情况？应该如何处理？

会议主持人在整个会议过程中起着非常重要的作用，必须掌握一定的主持会议的技巧，才能够让会议顺利进行，达到预期的目标。

一、成功地开始会议

（一）准时开会

不准时召开的会议浪费的是所有与会者的时间，这不仅会加剧与会者的焦躁、抵触情绪，同时也会令与会者怀疑组织者的工作效率和领导能力。

（二）向每个人表示欢迎

会议主持人应用洪亮的声音对每个人表示热烈欢迎。如果你面对的是一些新的成员，可以让他们向大家做自我介绍。如果他们彼此已经见过面，也要确保把客人和新成员介绍给大家。

（三）制定或者重温会议的基本规则

会议的基本规则是会议中行为的基本准则，如果准则是由与会者共同制定的，而不是由主持人强加给与会者的，效果要更好一些。你可以向与会者询问："你们都同意这些规定吗？"要得到每一个人的肯定答复，而不要想当然地把沉默当成没有异议。

（四）分配记录员和计时员的职责

如果可能，让大家自愿来承担这些职责，而不要由主持人指定。计时员负责记录时间并保证讨论持续进行，记录员则负责做会议记录。对于一些例行会议而言，不妨由所有人轮流承担这些职责。

二、说好开场白

要使会议顺利进行，不仅依赖于良好的会议气氛，更依赖于精彩的开场白。它可以使与会者感到要讨论的是与自己切身利益相关的问题或是受到普遍关注的问题，这样就能激起与会者的兴奋点，吸引其注意力，充分调动各种积极因素，将会议引向成功。

（一）开宗明义，先声夺人

所谓开宗明义，先声夺人，就是指会议开场白不能拖泥带水，既要把开会目的讲明白，又要把重点说清楚，使与会者有思想准备，为开好会打下良好的基础。同样，也不能以三言两语草草收场，意不明，言已尽，使与会者不明白会议的议题，失去对会议的兴趣。好的会议开场白可以一下子抓住与会者，给人以深刻的印象，如同看一部引人入胜的电影，刚开始就精彩不断，人们自然愿意继续了解下面的情节。

（二）因境制宜，营造气氛

开场白中陈述会议主题、意义和议程等内容是必不可少的，但这并不是要囿于程式，而是要根据实际情形，因境制宜，灵活变通。

会议的类型多种多样，所需营造的气氛也不同。征求意见会要求各方畅所欲言、集思广益，需要的是生动、热烈的氛围；研究解决问题的会议则需要的是严谨、严肃的气氛；欢迎会上的气氛要热情洋溢；欢送会上则要流露出依依惜别之情。

三、会议主持人的沟通技巧

一个优秀的会议主持人总是经常提出他们简短的意见，以指引会议讨论的进程。比如说"让我们试试""这是一个好的思路，让我们继续下去"。事实上，如果我们仔细观察，就会发现优秀的会议主持人最常用的引导方式是提问题，针对目前所讨论的问题进行引导性的提问，会使与会者的思路迅速集中到一起，提高会议的效率。会议问题的类型与特点如表 3－4－1 所示。

表 3-4-1　会议问题的类型与特点

问题类型	问题特点
棱镜型问题	把别人向你提出的问题反问给所有与会者。例如，与会者说："我们应该怎么做呢？"你可以说："好吧，大家都来谈谈我们应该怎么做。"
环型问题	向全体与会者提出问题，然后每人轮流回答。例如："让我们来听听每个人的工作计划，小王，由你开始。"
广播型问题	向全体与会者提出一个问题，然后等待一个人回答。例如："这份财务报表中有三个错误，谁能够纠正一下？"这是一种具有鼓励性而没有压力的提问方式，因为你没有指定人回答，所以大家不会有压力。
定向型问题	向全体提出问题，然后指定一人回答。例如："这份财务报表存在三个错误，谁来纠正一下？小王，你说说看。"

四、掌握议事进度

掌握议事进度对会议的成功至关重要，控场也是主持人最应训练的技巧之一。掌握议事进度主要包括两种方式：语言方式与非语言方式。

（一）语言方式

语言方式是指主持人用一些比较有技巧的话语来控制会议的议事进度。例如，面对一些非常容易滔滔不绝的发言者，主持人可以凭借对其的了解，让其先发言，使其尽量缩短发言的时间。具体做法如："能不能用 3 分钟的时间给我们简单地说一下？"当他说到 5 分钟的时候，你可以再说："嗯，已经 5 分钟了，你说的正是我们需要的。"或者可以采用一带而过的方法，例如："你刚才说的内容非常好，你对下一个问题怎么看？"这样就可以把他从一个问题带到另一个问题。或者可以转移说话对象，如："你说得很好，坐在你旁边的这位怎么看呢？"

通过以上话语，即语言方式，主持人可以有意识地、合理地控制议事进度。

（二）非语言方式

更有效地掌控议事进度的方式是非语言方式，即通过眼神、手势等面部表情告诉发言人说多了或别说了，或者是说得不够接着说等。比如，主持人把目光转向别人，就可能是在提示正在说话的人可以停止说话了。

语言方式和非语言方式的合理运用，可以使主持人有效地控场，这样会议既不会太短，也不会太长，准时开始，准时结束。

五、机智处理会场上的意外情况

任何会议在进行的过程中，都有可能出现一些意想不到的情况。对这些情况，主持人一定要沉着冷静，靠自己的应变能力恰当地加以处理。

（一）如何应对会议开始的冷场

冷场是会议活动中一种常见而又使会议主持人颇为难堪的问题。冷场的原因有很多，我们应针对不同的原因，采取不同的措施。

（1）与会者无思想准备，一时难以发言。特别是事先没有打招呼，临时召开的会议就很容易出现冷场，这时会议主持人可以鼓励大家先谈不成熟的意见，在讨论中再补充完善。也可以让大家先做短暂的准备，然后发言。

（2）与会者对所讨论的议题不理解、不明白而感到无从开口。会议主持人应详细、明确地交代议题，对与会者进行耐心启发。

（3）会议议题直接涉及与会者多数人的利益，因为有太多顾虑而造成冷场。会议主持人应先启发与其利益关系不太大的，或者大家公认的比较正直的人发言，然后再逐步深入。只要有人开了头，冷场的情况就会好转。

（4）会议议题有一定的难度和复杂性，一时不易提出明确意见而出现冷场。这时会议主持人可以由浅入深，启发大家开动脑筋，逐步接触问题的实质，也可以选择分析能力强、比较敏锐的同志率先发言，打开突破口后，再引导大家讨论发言。

（二）巧妙打破部分人的沉默

当一部分人在会议上沉默时，会议主持人应当思考他们沉默的原因，有针对性地采取一些措施。会议中的沉默通常有以下几种情况：

一是顾虑、害羞的沉默。对此，会议主持人要寻找机会鼓励这些人发言，表示对他们的发言很感兴趣，促使他们大胆发言。

二是持少数意见者的沉默。当会上多数人同意某种意见，出现了一边倒的情况，持少数意见的人知道自己的意见已经被孤立，也就不讲了。在这种情况下，主持人不应急于表态同意多数人的意见，应当耐心地、热情地鼓励有异议的人讲出自己的见解，以便进行比较。

三是无所谓的沉默。当会议议题与部分人关系不大时，有人会认为议题与己无关，抱着无所谓的态度而不愿开动脑筋。会议主持人应采取恰当的方法把他们引导到会议议题上来，促使其思考问题。

四是对立的沉默。有的人对会议主持人或会议议题有对立情绪，会出现不予理睬的态度。如果他们的意见确实有必要公开出来，会议主持人应主动、热情地引导他们发言，即便是对立的意见也应给予鼓励与支持。

当然，会议中还有一些出于其他原因的沉默现象。如有的人不吭声可能是表示同意，有的人暂时不表态可能是想听别人的意见后再说，有的人不表态是没有新的意见等，这些情况均属正常，不必在意。

（三）善于控制离题发言

在会议发言中还常会出现跑题的现象。这种现象与冷场恰恰相反，可以算是会议“热烈”得过了火。离题时不可强扭，也不能不扭。强扭会挫伤积极性，不扭就可能开成无效的会议。

出现离题发言主要有两种情况：一种是闲话式的离题。会议讨论中谈论传闻、逸事及与议题无关的闲话，而且喜欢海阔天空、津津有味地谈论，越扯离议题越远。这种现象通常是因为与会者认为议题与自己无关，不感兴趣而出现的；也有的人认为议题不好发言，而沉湎于题外话。这时，会议主持人应采取措施：一是接过讨论的某句话，顺势巧妙自然地引回正题上来；二是联系议论的某一层意思，提出新的话题引入正题；三是用一句风趣的话截住闲谈，引入正题。

另一种是发挥式的离题。发言者为表现自己的才能，或显示自己的见解，自觉或不自觉地讲与议题无关的内容。对这种离题现象的处理也不能简单粗暴，而应尽可能采用不影响情绪和气氛的方式，用礼貌的形式提醒发言者。

六、理智应对影响会议的人

会议上都有可能存在口若悬河的与会者或一言不发的与会者，对于事事都要争论不休的与会者或一开口就跑题的与会者。作为会议主持人，应理智地应对。

（一）应对口若悬河的人

有的人话太多，他总喜欢听自己说话，似乎要利用每次会议来垄断讨论。如果会议主持人事先知道这类人，应安排他坐在自己的左右。如果他发言了，可以给他适当的时间，然后说："你提出的这几点很好，现在让我们听听其他人的观点。"以此打断他。如果这一招无效，就限定时间，比如每人只准发言两分钟。

（二）应对胆小的人

有的人胆小，当他想在众人面前讲话时，就会紧张。会议主持人可以问一些他能够回答的问题，比如他的工作、家庭或他如何处理某一特殊情况等。有机会就表扬他，拍拍他的肩膀肯定他，帮助他克服发言时的不安心理。

（三）应对窃窃私语的人

当一个人开始与周围的人交谈，干扰了会议时，最好的办法是尽可能用眼神制止他。但总有些人毫不体谅他人的感受，会议主持人不得不提醒他们。可以通过直接提问来试着打断交谈者，或者停止发言，等着他们安静下来。

（四）应对争论不休的人

事事都要争论的与会者会把一个挺好的会议弄糟，会议主持人要尽量搞清楚他们为什么每件事都过不去，一旦找到了原因，事情就好办了。

七、圆满地结束会议

无论什么类型的会议，在会议结束的时候重新回顾一下会议的目标、取得的成果和已经达成的共识，以及需要执行的行动都是很有必要的。

（1）总结主要的决定和行动方案以及会议的其他主要成果。

（2）回顾会议的议程，表明已经完成的事项以及仍有待完成的事项，说明下次会议的可能议程。

（3）给每一位与会者一点时间说最后一句话。

（4）就下次会议的日期、时间和地点问题达成一致意见。

（5）对会议进行评估，在一种积极的气氛中结束会议。主持人可以对每一位与会者的表现表示感谢，然后结束会议。

子情境三　线上会议沟通技巧

情景导入

初创公司的线上战略会议

某专注于环保科技产品研发的初创公司，近期研发出一款新型家用空气净化设备。为将产品顺利推向市场，公司组织线上战略会议，各部门负责人参会。

市场部李经理率先发言，展示详尽的市场调研报告，表明产品定位中高端家庭用户，前景广阔，并规划一系列推广活动，如与家居博主合作、举办线上发布会等。研发部张主管接着表明，产品性能稳定，但需依据市场反馈微调部分功能。例如，部分测试用户反映净化速度可进一步提升。销售部王经理提出异议，认为产品定价偏高，目标客户群可能对价格敏感，建议降低价格以提高竞争力。财务部赵经理则表示，当前成本核算下，降价会压缩利润空间，需谨慎考虑。

此时，公司创始人兼 CEO 林总发言，肯定大家积极讨论，强调需综合考量各方面因素，在保证产品质量与利润的前提下，制定最佳市场策略。但在讨论过程中，网络突然卡顿，销售部王经理的声音断断续续，部分内容大家没听清，导致沟通出现短暂混乱。

问题与思考：

1. 会议中不同部门观点冲突，如销售部想降价，财务部担心利润，你认为应如何协调这种冲突，找到最佳解决方案？

2. 出现网络卡顿会影响沟通，若你是会议组织者，应提前采取哪些措施预防此类情况发生？出现问题后，又该如何快速解决以保证会议顺利进行？

3. 从这个案例看，线上会议沟通与线下相比，存在哪些独特挑战？为克服这些挑战，提升沟通效果，参会者和组织者分别要注意什么？

近年来，线上会议使用频率越来越高，在如今的远程办公环境中，开好线上会议至关重要。明确会议目标、选择合适的工具、做好准备工作、确保有效沟通、记录会议要点、总结和反馈是成功的关键。因此，需要掌握一些线上会议沟通的技巧。

一、明确会议目标

明确会议目标有助于参会人员了解会议的重要性和目的，从而提高参与度和效率。会议目标可以是向参会者准确传递关键信息，如公司发布新政策、项目进展汇报等；也可以是针对重要事项讨论并达成决策；或针对问题研讨解决方案；或采用头脑风暴法来收集创意想法；或加强团队成员沟通，促进协作。

应提前将会议目标通知所有参会者，让他们了解会议的重要性和他们需要准备的内容。这不仅能提高参会者的准备度，还能确保他们在会议中更有针对性地参与讨论。

二、选择合适的工具

选择合适的线上会议工具能够大大提高会议的效率和效果。不同的工具有不同的功能和优势，因此选择适合团队需求的工具非常重要。

（一）常见的线上会议工具

1. 腾讯会议

功能强大，提供全平台一键接入、音视频智能降噪、美颜、背景虚化、锁定会议、屏幕水印等功能，还能实时共享屏幕，支持在线文档协作。

2. 钉钉

不仅召开会议便捷，还融合了办公管理等多样功能。能一键发起会议，团队协作高效有序。可自动匹配发言人字幕，智能提炼会议要点。

3. 飞书

以创新理念打造会议新体验，视频会议与即时沟通和日历深度整合，“妙享”功能可实现各种文档在线互动，还能一键发起万人会议直播，自动生成会议纪要。

4. Zoom

全球连接稳定可靠，画面清晰，语音同步精准。提供高清的视频和音频质量，支持大规模的会议和网络研讨会，有分组讨论室、虚拟背景、屏幕共享和会议录制等功能。

5. Microsoft Teams

Microsoft Teams 是 Microsoft 365 套件的一部分，与 Office 应用程序无缝集成，用户可以直接从聊天中启动视频会议。支持高清的视频和音频会议、屏幕共享、文件共享、实时字幕和翻译等功能。

（二）如何选择线上会议工具

选择线上会议工具时，可以考虑以下因素。

1. 功能需求

如果需要进行大规模的会议或网络研讨会，Zoom、腾讯会议等可能更适合；如果注重团队协作功能，如白板、文件共享、会议内聊天等，Microsoft Teams、飞书等会是不错的选择；如果对会议录制、实时字幕等功能有需求，也可以根据不同软件的特点进行选择。

2. 视频和音频质量

高清的视频和清晰的音频是确保会议顺利进行的基础，腾讯会议、Zoom、Microsoft Teams 等主流线上会议软件在这方面都有较好的表现。

3. 安全性和可靠性

对于涉及敏感信息的会议，安全性和可靠性尤为重要。企业应选择符合国际公认的安全标准，并提供数据加密、单点登录和多因素身份验证等安全功能的软件。

4. 价格

不同的线上会议软件收费标准不同，企业可以根据预算选择适合的软件。一些软件如腾讯会议、钉钉等提供免费版，适合个人和小型团队使用；而对于大型企业，可能需要选择付费版本以获得更多的功能和服务。

三、做好准备工作

准备工作是确保会议顺利进行的关键，包括制定详细议程、准备相关资料和测试设备和网络等。

（一）制定详细议程

提前制定详细的会议议程，包括每个议题的讨论时间和负责人员。这有助于控制会议时间，确保每个议题都能得到充分讨论。

（二）准备相关资料

确保所有与会人员在会议前能够获取并熟悉相关资料，如报告、数据分析、项目进度等。这能够帮助他们在会议中更有效地参与讨论和决策。如果需要发言，要提前整理好思路，准备好相关资料。

（三）测试设备和网络

在会议前，测试设备和网络连接，确保视频、音频和屏幕共享功能正常工作，可以避免在会议过程中出现技术问题，影响会议进程。

四、确保有效沟通

有效的沟通是开好线上会议的核心。要确保每个参会者都有机会发言，并能清晰地表达自己的观点。

（一）制定沟通规则

在会议开始时，制定并宣布一些基本的沟通规则，如发言顺序、如何提问、如何进行讨论等。这有助于组织者更好地管理会议进程，避免混乱。

（二）使用互动工具

利用线上会议平台中的互动工具，如投票、聊天、举手等功能，可增加参会者的参与度和互动性。这能够让会议更有趣、更高效。

（三）应对突发情况

如果出现网络卡顿或者掉线的情况，不要慌张，尽快重新连接，回到会议后简单地向大家解释一下情况。如果和其他参会者发生意见分歧，要保持冷静，以平和的语气沟通，以解决问题为目的，而不是争论对错。

课堂互动

某公司正在进行线上会议，讨论新产品的推广方案。团队成员分布在不同城市，通过线上会议软件沟通。市场专员小李在展示推广方案PPT时，因网络不稳定，画面频繁卡顿，声音也断断续续。作为会议主持人，面对小李网络卡顿的情况，你会采取哪些措施保障会议顺畅进行？为避免类似问题，下次会议前，团队需要做好哪些准备工作？

五、记录会议要点

记录会议要点是确保会后能够跟踪和落实会议决策的重要步骤。

（一）指派记录员

在会议开始前，指派一名记录员，负责记录会议讨论的主要内容、决策和行动事项。这能够确保所有重要信息都被记录下来，并能在会后进行跟踪和落实。

（二）利用技术手段

可利用人工智能技术，如语音识别、自动记录等，提高会议记录和管理的效率，减少人工操作的时间和误差。利用数据分析工具，可对会议记录和决策进行分析和评估，找出会议中存在的问题和改进的方向，提高会议的整体效果。

（三）分发会议纪要

在会议结束后，尽快将会议纪要分发给所有参会者，并明确每个行动项的负责人和截止日期。这能够帮助参会人员更好地落实会议决策，确保工作进展顺利。

六、总结和反馈

会议总结和反馈是确保会议效果和不断改进的关键步骤。

（一）总结会议成果

在会议结束时，简要总结会议的主要成果和决定，以确保所有参会者都清楚会议的结论和后续行动计划。

（二）征求反馈意见

在会后，要征求参会者对会议的反馈和建议。这能够帮助组织者了解会议的效果，并不断改进未来的会议组织和管理。

沟通素养

在会议沟通中不能做的几件事

1. 打断别人的讲话。

当别人正在会议上表达自己的观点时，其思路及逻辑的陈述是非常清晰及有条理性的，如果在别人讲话时你突然随便插话，刻意去打断别人的话题，就是在给别人制造难题。如果有问题，可以记录下来，等别人讲完了你再发表自己的观点。

2. 对别人的工作不了解，但仍然指手画脚。

有些人总是感觉别人的工作做得不够好，总是认为别人跟他的想法相左，但是他又不了解别人的工作内容，或者只是自己略懂一点皮毛，真正的核心工作却不懂，但他却在会议上指手画脚，觉得自己的观点都是对的。这种老是否定别人的做法，着实让人反感。

3. 将会议中安排给自己的工作，推给别人去做。

会议经过讨论以后，已经决定了工作的具体分配，大家只需按会议上的决定去执行就行了，但有个别人总喜欢把自己的工作推来推去，觉得这不是自己的工作，是别人应该做的。这种喜欢推卸责任的做法也会让人反感。

4. 不懂得协调沟通，只会发火。

在会议中遇到别人与自己辩论时，不知道如何与对方好好协调沟通，当辩论激烈时只会拍桌子，跟对方发火，这种方式不可取，会给别人留下做事不够沉稳的不良印象。

工作上的一些讨论，特别是在会议上，有些禁忌要心中有数，遇到问题可以好好沟通协调。会议沟通中每个参会者的行为，不仅体现了参会者的个人修养，而且也会影响会议效率。

技能训练

1. 假如你是一次会议的主持人，在会议中遇到以下问题，你会怎么处理？

（1）让会议中的讨论更热烈。

（2）打断会议中的某项讨论。

（3）几位与会者在开小会。

（4）两位与会者就一个观点发生争执。

（5）与会者问了会议主持人一个难以回答的问题。

（6）调查对一个观点的支持程度。

（7）想知道自己是否是个成功的会议主持人。

2. 请你借参加一个座谈会的机会，选定一位与会者，观察其在会议沟通时的语言和姿态，运用所学知识进行分析，并指出其优缺点。

情境五

与同事沟通技巧

知识目标

1. 了解受同事欢迎的技巧，掌握与同事融洽相处的技巧；
2. 掌握与同事沟通的技巧。

能力目标

1. 具备与同事融洽相处的能力；
2. 具备运用沟通技巧进行沟通的能力。

素养目标

1. 了解中国“和”文化，建立良好的人际关系；
2. 培养团结协作的集体意识和奉献精神。

能力测试

你与同事之间的沟通顺畅吗?

与同事沟通时要讲究方法、策略和技巧的有效运用，请通过下列问题对自己的该项能力进行测试。

1. 面对同事的缺点和错误时，你会怎样做?

A. 委婉沟通，引导发现　　B. 直言相告

C. 什么都不说

2. 发现同事的优点或者同事取得好的业绩时，你会怎样?

A. 及时赞美和祝贺　　B. 非常关心，想学习其经验

C. 羡慕

3. 当你听到同事在背后说别人的坏话时，你会怎么办?

A. 不传话　　B. 有时会加以制止

C. 在一定范围内告诉别人

4. 你和同事之间经常怎样看待对方?

A. 相互讨论双方的优点　　B. 相互讨论双方的缺点

C. 能很好地谈论对方

5. 在和同事沟通时，你会注意自己的语气和语调吗？

A. 每次都非常注意　　B. 重要场合才会注意

C. 很少注意

6. 在和同事沟通时，你如何把握词语的使用？

A. 总能找到准确的词语　　B. 偶尔找不到合适的词语

C. 经常词不达意

7. 同事在工作中出现重大错误时，你会怎样做？

A. 直言相告并帮助补救　　B. 告知上级并共同补救

C. 视关系而定

8. 当同事对你的工作提出意见时，你会持何种态度？

A. 积极沟通，找出差距　　B. 接受意见，自我检查

C. 表面接受

9. 当你和同事出现误会时，你会怎么办？

A. 及时沟通，消除误会　　B. 通过第三方沟通

C. 等待对方找自己沟通

10. 当你进入一家新公司时，你如何认识新同事？

A. 主动认识每个人　　B. 积极认识部门里的人

C. 在工作中慢慢熟悉

计分方法：选 A 得 3 分，选 B 得 2 分，选 C 得 1 分。

解析：

1. 总分为 24 分以上：你与同事的沟通能力很强，请继续保持和提升。
2. 总分为 15～24 分：你与同事的沟通能力一般，请努力提升。
3. 总分为 15 分以下：你与同事的沟通能力较差，急需提升。

子情境一　受同事欢迎的技巧

受同事欢迎的技巧

情景导入

小乐的错误

小乐是一名踏实肯干的女孩子，能够很好地完成老板交给的任务。所以老板对她很是器重和信任，经常把一些较为复杂的工作放心地交给她去做。

更让小乐感到自豪的是，只要自己一从老板办公室出来，大伙儿就对自己亲热起来，问长问短。原来，大家总是想从小乐口里套到有关公司的机密。为了和大家打成一片，小乐就把公司的一些事儿告诉了大家。

可是，慢慢地，小乐发现如此“牺牲”并没有换来同事的真心。一天，她无意中听到同事在背后说：“一个连老板都敢出卖的人，估计不是什么好人，谁敢和她走得

近！”听到这种话，小乐欲哭无泪，也很心寒。

小乐其实犯了和同事交往的一个大忌，不应该把公司的秘密泄露出去。在和同事交往中一定要知道什么话能说，什么话不能说。

问题与思考：

1. 小乐是通过什么方法让同事喜欢她的？这样做达到目的了吗？为什么？
2. 你会用什么方法让你的同事喜欢你？

人人都希望自己能受到别人的欢迎，但事实上并非人人都受欢迎，因此要使自己受别人欢迎实在很不容易。

一、不要过分表现自我

表现自己并没有错。在现代社会，充分发挥自己的潜能，表现出自己的才能和优势，是适应挑战的必然选择。但是，表现自己要分场合、分方式。人类喜欢表现自己就像孔雀喜欢炫耀美丽的羽毛一样正常，但刻意的自我表现就会使热忱变得虚伪，自然变得做作，最终的效果还不如不表现。

沟通故事

小马的表现

小马是一家大公司的高级职员，平时工作积极主动，表现很好，待人也热情大方。但有一天，一个小小的动作却使他的形象在同事眼中一落千丈。那是在会议室里，当时好多人都等着开会，其中一位同事发现地板有些脏，便主动去拖地。而小马似乎有些身体不舒服，一直站在窗台边往楼下看。突然，他走过来，一定要拿过那位同事手中的拖把。本来地差不多已经拖完了，不再需要他的帮忙。可小马却执意要求，那位同事只好把拖把给了他。

刚过半分钟，总经理推门而入。小马正拿着拖把勤勤恳恳、一丝不苟地拖着地。这一切似乎不言而喻了。

故事启发：

在工作中，往往有许多人掌握不好热忱和刻意表现之间的界限。热忱绝不等于刻意表现。在他人需要关心的时候给予关心，在应当拼搏的时候努力付出，真诚自然，谁都会赞许。而不失时机甚至抓住一切机会刻意表现出自己“与群众打成一片”“关心别人”“是领导的好下属”，则会让人觉得虚假而不愿与之接近。

许多人总爱凸显自己的表现，常使别人产生排斥感和不快情绪。善于自我表现的人常常既“表现”了自己，又不露声色。他们与同事进行交谈时多用“我们”而很少用“我”，因为后者给人以距离感，而前者则使人觉得较亲切。要知道“我们”这个字眼，代表着“你也参加”，往往使人产生一种“参与感”，还会在不知不觉中把意见相异的人划为同一立场，并按照自己的意图影响他人。

二、用微笑打动人

在现实的工作和生活中，一个人对你满面冰霜、横眉冷对；另一个人对你面带笑容，温暖如春，他们同时向你请教一个工作上的问题，你更欢迎哪一个？当然是后者，你会毫不犹豫地对他知无不言，言无不尽；而对前者，恐怕就恰恰相反了。

沟通故事

计算机公司经理的微笑

一位计算机公司的经理讲述他如何为一个很难填补的职位缺额找到了一位适当的人选：

“我为了替公司找一个计算机专业的博士几乎伤透了脑筋，最后我找到一个非常好的人选，他刚刚从名牌大学毕业。几次电话交谈后，我知道还有几家公司也希望他去，而且这几家公司都比我们公司大，比我们公司有名。当他表示接受这份工作时，我真的是非常高兴，也非常意外。他开始上班后，我问他，为什么放弃其他更优厚的条件而选择我们公司。他停了一下，然后说：‘我想是因为其他公司的经理在电话里是冷冰冰的，商业味很重，让我觉得好像只是一次生意上的往来。但你的声音，听起来似乎你真的很希望我能成为你们公司的一员。因为我似乎看到，电话的那一边，你正在微笑着与我交谈。你可以相信，我在听电话的时候也是笑着的。’”

故事启发：

如果说行动比语言更有力量，那么微笑就是无声的行动，它所表示的是：“我对你很满意。你使我快乐，见到你我很高兴。”

三、赞美是惠人悦己的“开心果”

人人都喜欢赞扬。人们对于被肯定的渴望，绝不亚于对食物和睡眠的需要。而人们渴望被肯定的本质说到底就是渴望被重视、渴望赞美。

我们的同事也像我们自己一样，渴望得到别人的欣赏和赞美。欣赏和赞美是所有人都欢迎的东西。如果我们真心诚意地想与同事融洽相处，就不要光想着自己的成就、功劳，而需要去发现别人的优点、长处、成绩，然后不是虚情假意地逢迎，而是真诚地、慷慨地去赞美。

四、不传播闲话

有人的地方就会有流言，在一个复杂而忙碌的工作组织中，流言蜚语、小道消息是少不了的。传播伤害他人的流言，有时是出于嫉妒、恶意，有时是为了借揭示别人不知道的秘密来抬高自己的身价，这些都是极令人厌恶的事情。

沟通故事

焦先生的悔恨

焦先生刚刚入职某公司一个月。这一个月来由于他处处小心做事，每每笑脸相迎，所以同事们对他的态度也颇为友善，不曾遇到他所担心的任何麻烦。一天，同部门的人决定一起去餐厅聚餐以度周末。席间大家有说有笑，无所不谈，其中一位同事与焦先生最谈得来，几乎把公司里的种种问题，以及部门每位同事的性格、缺点都尽诉无遗。焦先生一时受宠若惊，加之对公司里的人事一无所知，很珍惜这样一位“知无不言，言无不尽”的同事，彼此显得相当投机，于是开始放松自己的防卫，将一个月来看到的不顺眼、不服气的人和事通通向这位同事倾诉，甚至还批评了部门里一两位同事的不是之处，借以发泄心中的闷气。

不料这位同事不出几日便将这些“恶言”转达给了其他同事，这令焦先生狼狈之极，也孤立之极，几乎在部门里没了立足之地。这时焦先生才如梦初醒，悔不该一时激动没管好自己的嘴巴，忘记了“来说是非者，必是是非人”这样一个浅显的道理。

故事启发：

初到新环境中，必须学会与同事保持一段距离，凡事采取中道而行，适可而止。在大家面前不要轻易显露行动及言行，学习做个聆听者，公平对待每一位同事，避免建立任何小圈子，对谣言一笑置之，如此才能尽快适应新环境，打开新局面。

现代社会中，人与事变得越来越错综复杂，要想置身于一切流言之外是不可能的，但我们必须相信：别人的嘴巴是长在别人的身上，不可能管得了；但自己的耳朵和嘴巴却是长在我们自己身上，完全有可能让自己少听少传。更重要的是，手脚是在自己身上的，自己勤快些做事，以行动来对抗流言蜚语是最有效的。

五、不要计较一己之利

一辈子不吃亏的人是没有的，问题在于我们如何看待吃亏。

同事间你来我往，无法做到绝对公平，总是要有人承受不公平，要吃亏。既然吃亏有时是无法避免的，那何必要去计较不休、自我折磨呢？

有些人与同事的关系不好，是因为过于计较自己的利益，老是争取种种“好处”，时间长了难免引起同事的反感，无法得到大家的尊重，而且他们总在有意或无意之中伤害同事，最后使自己变得孤立。事实上，这些东西未必能带来多少好处，反而弄得自己身心疲惫，并失去了良好的人际关系，可谓得不偿失。豁达的处世态度无疑会赢得同事的好感，也会增添你的人格魅力，会带来更多的“回报”。俗语所说的“吃小亏占大便宜”从一定程度上说明了这个道理。

六、乐于向老同事学习

老同事相对来说积累了更多的经验，有机会时我们不妨聆听他们的见解，从他们的成败得失里寻找可以借鉴的地方，这样不仅可以帮助我们少走弯路，更会让他们感到我们对他们的尊重。

七、对新同事提供善意的帮助

新同事对工作还不熟悉，很想得到大家的指点，但是他们心有怯意，不好意思向人请教。我们主动去关心、帮助他们，在他们最需要得到帮助之时伸出援助之手，往往会让他们铭记终生，并且会在今后的工作中更主动地配合和帮助你，切不可自以为是，把新同事不放在眼里，在工作中不尊重他们的意见，这些态度都会伤害对方，从而使其对你产生厌恶感。

八、多点乐观和幽默

如果我们从事的是单调乏味或较为艰苦的工作，千万不要让自己变得灰心丧气，更不可与其他同事在一起抱怨，而要保持乐观和幽默。因为乐观和幽默可以消除彼此之间的敌意，更能营造一种亲切的人际氛围，使自己和他人变轻松，有助于消除工作中的劳累。当然，我们要注意把握分寸，分清场合，否则会讨人嫌。

只要你以真诚的态度注意从以上几个方面去努力实践，同时在工作时保持做人的正义感，那么做个让人喜欢的好同事，得到一个好人缘并不难，工作便也成了一件让人快乐的事。

子情境二　与同事融洽相处的技巧

与同事融洽相处的技巧

情景导入

学会先说是我的错

某公司财务处小李一时粗心，错误地给一位请病假的员工发了全薪。在他发现这项错误之后，首先想到的是千万别让老板知道，否则老板肯定会对他的办事能力有所怀疑。于是他匆匆找到那位员工，说必须纠正这项错误，求他悄悄退回多发的薪金。但遭到断然拒绝，理由是：公司发多少就领多少，是你们愿意给，又不是我要的，白给谁不要？小李虽然很气愤，但还是平静地对那位员工说：“那好，既然这样，我只能请老板帮忙了。我知道这样做一定会使老板大为不满，但这一切混乱都是我的错，我必须在老板面前承认。”

就在那位员工还站在那里发呆的时候，小李已大步走进了老板的办公室，告诉他自己犯了一个错误，然后把前因后果都告诉了他，并请他原谅和处罚。老板听后，大发脾气地说这应该是人事部门的错误，但小李重复地说这是自己的错误；老板于是又大声地指责会计部门的疏忽，小李又解释说不怪他们，实在是自己的错；老板又责怪起与小李同办公室的另外两位同事，可小李还是固执地一再说是他自己的错，并请求处罚。最后老板看着他说：“好吧，这是你的错，可那小子（那位错领全薪的员工）也太差劲了！”自那以后，老板更加看重小李了，因为他能够知错认错，并且有勇气不寻找借口推脱责任。

问题与思考：

1. 小李是如何处理同事关系的？对你有什么启发？
2. 如果遇到这种情况，你认为怎样处理比较妥当？

在与同事相处的过程中，应该掌握一定的技巧，让自己有一个融洽的工作环境。

一、好心态才有融洽的同事关系

同事之间最容易形成利益竞争关系，如果对一些小事不能正确对待，就容易形成分歧。日常交往中我们不妨注意把握以下几个方面，建立融洽的同事关系。

（一）以大局为重，多补台少拆台

同事之间由于工作关系而走在一起，要有集体意识，以大局为重，形成利益共同体。特别是在与外单位的人接触时，要形成“团队形象”的观念，多补台少拆台，不要为自身小利而害集体大利，最好“家丑不外扬”。

（二）对待分歧，要求大同存小异

同事之间由于经历、立场等方面的差异，对同一个问题往往会产生不同的看法，引起一些争论，一不小心就容易伤和气。因此，与同事有意见分歧时，一是不要过分争论。客观上，人接受新观点需要一个过程，主观上往往还伴有“好面子”“争强好胜”的心理，彼此之间谁也难服谁，此时如果过分争论，就容易激化矛盾而影响团结。二是不要一味“以和为贵”。即使涉及原则问题也不坚持、不争论，而是随波逐流，刻意掩盖矛盾。面对问题，特别是在发生分歧时要努力寻找共同点，争取求大同存小异。实在不能一致时，不妨冷处理，表明“我不能接受你们的观点，我保留我的意见”，让争论淡化，又不失自己的立场。

（三）对待升迁、功利，要保持平常心，不要嫉妒

许多同事平时一团和气，然而遇到利益之争，就当“利”不让。或在背后互相诋毁，或嫉妒心发作，说风凉话。这样既不光明正大，又于己于人都不利。对待升迁、功利，要时刻保持一颗平常心。

（四）与同事交往时，保持适当距离

在一个单位，如果几个人交往过于频繁，容易形成表面上的小圈子，容易让别的同事产生猜疑心理，让人产生“是不是他们又在谈论别人是非”的想法。因此，在与上司、同事交往时，要保持适当距离，避免形成小圈子。

（五）在发生矛盾时，要宽容忍让，学会道歉

同事之间经常会出现一些磕磕碰碰，如果不及时妥善处理，就会形成大矛盾。俗话说：“冤家宜解不宜结。”在与同事发生矛盾时，要主动忍让，从自身找原因，换位为他人多想想，避免矛盾激化。如果已经形成矛盾，自己又的确不对，要放下面子，学会道歉，以诚心感人。退一步海阔天空，如果有一方主动打破僵局，就会发现彼此之间并没有什么大不了的隔阂。

沟通素养

沟通效率

沟通效率是一个团队能力表现的重要方面，尤其是内部同事之间的沟通效率。很多工作的顺利完成，依赖各个成员之间的相互支持、配合、协作。因此，有效、高效地沟通，是快速完成工作的基础。

先看一个小案例，会计 A 需要找到两个公司的分红明细表，然后根据这个表去做会计分录，这是一项很简单的工作。然而从中午到晚上下班，会计 A 都没有拿到表。过程简单如下：会计 A 是新人，所以她在微信工作群里求助，主管在群里发了表格，但是未面对面知会。会计 A 找了复核，复核又找了主管，主管先后给了两份纸质版。结果，复核转手的时候，只给了一份，后面那一份就忘记给了。这样一件很简单的事情，5 分钟就能搞定，但最终却花了一天的时间也没能完成。

在这个事件中，三者都存在问题，高效的沟通方式，至少要做到以下三点：

首先，要注重合作，加强团队意识。相关负责人，要以尽快做成事为出发点，而不是机械地、形式地去完成这些动作，彼此独立，缺乏成事的合作精神是不可取的。时刻记住彼此是一个团队，即便是很简单的一项工作，也需要大家积极配合完成。

其次，同样条件下选择高效的沟通方式。沟通要坚持重点原则：能面对面的，不打电话；能打电话的，不发微信；能发微信的，不发邮件。每种沟通方式得到反馈的时长都不一样，要根据事情的紧急程度选择相应的方式。

最后，要注重闭环意识，对信息沟通有一定的敏感度。有效的沟通，是让有效的信息准确完整地传递到要沟通的对象，但是只传递是远远不够的，还需要沟通的对象及时做出反馈，这样才能避免出现信息不对称、不及时。

建设一个默契、高效的团队，不是一朝一夕之事，需要每一位成员在这个过程中，能够目标一致、力出一孔，学会换位思考、彼此支持。适时做沟通总结，才能让团队内部的沟通效率迅速地得到提升。

二、掌握与同事相处的技巧

（一）学会安慰和鼓励同事

俗话说：危难显真情。如果同事自己或者家人遇到什么不幸，工作情绪非常低落，往往最需要他人的安慰和鼓励。这时，你应该学会安慰和鼓励同事，让同事把心中的烦恼和痛苦说出来，帮助同事解决困难、分担痛苦。同事一旦把心中不顺心的事情说出来，痛苦、郁闷的感觉就会减轻。

（二）遇事勤于向同事求援

许多人遇到自己不能解决的困难时，总是难于向别人启齿，或者不希望给别人带来麻烦，这是不对的。一方面，如果你不向别人求援，别人就不知道你的困难，那么你就失去了一个解决困难的机会；另一方面，如果你不向别人求援，别人就会误认为你是一个怕麻烦的人，以后别人有事自然就不会和你倾吐衷肠了。应该勤于向同事求援，这样反而能表明你对同事的信赖，从而能进一步融洽与同事的关系，加深与同事之间的感情。当然，求援要讲究分寸，尽量不要使人家为难。

（三）要学会成人之美

真心对待同事也体现在褒和贬上。例如，在单位举行的总结会上，你应该学会恰如其分地夸奖同事的特长和优点，在群众中树立他的威信；如果发现同事的缺点或者有什么不对的地方，应该在与他单独相处时，实事求是地指出他存在的不足和缺点，并帮助他一起完善自己。

（四）不能得理不饶人

如果你是一位嘴巴不肯饶人的人，那么你在与同事交谈时，一定要学会克制自己，不能总想在嘴巴上占尽同事的便宜，否则时间长了，同事就会逐渐疏远你。

（五）不能搞小团体

同办公室有好几个人，你对每一个人都要尽量保持平衡，尽量始终处于不即不离的状态，也就是说，不要对其中某一个特别亲近或特别疏远。在平时，不要老是和同一个人说悄悄话，进进出出也不要总是和一个人。否则，有些人会认为你们在搞小团体。

（六）外出要与同事打招呼

你有事要外出一会儿，或者请假不上班，虽然批准请假的是领导，但最好要同办公室里的同事说一声。即使临时出去半个小时，也要与同事打个招呼。这样，倘若领导或熟人来找，也可以让同事有个交代。如果你什么也不愿说，正好有要紧的事，同事就没法说了，有时也会懒得说，而受到影响的恐怕还是你自己。互相告知，既是共同工作的需要，也是联络感情的需要，它表明双方互有的尊重与信任。

（七）不能明知而推说不知

同事出差去了，或者临时出去一会儿，这时正好有人来找他，或者正好有电话找他，如果同事走时没告诉你，但你知道，你不妨告诉他们；如果你确实不知，那不妨问问别人，然后再告诉对方。明明知道，而你却说不知道，一旦被人知晓，那彼此的关系势必会受到影响。外人找同事，不管情况怎样，你都要真诚和热情，这样即使没有起实际作用，外人也会觉得你们的同事关系很好。

小资料

与同事相处 36 计

第 1 计：宽以待人，严于律己。
第 2 计：友好相处的基础在“与人为善”。
第 3 计：与人相处应当虚怀若谷。
第 4 计：待人必须谦虚有礼。
第 5 计：懂得“听人说话”是受别人欢迎的前提。
第 6 计：只有善于展示真实的自己，才能更加吸引别人对自己的注意力。
第 7 计：初次交往的成败关键是适当地寒暄。
第 8 计：赢得别人对自己信任的前提是必须先信任别人。
第 9 计：与人交往不要过于亲密，保持适当的距离有助于友谊的持久。
第 10 计：微笑是增进人际关系的宝贵财富。
第 11 计：记住对方的姓名有助于进一步地交往。
第 12 计：“守时”能展现个人的良好品德。
第 13 计：适当地穿着打扮有助于增进人际关系。
第 14 计：良好的姿态能促进双方的交流。
第 15 计：恰如其分地赞美使人交往更愉悦。
第 16 计：与同事相交不念旧恶，对对方的良好表现要及时地给予表扬。
第 17 计：对同事的夸奖要有度，不能过分，过度的奉承反而显得有失诚意。
第 18 计：面对同事的要求不要有求必应，而应量力而行。
第 19 计：同事之间如果有点小误会，可利用“第三者”作为缓冲，以消除误解。
第 20 计：学会借“第三者”的口传达自己的仰慕之情、赞美之意。
第 21 计：与人交往必须把握宽严分寸。
第 22 计：学会用“忍让”“宽容”接纳他人，更能促进相互理解。
第 23 计：有时主动认错，不仅不会降低自己的身份，反而提高自己的信誉。
第 24 计：豁达大度方能不致伤人伤己。
第 25 计：“理解”不是强加给别人的，而是通过自己的举动感染别人。

第 26 计：直视对方，说话诚心诚意。
第 27 计："信任"是友谊的根本。
第 28 计：放弃私我，从对方的利益出发，能轻易地感召他人为己所用。
第 29 计：适时来点幽默可以化解敌意，缓解紧张的气氛。
第 30 计：对待同事应宽宏大量。
第 31 计：人际往来不要害怕主动。
第 32 计：开诚布公是交往的基本法则。
第 33 计：适时的"糊涂"是难得的人际关系润滑剂。
第 34 计：养成"推己及人"的精神。
第 35 计：善解他人"爱屋及乌"的心理。
第 36 计：善用"内方外圆"的处世哲学。

子情境三　与同事沟通的技巧

情景导入

彬彬有礼人不怪

镜头一：在 8 小时之内，知书达理的人会这样向上司、同事打招呼：

在楼道里超过上司往前走时，会点头示意，并说"对不起"；打照面时会点头，略停顿以示礼让；昨日倘若缺勤，早上见上司时主动道歉、解释，即便上司并未在意，也不会就此不了了之；昨晚某同事请吃了晚饭，一早见面再次道谢；尽可能地向见到的同事打招呼，道早安；众多同事在场的情况下如欲先走，定会当众打声招呼，再行告退。

镜头二：在 8 小时之外，知书达理的人会这样与上司、同事讲"礼"：

星期日在街上遇到上司，绝不会佯装看不见而避开；应邀去同事家做客定会准时，按门铃或敲门时绝不会连续不断地进行。

镜头三：上下楼梯或乘电梯的时候，知书达理的人会这样遵守礼仪：

与上司同行，斜后一两步；楼梯上遇到上司或同事，点头致意；乘电梯时，让上司、同事先入，然后进入电梯，听其报楼层，代按之。

镜头四：知书达理的人在迟到或缺勤时，往往会这样处理：

频频迟到，必然会给上司留下该人很不负责、不称职的印象。所以在估计会迟到时，先打招呼，以示有责任心，并将需办的急事提前交代给同事。实在没条件提前报告，如发生交通小事故等，事后也会尽快汇报解释。

问题与思考：

1. 你在工作和生活中有没有遇到以上情景？你是如何处理的？

2. 工作和生活是不是必须分开？除工作沟通外，有没有必要在工作之外与同事沟通？

你也许常常会有这样的困惑，自己工作很卖力，工作能力也不比别人差，兢兢业业地工作了许多年，可总是不被领导所注意和赏识，在同事中也很难找到一两个可以放心地讲心里话的人，于是在工作中常常感到孤立与不顺。久而久之就难免怨天尤人、灰心丧气，大有怀才不遇、命运不济的慨叹。

事实上并非领导看不起你，同事信不过你，原因也许就出在你与他们亲疏远近的关系上。如果你忽视了人与人之间交流、沟通的技巧和重要性，自然会常感力不从心。

一、说话出众才能脱颖而出

说话出众指能够因时、因地、因人而动，善于用语言打动人心，使对方感动，从而能在整个沟通中掌握主动权，最终能使自己的意见较顺利地得到实现。

同事间交流、沟通与合作离不开语言媒介，总体看来有三类：和势语言，用于同事间不存在利益冲突的情况下；攻势语言，用于想通过谈话达到一定目的的情况下；守势语言，用于对方想通过谈话从己方得到利益的情况下。

二、洗耳恭听是沟通成功的前提

在与同事成功的沟通过程中，善于倾听别人的谈话是极其重要的。若想成为一名优秀的谈话者，就请做一个注意听话的人。要令人觉得有趣，就首先要对别人感兴趣。成功的人际关系取决于你捕捉对方观点的能力。

三、会说的不如会问的

同事之间相互交流，沟通感情，除了通过工作关系引起的常规性交谈、商议、讨论外，自然也少不了工作闲暇、茶余饭后的闲扯、聊天。

在交流过程中，人永远只对自己所要的感兴趣，但别人却未必对此有任何兴趣。因此，唯一能影响别人的方法是谈论并引导他也来谈论他所需要的。谈话成功与否，很大程度上取决于谈话双方一问一答间是否取得了一致和默契，问者是否能够通过提问渐渐深入，达到自己的目的，而答者也能欣然地有问必答，甚至滔滔不绝，双方最终都能畅所欲言。

四、无事也登“三宝殿”

人生如戏，工作单位是一个大舞台，“演戏”的人不仅要台上功夫过硬，台下也少不了查漏补缺、打点准备。只有台上台下配合默契、相得益彰，才能真正获得掌声与喝彩。

中国人串门落座之后常爱说这样一句话："无事不登三宝殿"，言外之意是有事相求。其实这正是台下功夫不到家的一个明显例子。会唱台下戏的人常常无事也登"三宝殿"，平日很注意与人保持联系——哪怕是一个电话也好，让别人知道他们在你心目中占一席之地，如果非到有事才找人，未免显得太过功利，惹人反感。

八小时之外到同事家串门，以加强联系、沟通是有必要的，但要把握一定的分寸，懂得做客的学问。太不拘小节会让主人反感，无形之中充当了一个不受欢迎的客人。

总之，要想在工作中得到同事的配合与帮助，相互了解、相互理解，从而相互尊重、相互信任是必不可少的。因而，通过各种方法与同事进行巧妙的交流、沟通，以增进感情、消除彼此的生疏与隔膜，能更好地帮助你的事业向前发展。

技能训练

1. 在一个新的工作环境中应如何与同事相处？
2. 怎样与令人讨厌的同事相处？

情境六

与上级沟通技巧

知识目标

1. 掌握向上级请示汇报的技巧和说服上级的技巧；
2. 掌握与上级沟通的艺术。

能力目标

1. 具备高效地向上级请示汇报的能力；
2. 具备运用沟通技巧说服上级的能力；
3. 具备应对各种棘手问题的能力。

素养目标

1. 树立沟通中的平等意识和尊重意识；
2. 锤炼实事求是的品质，培养担当意识。

能力测试

你会说服你的上级吗？

回答下面的问题，测一测你与上级沟通的能力。

1. 能够自始至终保持自信的笑容，并且音量适中。
2. 善于选择上级心情愉悦、精力充沛时的谈话时机。
3. 已经准备好了详细的资料和数据以佐证你的方案。
4. 对上级将会提出的问题胸有成竹。
5. 语言简明扼要，重点突出。
6. 和上级交谈时亲切友善，能充分尊重上级的权威。

计分方法：每题选择“一贯如此”计 3 分，选择“经常如此”计 2 分，选择“很少如此”计 1 分。

解析：

1. 总分为 14～18 分：你能在工作中自觉地运用沟通技巧，是一个非常受欢迎的人，你的上级很赏识你。

2. 总分为 7～13 分：你已经掌握了很多沟通的技巧，并已经尝试着在工作中运用。你的上级认为你是一个有潜力的人，但你还需努力。

3. 总分为 0～6 分：你应该抓紧时间学习一下和上级的沟通技巧了。因为你现在和上级的关系很不融洽，适当地改善沟通技巧，可以帮助你充分发挥自己的能力，去争取更为广阔的发展空间。

人人都有自己的上级。你的上级就是你面临的一种环境，你应该去适应这种环境。与上级沟通是一种技巧，也是一种技能，需要不断地提升。

子情境一　向上级请示汇报的技巧

情景导入

哪种请示汇报方式好？

“领导，感觉最近员工的士气总是不高，您能不能给我些建议？”

“领导，我感觉最近员工的士气不高，业绩也受到了影响。这两天，我跟大家沟通了一下，感觉主要是临近春节，很多客户都忙着拜年和要账，没有精力跟我们谈广告业务，而我们的业务员也都想着回家过年，所以整个团队士气不高。我感觉春节前这段时间还是很宝贵的，我们必须提高团队的士气，我有两个方案：一是我们在团队内部做个竞赛，业绩排名前六的，公司帮助解决回家的火车票；二是搞个激励活动，对表现良好的，公司准备一个春节大礼包。这两个方案，花费都不会超过 6 000 元，而增加的收入可能是 60 万元，您看选择哪个比较好？”

问题与思考：

1. 以上两种请示汇报方式哪种比较好？为什么？
2. 在向上级请示汇报时应掌握哪些技巧？

对于下属而言，把“问答题”抛给上级是不明智的做法，甚至会导致上级出现错误的判断或决定。所以在请示上级时，一定要掌握请示汇报的技巧。

一、主动汇报工作

向领导请示汇报的技巧

聪明的下属善于主动向上级汇报和请示，征求上级的意见和看法，把上级的意见融入工作中。在职场中，不管工作成效好坏，都不要在上级问起工作进展时才向他汇报，这样做是错误的。工作汇报应随时进行，尤其是发生变动和异常情况时更应及时向上级汇报，这是下属的本职，也是常识。即使是要花费很长时间才能完成的工作，也应该在中途进行汇报，让上级了解工作是不是依照计划进行了，如果不是，需要做哪些方面的调整。

（一）不管是好消息还是坏消息，都要及时汇报

如果错过了时机，所有的汇报都会失去价值。汇报一迟，上级的判断也跟着迟了。这样一来，一定会影响到公司的业务和我们的业绩。特别是不好的消息，更是越早汇报越好，这样上级才能及时想出对策应付。大多数人都喜欢汇报好消息，对于坏消息迟迟不敢汇报，尤其是由自己引起的，那就更不敢讲出来了。其实遇到这种情况时，绝对不可以隐瞒，如果一拖再拖，也许会一发不可收拾，导致最严重的后果。

沟通故事

冯涛的汇报技巧

市建材公司的冯涛从一个用户那里考察回来后，敲开了经理办公室的门。“情况怎么样？”经理问。冯涛坐定后，并不急于回答经理的问话，而是显得有些心事重重的样子。因为他十分了解经理的脾气，如果直接将不利的情况汇报给他，经理肯定会不高兴，搞不好还会认为自己没尽力去办。经理见冯涛的样子，已经猜出了肯定是对公司不利的情况，于是改用另一种方式问道：“情况糟到什么程度，有没有挽救的可能？”“有！”这回冯涛回答得倒是十分干脆。“那谈谈你的看法吧！”冯涛这才把他考察到的情况汇报给经理：“我这次下去了解到，这个客户之所以不用我们厂的产品，主要是因为他们已经答应从另一个乡镇建材厂进货。”“竟有这样的事！那你怎么看呢？”“我想是这样的，我们公司的产品应该比乡镇企业的产品有优势，我们的产品不但质量好而且价格还很公道，在该省已经有一定的知名度……”

故事启发：

向上级请示汇报一定要掌握技巧，特别是坏消息，如果处理不好，可能会引火上身，冯涛的汇报技巧就是先给经理打预防针，然后再顺势而行。

（二）分阶段汇报

下属在准备做一件事时，应提前向上级做汇报。在做事过程中为了不让上级忘记，可以不断地汇报工作的进展情况。当工作已经取得了初步的成绩，即将进入一个新的工作阶段时，主动向上级汇报自己前一阶段的工作和下一步的打算，也是十分必要的，这可以使上级了解你的工作成绩和将来的发展，并给予必要的指导和帮助。如果不主动汇报，上级就会觉得你工作不称职。实际上，多主动向上级汇报，还可以让上级知道你的长处和优点，这对你的发展显然是很有好处的。

二、向上级请示汇报的程序

（一）仔细聆听上级的命令

在一项工作确定了大致的方向和目标之后，上级通常会指定专人来负责该项工作。如果上级明确指示你去完成某项工作，那你一定要用最简洁有效的方法明

白上级的意图和工作的重点。此时你不妨利用传统的“5W2H”法来快速记录工作要点，即弄清楚该命令的时间（When）、地点（Where）、执行者（Who）、为了什么目的（Why）、需要做什么工作（What）、怎样去做（How）、需要多少工作量（How many）。在上级下达完命令之后，立即将自己的记录进行整理，再次简明扼要地向上级复述一遍，看是否还有遗漏或者自己没有领会清楚的地方，并请上级加以确认。

小资料

在面对上司的指示时，应明确下面几个问题：

（1）上司希望做的是什么；

（2）这项任务的具体目标是什么；

（3）完成这项任务的最佳做法是什么；

（4）公司在这一项目上准备投入多少资源；

（5）怎样进行工作报告，报告中包括哪些内容，什么时候需要报告，应该向谁报告，信息要求以什么形式呈报。

（二）与上级探讨目标的可行性

上级在下达了命令之后，往往会关注下属对该问题的解决方案，他希望下属能够对该问题有一个大致的思路，以便在宏观上把握工作的进展。所以，作为下属，在接受命令之后，应该积极开动脑筋，对即将负责的工作有一个初步的认识，告诉上级你的初步解决方案，尤其是对于在工作中可能会出现的困难要有充分的认识，对于在自己能力范围之外的困难，应提请上级协调别的部门加以解决。

（三）拟订详细的工作计划

在明确工作目标并和上级就该工作的可行性进行讨论之后，你应该尽快拟订一份工作计划，再次交给上级审批。在该工作计划中，应该详细阐述你的行动方案与步骤，尤其是对你的工作时间进度要给出明确的时间表，以便于上级进行监控。

（四）在工作进行之中随时向上级汇报

现在，你已经按照计划开展工作了，那么，你应该留意自己工作的进度是否和计划一致，无论是提前还是延迟了工期，你都应该及时向上级汇报，让上级知道你现在在干什么，取得了什么成效，并及时听取上级的意见和建议。

（五）在工作完成后及时向上级总结汇报

工作完成后你应该及时将此工作向上级总结汇报，总结成功的经验和其中的不足之处，以便于在下一次的工作中改进提高。同时，不要忘记在总结报告中提及上级的正确指导和下属的辛勤工作。至此，一项工作的请示与汇报才算基本结束。

千万不要忽视请示与汇报的作用，因为它是你和上级进行沟通的主要渠道。你应该把每一次请示汇报工作都做得完美无缺，这样上级对你的信任和赏识也就会慢慢加深了。

三、请示与汇报的基本态度

小资料

如何汇报工作？

1. 明确想要传递的信息

无论你汇报了多少内容，都需要明确目的——让领导听完后记住核心内容。

2. 汇报内容，从结论开始

想让人在短时间内听清楚你想传递的信息，并且能继续听下去，需要注意你所汇报的内容的结构。应先阐述结论，再通过其他分层去叙述。

3. PPT 汇报工作的关键点

(1) 能用图片表达的内容，尽量不用文字去描述。

正所谓“文不如字，字不如图”，使用 PPT 汇报就是因为它可以展现更多的图片，如果基本是文字内容，使用 Word 即可。

(2) 突出关键数字。

数字是最直观，最能说明问题，且大多数时候是领导最关心的。突出关键内容才可能给别人留下深刻印象。

(3) 一张 PPT 只传递一个结论。

PPT 的内容一定要精简，每张 PPT 只放一个结论。最好的办法就是将结论设为标题，这样既直观又避免歧义。

4. 汇报前做好充分准备

汇报前，在检查错别字和逻辑的过程中，让自己更加熟悉汇报的内容，最好能做一至两次演练。

(一) 尊重而不吹捧

作为下属，我们一定要充分尊重上级，在各方面维护上级的权威，支持上级的工作，这也是下属的本分。应做到：(1) 对上级工作上要支持、尊重和配合；(2) 在生活上要关心上级；(3) 在难题面前要帮助上级解围，有时上级处于矛盾的焦点上，下属要主动出面，勇于面对矛盾，承担责任，为上级排忧解难。

(二) 请示而不依赖

一般来说，下属不能事事请示，遇事没有主见，大小事不做主，这样上级也许会觉得你办事不力。该请示汇报的必须请示汇报，但绝不要依赖、等待。

(三) 主动而不越权

作为下属，对工作要积极主动，敢于直言，善于提出自己的意见，不能唯唯诺诺。在处理同上级的关系上要克服两种错误认识：一是上级说啥是啥，让怎么做就怎么做，好坏没有自己的责任；二是自恃高明，对上级的工作思路不研究、不落实，甚至另搞一套，阳奉阴违。当然，下属的积极主动、大胆负责是有条件的，要有利于维护上级的权威，维护团体内部的团结，在某些工作上不能擅自超越自己的职权。

沟通素养

越级沟通

经理M招了一个能力非常强的下属，该下属入职几个月表现非常好。渐渐地，下属有时候开始跳过M，直接找M的老板沟通事情。M的老板也没有挡回来，次数多了，M夹在中间有点儿苦恼。

这是个很典型的越级汇报的案例。越级汇报这个概念大家应该都不陌生，就是指越过直属领导，和他的上级汇报工作或者直接沟通的情况。

越级汇报在职场中是需要特别注意的，因为越级沟通会带来以下后果：

第一，越级沟通会影响你的直属领导的形象。

大领导听了你的越级沟通后，会考虑："这个部门的领导是不是不可靠?"

第二，越级沟通会影响你们全部门的评价。

大领导会想："这么大的事，这个部门的其他人怎么全都没有发现?"

第三，越级沟通会给你带来风险。

更常见的情况是，大领导和你的领导之间的关系更为紧密。他会把你领导叫来敲打一番，同时和你领导达成一个共识："这个家伙很难管，容易失控。"

第四，越级沟通会给大领导带来时间和精力的额外支出。

现实中，越级反映的问题大多是一些细枝末节。

因此，在开展纵向沟通（包括向下沟通和向上沟通）时，应尽量遵循"逐级"原则。作为一个合格的职场人，一定要遵守职场规矩。

子情境二　说服上级的技巧

说服上级的技巧

情景导入

增加旅游名额

公司为了奖励市场部的员工，制订了一项海南旅游计划，名额限定为10人。可是13名员工都想去，部门经理需要再向上级领导申请3个名额。

部门经理对上级领导说："朱总，我们部门13个人都想去海南，可只有10个名额，剩余的3个人会有意见，能不能再给3个名额?"

朱总说："筛选一下不就完了吗? 公司能拿出10个名额就花费不少了，你们怎么不多为公司考虑? 你们呀，就是得寸进尺，不让你们去旅游就好了，谁也没意见。我看这样吧，你们3个做部门经理的，姿态高一点，明年再去，这不就解决了吗?"

问题与思考：

1. 为什么部门经理说服上级增加旅游名额没有成功?

2. 如果你是这位部门经理，你会如何说服上级增加旅游名额？

对于上级的指示，要认真执行。那么，怎样说服上级，让他理解自己的主张、同意自己的看法呢？

一、选择恰当的提议时机

刚上班时，上级会因事情多而繁忙，而到快下班时，上级又会疲倦心烦，显然，这都不是提议的好时机。那么，什么时候会比较好呢？通常推荐在上午 10 点左右，此时上级可能刚刚处理完早上的事务，有一种如释重负的感觉，同时正在进行本日的工作安排，适时地以委婉的方式提出你的意见，会比较容易引起上级的思考和重视。还有一个较好的时间段是在午休结束后的半个小时里，此时上级经过短暂的休息，可能会有更好的体力和精力，比较容易听取别人的建议。总之，要选择上级时间充裕、心情舒畅的时候提议。

二、使用极具说服力的信息及数据

对改进工作的建议，如果只凭嘴讲，是没有太大说服力的。但如果事先收集整理好有关信息和数据，做成书面材料，就会加强说服力。

沟通故事

两位主管的说服

A 主管：关于在通州地区设立灌装分厂的方案，我们已经详细论证了它的可行性，大概 3～5 年就可以收回成本，然后就可以盈利了。请董事长一定要考虑我们的方案。

B 主管：关于在通州地区设立灌装分厂的方案，我们已经会同财务、销售、后勤部门详细论证了它的可行性。财务评价报告显示，该方案在投资后的第 28 个月财务净现金流由负值转为正值，这预示着该项投资将从第三年开始盈利，经测算，该方案的投资回收期是 4～6 年。社会经济评价报告显示，该方案可以拉动与我们相关的下游产业的发展，这有可能为我们将来的企业前向、后向一体化方案提供有益的借鉴。与该方案有关的可行性分析报告我已经带来了，请董事长审阅。

显然，B 主管的提议更具有说服力。

故事启发：

只有摆出提议的利与弊，用各种数据、事实逐项说明，才能让上级不认为你有头脑发热、主观臆断的嫌疑。

三、设想上级质疑，事先准备答案

上级对于你的方案提出疑问，如果你事先毫无准备，吞吞吐吐、前言不搭后语、自相矛盾，当然不能说服他。因此，应事先设想上级会提什么问题，自己该如何回答。

沟通故事

魏征进谏唐太宗

贞观六年（632 年），唐代处于太平盛世，群臣奏请太宗前往泰山举行封禅大典，以显文治武功。唯独魏征一人反对，认为此时封禅不妥。

“陛下功业虽高，但恩泽尚未遍及全国；国家虽已太平，但物资还不丰富；外邦虽已臣服，但还不能满足他们的要求；祥瑞虽多次出现，但法网还嫌繁密；收成虽说不错，但仓库还嫌空虚。所以，我以为此时不宜举行封禅。”魏征一口气举出五个特殊事实，采用归纳推理的方法，得出“不可封禅”这一结论，具有一定的说服力，使得本来打算接受群臣奏请前往泰山封禅的太宗沉默不语。魏征见说谏开始奏效，接着又说：“一个刚刚病愈的人，就让他马上扛上一石米日行百里，这样做肯定不行。那么，我们国家刚刚医治好战乱创伤，元气还没有恢复，就急于向上天报告功成，当然有欠妥当。”魏征采用类比推理，已使太宗动摇。于是，他又进一步说：“再说，东封泰山，万乘千骑，要耗费大量资财，若再遇上灾荒、风雨骤变、不明事理的人横生是非，那后悔就来不及了！”魏征的三段谏词，步步进逼，最后得出不容置疑的结论。唐太宗三思后，欣然接受了他的进谏，停止了封禅。

故事启发：

唐朝宰相魏征，辅佐太宗长达 17 年，进谏数百次，且多被太宗采纳。他的进谏技巧，自有不可忽视的能耐。他的建言多半充满逻辑力量，令人不得不折服。可以说魏征的说辞，都是事先布局、准备充足才讲的。唯有事先做好功课，在发言时才能铿锵有力、振振有词。

四、说话简明扼要，重点突出

在与上级交谈时，一定要简单明了。对于上级最关心的问题要重点突出、言简意赅。如对于设立新厂的方案，上级最关心的还是投资的回收问题。他希望了解投资的数额、投资回收期、项目的盈利点、盈利的持续性等问题。因此你在说服上级时，就要重点突出，简明扼要地回答上级最关心的问题，而不要东拉西扯，分散上级的注意力。

五、面带微笑，充满自信

一个人若是对自己的计划和建议充满信心，那么他无论面对的是谁，都会表情自然；反之，如果他对自己的提议缺乏必要的信心，也会在言谈举止上有所流露。试想一下，如果你的下属表情紧张、局促不安地对你说："经理，我们对这个项目有信心。"你会不会相信他？你肯定会说："我从他的身体语言上读到了'不自信'这三个字，我不太敢相信他的建议是可信任的。"同样的道理，在你面对自己的上级时，要学会用你自信的微笑去感染他、征服他。

六、尊重上级，勿伤上级自尊

无论你的可行性分析和项目计划多么完美无缺，都不能强迫上级接受它们。上级统管全局，他需要考虑和协调的事情你并不完全明白，你应该在阐述完自己的意见之后礼貌地告辞，给他一段思考和决策的时间。即使上级不愿采纳你的意见，你也应该感谢他倾听你的意见和建议，同时让他感觉到你工作的积极性和主动性。

子情境三　与上级沟通的艺术

情景导入

刘小姐错在哪里？

刘小姐年轻干练，入行才几年，职位年年上升，很快成为公司的骨干。

几天前，新上司走马上任，就把刘小姐叫了过去。上司说："你经验丰富，能力又强，公司的新项目，你就多费心盯一盯吧！"

受到新上司的重用，刘小姐欢欣鼓舞。恰好这天要去另一个城市谈判，刘小姐一合计，一行好几个人，坐长途车不方便，人也受累，会影响谈判效果，打车吧，一辆坐不下，两辆费用又太高，还是包一辆车好，经济又实惠。

主意定了，刘小姐却没有直接去办理。几年的职场生涯让她懂得，遇事向上司汇报是绝对有必要的。于是，刘小姐来到上司跟前，把几种方案的利弊分析了一番，接着说："所以呢，我决定包一辆车去！"汇报完毕，刘小姐发现上司的脸不知道什么时候黑了下来。他生硬地说："是吗？可是我认为这个方案不太好，你们还是买票坐长途车去吧！"

问题与思考：

1. 刘小姐错在哪里？她应该如何和上司沟通？
2. 你在类似的沟通中有没有犯过同样的错误？带来了什么后果？

一、说话的艺术

在和上级沟通时，一定要注意说话的艺术。

（一）不要随便打断他人的话

有一个上司正与客户谈生意，他的一位下属来了，很兴奋地说："我刚才做了一件大事……"接着就开始滔滔不绝。上司示意他不要说了，而他却说得津津有味。客户见谈生意的话题被打乱了，就对上司说："你们先谈吧，我改天再来。"客户说完就走了。这位下属搅了上司的一笔大生意，让上司很是恼火。

随便打断别人说话或中途插话，是有失礼貌的行为，尤其当对方是你的上级时，但有些人却有这样的陋习，结果往往在不经意间就破坏了自己和上级的关系。

（二）时时别忘谨言慎行

"敏于事而慎于言"是聪明的下级与上级在工作中相处的一个基本原则。敏于事就是要善于领会上级的意图，而慎于言则是指不说没有把握的话。所以，下级应三缄其口，多听少说。正如老子在《道德经》中所说："大直若屈，大巧若拙，大辩若讷。静胜躁，寒胜热。清静为天下正。"

沟通故事

少说话也有效果

方知渔老实、木讷，很少出声。所以，尽管他工作勤勤恳恳，可是在公司里总是不上不下，几年如一日地待在当初的位置上。

上司最近出差，要带几个下属一起去。在火车上，方知渔的铺位刚好在上司的旁边，两人寒暄了几句后，就陷入了沉默。

突然，方知渔瞥见上司脚上穿着一双新皮鞋，非常显眼。于是就说："头儿，你这双鞋子很有品位，在哪里买的？"

原本只是没话找话，但上司一听，顿时眼睛放光，说："这双鞋啊，世界名牌呢！"上司的话匣子一下子打开了，滔滔不绝地讲述自己在服装搭配上的心得，还善意地指出方知渔平时在工作中着装的不足。方知渔只听不说，关键的时候才加一句。两人相谈甚欢。

下车的时候，上司意味深长地说："知渔啊，看来以前对你的了解太少了，今后你好好干。"

故事启发：

赞美对方衣饰细节的变化，能迅速拉近双方间的距离。

（三）以请教的方式提出建议

实践经验表明，以请教的方式提出建议更易于为上级所接受。因为请教是一种低姿态，它的潜在含义是尊重上级的权威，承认上级的优先地位。

（四）迂回地表达反对意见

在工作中，当人们遭到别人直言不讳的反对，特别是受到言辞激烈的反对时，容易产生敌意。下属的直言不讳，往往也会使上级觉得脸上无光，而领导的身份又决定了他非常需要权威性。

而迂回地表达反对意见，就可避免直接冲突、减少摩擦，使上级更愿意考虑你的观点，而不被情绪所左右。实践也证明，以间接的方式表达自己的反对意见更易于为人接受。这是因为间接的方式很容易使自己摆脱其中的各种利害关系，淡化矛盾或转移焦点，从而减少上级的敌意。在情绪平静的情况下，理智自然会占上风，上级也会认真考虑下属所提的意见。

二、倾听的艺术

（一）成为会“听话”的部下

在一般人眼里，“听”就是用自己的耳朵接收对方发出来的信息。其实，真正会“听”的人，不是单纯地接收对方的信息，他们还要表现出自己对内容的关心，并及时做出反馈。倾听是职场白领最重要的技能之一。倾听的关键是在对方说完之前不要中途插话，否则对方就会兴趣索然，甚至感到自尊心受到伤害。特别是对于上级，如果你中途插话，他会觉得你非常没有教养，所以这一点一定要注意。

“听”绝不是一种被动的行为，你“听”的态度在很大程度上决定了对方说的兴趣。如果你“听”得兴趣盎然，那对方也会说得兴趣盎然；如果你“听”得索然无味，那对方也会感到索然无味。所以，在听上级说话的时候，一定要聚精会神，根据对方所说的内容，不时点头，或者说“是”，以表示对上级谈话内容的兴趣。

（二）回答时别只说一个“是”

除了附和上级谈话时，可以只说一个“是”字外，在回答上级的问题时，不要只说一个“是”，最好说“是，我知道了”或者“是，我也是这么想的”。一定要避免用一个字回答上级的问题。

（三）对上级不能用疑问句

一般来说，上级在听下属介绍情况或汇报工作时，可以不时地说“嗯”或“噢”等字眼，但是下属在听上级说话时就不宜使用这类字眼，“是吗?”或“真的?”这类句子也应避免使用，因为这种疑问句会让上级有可能感到你不信任他，从而破坏双方的互信关系。上级说完之后，你可以表示：“谢谢，我知道了!”或“谢谢老板的指点!”等，不仅表示理解了上级的意图，而且表达了对上级的敬意。

三、提问的艺术

（一）不要事事都问

作为新员工，在工作中遇到难题后，不要急于找上级或老同事请教。你可以先把这些问题列成表，然后按顺序一个个地思考这些问题，看自己能否找到解决的办法。如果自己解决不了，是否可以找其他同事而不一定找上级；如果一定要找上级，那要考虑一下他有没有回答你的问题的能力、时间和心情。一定要养成换位思考的习惯。如果你觉得上级目前也不一定能回答你的问题，那就先不要追着他提问了。

（二）注意提问的时机

要想得到上级的有效回答，那就必须选择合适的时机向上司提问。什么时候才是合适的时机？这要根据实际情况来做判断。比如，你送文件给上级，他正在阅览文件的标题时，你可以提问："经理，我有个问题想请教，您现在方便吗？"相反，如果上级正在处理紧急工作，比如他一边打电话一边做记录的时候，你问上级："经理，对不起，打断一下，我现在有个问题解决不了，麻烦您给我指点一下。"那上级肯定会认为你的提问太不合时宜了。

（三）问题要具体化

从上级的角度来看，如果你总是提一些开放但又模糊的问题，他就会对你产生反感："这家伙怎么一点脑筋都不动，遇到一点难题就交给我！"因此，为了提高与上级沟通的有效性，在向上级提出"怎么办"的问题之前，应该把问题更具体化一些，并把自己的意见也提出来，供上司参考。

（四）不质问上级

在向上级提问时，不能用质问、追问甚至责备的口气说话。对于下属带有责备口气的提问，上级一般不会直接答复。有的是上级没办法当时直接回答，更多的是上级考虑自己的面子不愿意回答。所以，作为下属，即使你认为有必要得到明确的答复，也应冷静地考虑提问的方式。

子情境四　应对棘手问题的技巧

应对棘手问题的技巧

情景导入

如何面对上司的空头许诺？

刘小方是公司的业务骨干，他为工作付出了很多精力和时间，而每一次上司都会对他说："好好干！我是不会亏待你的！"但上司却没有支付任何加班费、奖金和补助。

问题与思考：

1. 面对这种情况，刘小方该怎么办？

2. 你有没有遇到过类似的情况？你是如何与上司沟通的？

在职场上，与上级相处，难免会遇到许多棘手的问题。当遇到这些问题时，我们应该灵活应对，积极地与上级沟通。

一、上级出错时怎么办

上级当然也有出错的时候。这时候，我们要装作不知道，事后应尽力去弥补。上级时时刻刻都要维护自己的权威，如果他不慎做了错误的决定或说错了话，下属直接指出或揭露上级的错误，无疑是向他的权威挑战，会让他很没面子，损害他的尊严，刺伤他的自尊心。因此，要选择合适的时间和场合，采取合适的方式，以免伤害上级，自讨没趣。

沟通故事

谁的错?

一家公司召开年终总结大会，上司讲话时将一个数字说错了。一个下属站起来，冲着台上讲得眉飞色舞的上司高声纠正道："讲错了！讲错了！那是年初的数字，现在的数字应该是……"全场哗然，上司羞得面红耳赤，情绪顿时低落下来，觉得自己很没面子。

当然也有人做得很好。有一家公司新招聘了一批职员，在上司与大家的见面会上。上司逐一点名："刘华（实际上是'烨'字）。"全场一片静寂，没有人应答。一个下属站起来，怯生生地说："我叫刘烨，不叫刘华。"人群中发出一阵低低的笑声。上司的脸色有些不自然。"报告经理，我是打字员，是我把字打错了。"一个精干的小伙子站了起来，说道。"太马虎了，下次注意。"上司挥挥手，接着念了下去。没多久，打字员被提升为公关部经理。

故事启发：

表面看来，这个上司没有什么水平，打字员在拍马屁。实际上每个人都有自己的知识欠缺，犯错误难以避免。如果这个叫刘烨的下属当时应答，事后再巧妙地纠正，就不会伤害上司的面子。好在那个打字员承认自己错了，才巧妙地让上司从尴尬中走出来。上司有错时不要当众纠正。如果错误不明显或不关大局，其他人也没发觉，不妨装聋作哑，等事后再予以弥补。

有时，如果上级的错误很明显，确有纠正的必要，最好寻找一种能使上级意识到而不让其他人觉察的方式纠正，让人感觉是上级自己发现了错误，而不是下属指出的，一个眼神、一个手势甚至一声咳嗽都可能解决问题。

无论什么事情，如果是上级的错误，作为下属都应该给上级留情面，然后想办法弥补损失。这样做既显得你通达人情，又能让上级看到你的工作能力，一举两得。

二、上级错怪你时怎么办

这时要弄清整个事件的来龙去脉，搞清楚事实真相，运用调查等技术手段来帮助你完成这一工作。问题是什么时间发生的？问题为什么会发生？谁该对此负责？通常情况下，这些问题的答案都是很容易找到的。真正需要的技巧是，如何把调查的事实真相汇报给自己的上级。错误的做法是直接闯入上级的办公室，然后滔滔不绝地对他说上一通这样的话："您知道吗？上个月我们退回来的那批货，是因为它们的技术参数不合格。但这可不是我的过错！是负责来料检验的那帮人的错。是他们把事情搞砸了。"

上策是当我们收集到足够的证据后，与一个对口的上级安排一次会谈，这样就解决了问题。

三、上级给你的许诺没兑现怎么办

一位上级通常要带多位下属，自己手头上也会有许多待处理的业务，真的有可能将他与个别下属所谈的工作条件忘记了。遇到这种事情，要以平和的态度询问上级才恰当。

沟通故事

上司的许诺

刘先生原本要离职了，上司却用人情压力挽留他，并且给他新的工作优待条件，让刘先生续签了合同。现在刘先生已经留职半年多，上司却没有兑现任何承诺，刘先生到底该怎么办呢？难道要自认倒霉吗？李先生也碰到过类似的情况，他离职的原因是，他认为上司答应他的事情都没有做到，单方面认为上司是一个说话不算话的人，所以想要离职。然后别人代替他和他的上司沟通，结果他的上司直接讲了一句话："我真的忘记了这件事，还好你提醒我。"最后经过沟通，李先生选择了留下来。

故事启发：

如果碰到上司说话不算话的情况，下属一定不要往坏的方面去想，有可能只是上司确实忘记了当初的承诺。

四、上级对你不公正怎么办

在工作中，要做到不时地正视自己、反省自己，多问问上级为什么对你和同事不一样，这不失为公正认识上级和自己的一种途径。

在工作中，当你在上级的心目中没有分量时，常常只知一味地抱怨上级，却不肯平心静气地正视自己，客观地反省自己的能力和工作态度等。其实，平心静气地正视自己，客观地反省自己，既是一个人修性养德必备的基本功之一，又是增强人的生存实力的一条重要途径。

在我们的思维习惯里，如果谈及上级与下属之间的矛盾，似乎都是上级对下属的不公平，却不知也存在下属对上级的不理解。理解上级，反省自己，才能在自己与上级的矛盾中找到问题所在。

五、上级老让你干额外的工作怎么办

在职场上，很多人认为只要把自己的本职工作做好，把分内的事做好就行了。因此，当接到上级安排的额外工作时，就极不情愿，抱怨不停。

沟通故事

抱怨让自己丢了工作

老张担任某汽车公司经理，有一天晚上，公司有十分紧急的事，要发通告信给所有的营业处，所以需要抽调一些下属协助。当老张安排一个做书记员的下属去帮忙装信封时，那个职员傲慢地说："那有碍我的身份。分外的事我不做，再说我到公司来不是做装信封工作的。"听了这话，老张很生气，但他仍平静地说："既然不是你分内的事你就不做，那就请另谋高就吧！"那个下属就这样失去了工作。

故事启发：

抱怨分外的工作，不是有气度和有职业精神的表现。一个勇于负重、任劳任怨、被上司器重的下属，不仅能认真做好本职工作，也愿意接受额外的工作，能够主动为上司分忧解难。因为额外的工作对公司来说往往是紧急而重要的，尽心尽力地完成它是敬业精神的良好体现。

想成功，除了努力做好本职工作以外，你还要经常去做一些工作之外的事。因为只有这样，你才能时刻保持斗志，才能在工作中不断地充实自己。

多做一些分外工作，会使你获得良好的声誉，这对你来说是一笔巨大的无形财富，在你的职业发展道路上可能会起到关键的作用。

多做一些分外工作，就会使你多一次学习和锻炼的机会，多掌握一种技能，多熟悉一种业务，对你是有好处的，它会使你尽快地从工作中成长起来。

技能训练

1. 假如你是某公司的员工，上级把一项临时性的工作任务安排给你，而你又不愿意干这项工作。在这种情况下，你怎样与上级进行沟通，才能说服上级把这项工作安排给别人而又不会对你产生不好的印象？

2. 假如你是某公司市场部的基层管理人员，硕士研究生毕业已经有三年了。你的部门经理是专科毕业，很有闯劲。由于年龄、文化程度等方面的原因，你对部门经理在管理过程中的一些做法有不同意见，比如，经理更多地采用经验式管理方法；在激励方面，过于注重过程导向，却忽视结果导向，缺乏目标激励。你曾经与部门经理谈起过自己的想法，建议采用目标管理思路，从结果导向对员工进行考核激励，但他好像没有反应。对此你感到非常不满。你一直在考虑，希望与公司主管经营的副总经理作一次沟通。

思考：

（1）与上级的上级（副总经理）沟通是否合适？

（2）你准备如何与副总经理沟通？

情境七 与下级沟通技巧

知识目标

1. 掌握正确下达命令的技巧；
2. 掌握赞扬下级和批评下级的技巧；
3. 掌握拒绝下级和说服下级的技巧。

能力目标

1. 具备运用良好心态与下级进行沟通的能力；
2. 具备运用沟通技巧实现沟通目标的能力。

素养目标

1. 养成良好的沟通心态，建立良好的人际关系，培养职场沟通能力；
2. 通过学习，培养尊重他人的意识，锤炼实事求是的品质；
3. 践行社会主义核心价值观：民主、平等、公正、友善。

能力测试

你与下级的沟通能力如何？

上级在分配任务、解决问题、协调工作、培训指导、提升绩效等事项上，需要不断地同下级进行沟通。请通过下列问题对自己的该项能力进行测试。

1. 当你给下级分配任务时，你会站在怎样的角度上同他沟通？

A. 绩效伙伴的角度　　B. 责任的角度　　C. 领导的角度

2. 你如何通过沟通为团队成员分派任务？

A. 团队沟通，共同协商　　B. 单独沟通，协商分配

C. 通过沟通，直接指派

3. 当下级在工作中遇到问题时，你如何同他沟通？

A. 鼓励性沟通　　B. 启发性沟通　　C. 告知性沟通

4. 当团队成员的工作需要协调时，你会怎样做？

A. 与双方当面沟通　　B. 和其中的一方沟通，说服他

C. 促使双方沟通

5. 你的下级初犯错误，现在让你同他沟通，你沟通的内容应是什么？
A. 帮助他分析犯错误的原因　　B. 进行指导，以免重犯
C. 严厉斥责
6. 对于比较重要的事情，你一般采用怎样的方式同下级沟通？
A. 面对面沟通　　B. 书面交代
C. 电话或电子邮件沟通
7. 为了鼓励下级完成任务，你如何同他们沟通？
A. 进行信任性沟通　　B. 进行奖励沟通
C. 进行情感沟通
8. 面对下级的不认同，你如何同他沟通？
A. 让下级说出自己的想法并共同进行分析
B. 详述自己的理由
C. 用自己的经验说服下级
计分方法：选 A 得 3 分，选 B 得 2 分，选 C 得 1 分。

解析：

1. 总分为 18 分以上：你与下级沟通的能力很强，请继续保持和提升。
2. 总分为 9～18 分：你与下级沟通的能力一般，请努力提升。
3. 总分为 9 分以下：你与下级沟通的能力很差，急需提升。

上级和下级之间应当是船长和水手之间的关系，当船长指挥水手驾船航行于水上时，他们是互相扶助的一个整体，而不是不可协调的散沙。这之中当然有命令，而水手需要做的就是执行命令。但是，如果船长的命令错误，又不听水手的反馈，并指责水手，那么，这艘船就前进不了。反过来说，一个水手只要不断地学习并充实自己，那么他就能获得船长的赏识。能否建立一个关系融洽、积极进取的团队，很大程度上取决于上级是否善于与下级进行沟通，取决于上级是否善于运用沟通技巧。

子情境一　下达命令的技巧

情景导入

下达命令的技巧

注意表达方式

“喂，你进来一下。”
“小王，请你进来一下。”
“小李，把盘子洗一下。”
“小李，麻烦你把盘子洗一下。”

问题与思考：

1. 以上表达方式中哪种更受员工的欢迎？
2. 主管对员工下达命令时应掌握哪些技巧？

命令是上级对下级特定行动的要求或禁止。命令的目的是要让下级按照上级的意图完成特定的行为或工作；命令也是一种沟通，只是命令带有组织阶层上的职权关系，它隐含着强制性，会让下级有被压抑的感觉。如果上级经常都用直接命令的方式要求下级做好这个，完成那个，也许部门看起来非常有效率，但是工作品质一定无法提升。为什么？因为直接命令剥夺了下级自我支配的权力，压抑了下级的创造性思考和积极负责的心理，同时也让下级失去了参与决策的机会。

命令虽然有缺点，但为确保下级能按组织确定的方向与计划去执行，命令是绝对必要的。那么，上级应如何下达命令呢？

一、正确传达命令意图

下达命令时，上级要正确地传达命令，不要经常变更命令；不要下达一些自己都不知道缘由的命令；不要下达一些过于抽象的命令，让下级无法掌握命令的目标；不要为了证明自己的权威而下达命令。正确地传达命令的意图，是比较容易做到的。只要采用“5W2H”法，就能正确地传达命令的意图。

课堂互动

“张小姐，请你将这份调查报告复印两份，于下班前送到总经理办公室交给总经理，请留意复印的质量，总经理要带给客户参考。”请根据“5W2H”法进行分析，体会该命令所传递的重点意图。

二、如何使下级积极接受命令

上级应让下级正确了解命令的意图，让下级容易接受并愿意去执行。那么，如何提升下级执行命令的意愿呢？必须注意下列五个下达命令的技巧。

（一）态度和善，用词礼貌

就像前面谈到的问题一样，在我们身边，常有一些上级在与下级沟通的时候，忘记使用礼貌用语，如：“小张，进来一下”“小李，把文件送去复印一下”。这样的用语会让下级有一种被呼来唤去的感觉，缺少对他们起码的尊重。为了改善和下级的关系，使他们感觉自己受尊重，上级不妨使用一些礼貌用语，例如：“小张，请你进来一下。”“小李，麻烦你把文件送去复印一下。”要记住，一位受人尊敬的上级，首先应该是一位懂得尊重别人的上级。

（二）让下级明白工作的重要性

下达命令之后，应告诉下级这项工作的重要性，如：“小王，这次项目投标是否能成功，将决定我们公司今年在总公司的业绩排名，对公司来说至关重要。希望你能竭尽全力争取成功。”通过告诉下级这项工作的重要性，激发下级的成就感，让他觉得

"我的领导很信任我，把这样重要的工作交给了我，我一定要努力才能不负众望"。

（三）给下级更大的自主权

一旦决定让下级负责某一项工作，就应该尽可能地给他更大的自主权，让他可以根据工作的性质和要求，更好地发挥个人的创造力。例如："这次展示会由你负责，关于展示主题、地点、时间、预算等请你作出一个详细的策划，下个星期你选一天我们要听取你的计划。"此外，还应该帮助下级获得必要的信息。例如："财务部门我已经协调好了，他们会提供一些必要的报表。"

（四）共同探讨状况，提出对策

即使命令已经下达，下级也已经明白了他的工作重点，上级也已经相应地进行了授权，但也切不可就此不再过问事情的进展，尤其当下级遇到问题和困难，希望上级协助解决时，应该和下级一起共同分析问题，探讨状况，尽快提出一个解决方案。

（五）让下级提出疑问

上级可询问下级有什么问题及意见。例如："小王，关于这个投标方案，你还有什么意见和建议吗？"上级可采纳下级的好意见，并给予赞扬。例如："关于这点，你的意见很好，就照你的意见去做。"

沟通素养

某酒店的初心手册

这是一本有温度的手册，用"初心"命名。作为酒店服务行业的从业者，某酒店始终将顾客放在第一位。员工，是酒店的内部顾客，是酒店最宝贵的财富，为此，坚守顾客为先的企业价值观，不仅体现在对宾客的品质服务上，也渗透在对待员工的点滴之处。初心手册里面的每一个文化动作，都需要每一位员工参与，共同在这张文化画布上描绘出特有的色彩和温度。

拉近人与人之间的距离，沟通是最好的方式。从集团、事业部再到每一家酒店，酒店员工需要上下同欲、沟通同频，要确保集团战略和要求有效落地并执行。同时，酒店更需要听到员工的心声和诉求，希望信息畅通无阻。

岁末年初，一封饱含深情的家书跃然纸上，那是来自"大家长"孙总的亲笔信，家书中一个个字从内心划过，都会让家人心潮澎湃，因为，这里有对全体员工共同经历的感动和感恩，有对酒店未来的美好憧憬，更是全体员工要一起携手继续同行的邀约。

酒店拥有自媒体时代的文化沟通阵地，集团文化的双声道《××情报局》和《××人》。

员工大会是最好的润滑剂，通过源源不断地加注，公司和员工的关联更紧密、更顺畅。通过会议传达和酒店有关的信息，肯定和嘉奖优秀个人。

基层委员会是酒店独有的沟通法宝，珍惜每一次和员工面对面对话的机会，也采用线上沟通的方式，管理者上线，员工上线，在云端倾心分享，给建议、想办法，直面问题和困难。

利用酒店公告栏的窗口，最直观地呈现企业愿景、使命、价值观、集团资讯、运营标准、员工动态，让员工在休息期间，随时驻足停留。

集团每年都会开展满意度调研，了解酒店一线员工的需求。通过分析，发现问题，解决问题，营造良好的企业雇主形象。

初心手册不仅体现了企业以“员工为本”的经营理念和员工以“顾客为本”的服务理念，而且与“不忘初心、牢记使命”的思想一脉相承。它不仅让企业的员工与管理人员能够坚守自己的本心与最初的信念，而且还有利于企业树立正确的价值观，营造良好的企业文化氛围。

子情境二　赞扬下级的技巧

赞扬下级的技巧

情景导入

赞扬的力量

王先生在儿子8岁时给他买了一架钢琴，可是小男孩顽皮好动，不好好学，王太太为此经常训斥他，却丝毫不起作用。于是，王先生开始想办法让孩子喜欢弹钢琴。一天下午，当孩子为应付父母，随便弹了一首曲子准备溜走时，王先生叫住他说：“儿子呀，你弹的是什么曲子？怎么这么好听，爸爸从来没有听过这么美妙的音乐，你再给爸爸弹一遍。”孩子听了很高兴，愉快地又弹了一遍。王先生告诉儿子喜欢听他弹的曲子，能不能每天弹一些，儿子高兴地答应了下来。现在，儿子每天放学回家后，第一件事就是弹钢琴，雷打不动。

问题与思考：

1. 王先生是如何通过赞扬培养孩子弹钢琴的兴趣的？
2. 上级如何在工作中运用赞扬的力量激励下级？

一、赞扬的作用

赞扬他人，是我们在日常沟通中经常会遇到的情况。要建立良好的人际关系，恰当地赞扬他人是必不可少的。赞扬能使他人满足自我的需求。一个人具有某些长处或取得了某些成就，需要得到社会的承认。如果你能以真心实意的赞扬满足一个人的自我需要，那么这个人都可能会变得更令人愉快、更通情达理、更乐于协作。因此，作为上级，应该努力去发现能对下级加以赞扬的小事，寻找他们的优点，养成一种赞美的习惯。

赞扬下级是上级对下级的行为及工作给予的正面评价，赞扬是发自内心的肯定与欣赏。赞扬的目的是传达一种肯定的信息，激励下级。

二、赞扬的技巧

作为一种沟通技巧，赞扬也不是随意说几句恭维话就可以奏效的。事实上，赞扬下级也有一些技巧及要点。

（一）态度要真诚

赞扬下级必须真诚。每个人都珍视真心诚意，它是人际沟通中最重要的尺度。如果你在与下级交往时不是真心诚意的，那么要与他建立良好的人际关系是不可能的。所以，在赞扬下级时，必须确认你赞扬的人的确有此优点，并且要有充分的理由去赞扬他。

（二）内容要具体

赞扬要依据具体的事实，除了使用广泛的用语如“你很棒”“你表现得很好”“你不错”之外，最好加上对具体事实的评价。例如：“你的调查报告中关于技术服务人员提升服务品质的建议，是一个能解决目前问题的好办法，谢谢你提出对公司这么有用的办法。”“你处理这次客户投诉的态度非常好，并能有效解决问题，你的做法正是我们期望员工能做的标准典范。”

（三）注意赞扬的场合

在众人面前赞扬下级，对被赞扬的员工而言，他受到的鼓励当然是最大的，这是一个赞扬下级的好方式；但是采用这种方式时要特别慎重，因为被赞扬的下级的表现如果不能得到大家的认同，其他下级难免会有不满情绪。

（四）适当运用间接赞扬的技巧

所谓间接赞扬，就是借第三者的话来赞扬对方，这样比直接赞扬对方的效果往往要好。比如，上级见到下属的业务员，对他说：“前两天我和刘总经理谈起你，他很欣赏你接待客户的方法，你对客户的热心与细致值得大家学习。好好努力，别辜负他对你的期望。”

间接赞扬的另一种方式就是在当事人不在场的时候赞扬，这种方式有时比当面赞扬所起的作用更大。一般来说，背后的赞扬都能传达到本人，这除了能起到赞扬的激励作用外，更能让被赞扬者感到你对他的赞扬是诚挚的，因而更能加强赞扬的效果。

总之，赞扬是人们的一种心理需要，是对他人敬重的一种表现。恰当地赞扬别人，会给人以舒适感，同时也会改善与下级的人际关系。所以，在沟通中，我们必须掌握赞扬下级的技巧。

子情境三　批评下级的技巧

批评下级的技巧

情景导入

这样批评可以吗？

酒店里有一位员工，最近家中可能有些事情，已经连续两天迟到，而且迟到时间都超过了10分钟。第三天他又迟到了。主管立即把这位员工叫到办公室，不听员工任何解释，就开始用斥责的口吻批评道："哎呀！你看你又迟到了，你怎么天天迟到？你这个迟到大王！你这样迟到还干不干活？"

问题与思考：

1. 你觉得这位主管的批评方式正确吗？
2. 如果你是这位主管，遇到这种情况，你如何批评这位员工？

俗话说："金无足赤，人无完人。"发现下级的缺点和错误，及时地对其加以指正和批评是很有必要的。

一、以真诚的赞美开头

俗话说：尺有所短，寸有所长。一个人犯了错误，并不等于他一无是处。所以在批评下级时，如果只提他的短处而不提他的长处，他就会感到不平衡，感到委屈。例如，一名员工平时工作颇有成效，偶尔出了一次质量事故，如果批评他的时候只指责他导致的事故，而不肯定他以前的成绩，他就会感到以前"白干了"，从而产生抗拒心理。心理学研究表明，被批评的人最主要的障碍就是担心批评会伤害自己的面子，损害自己的利益，所以在批评前帮他打消这个顾虑，甚至让他觉得你认为他"功大于过"，那么他就会主动放弃心理上的抵抗，对你的批评也就更容易接受。

沟通故事

"三明治式"批评法

有一位经理十分讲究批评技巧。她主张，批评要用"三明治式"，将批评隐入两个大的赞美之间，力避单刀直入地训诫或指责，以免使人难堪。

在批评下级时，她总是先赞扬被批评者的优点，从赞美中隐喻或捎带批评，最后再给予鼓励。

在批评人时，她绝不坐在办公桌后面与对方谈话。她认为办公桌是一个有形的障碍，办公桌代表权威，给人以居高临下之感，不利于交流和沟通。她总是邀请对方坐在沙发上，在比较轻松的环境中进行讨论。

要批评一个人时，她总是单独与被批评者面谈，而绝不在第三人面前指责。她认为，在第三人面前责备某个人，不仅打击士气，同时也显示批评者的极端冷酷。

她说："一个管理人员在第三者面前责备某个员工的行为，是绝对不可原谅的。"

故事启发：

"三明治式"批评法从心理上减少了批评对象的心理抗拒，从而达到使其顺利接受批评的目的。

二、尊重客观事实

批评他人通常是比较严肃的事情，所以在批评的时候一定要客观具体，应该就事论事。要记住，批评他人并不是批评对方本人，而是批评他的错误行为，千万不要把对下级错误行为的批评扩大到对其本人的批评上。

沟通故事

陶行知的四块糖果

陶行知先生当校长的时候，有一天看到一位男孩用砖头砸同学，便将其制止并叫他到办公室去。当陶行知回到办公室时，男孩已经等在那里了。

陶行知掏出一块糖给这位男孩："这是奖励你的，因为你比我先到办公室。"接着他又掏出一块糖，说："这也是给你的，我不让你打同学，你立即住手了，说明你尊重我。"

男孩将信将疑地接过第二块糖，陶行知又说道："据我了解，你打同学是因为他欺负女孩，说明你很有正义感，我再奖励你一块糖。"

这时，男孩感动得哭了，说："校长，我错了，同学再不对，我也不能采取这种方式。"陶行知于是又掏出一块糖："你已认错，我再奖励你一块。我的糖发完了，我们的谈话也结束了。"

故事启发：

陶行知先生的四块糖果——第一块，奖赏男孩的信守诺言；第二块，告诉男孩要尊重师长；第三块，赞扬男孩的见义勇为；第四块，奖励男孩的知错就改。在批评教育时一定要尊重客观事实，这样的批评才能让对方心悦诚服地接受。

三、不要伤害下级的自尊与自信

不同的人由于经历、知识、性格等自身素质的不同，接受批评的能力和方式也会有很大的区别。在沟通中，应该根据不同的人采用不同的批评技巧。但是这些技巧有一个核心，就是不损对方的面子，不伤对方的自尊。批评是为了让下级更好地工作，若伤害了他的自尊与自信，很难使他变得更好。因此，批评时在用语上要运用一些技巧。例如："我以前也犯过这种错……""每个人都有低潮的时候，重要的是如何缩短低潮的时间""像你这么聪明的人，我实在无法同意你再犯一次同样的错误""你以往的表现都优于一般人，希望你不要再犯这样的错误"。

四、友好地结束批评

正面批评下级，对方或多或少会感到有一定的压力。如果一次批评弄得不欢而散，一定会增加对方的心理负担，使其产生消极情绪，甚至对抗情绪，为以后的沟通带来障碍。所以，每次批评都应尽量在友好的气氛中结束，这样才能彻底解决问题。在批评结束时，不应以“今后不许再犯”这样的话作为警告，而应该对对方表示鼓励，提出充满感情的希望，比如“我想你会做得更好”或者“我相信你”，并报以微笑。让下级把这次见面当成是你对他的鼓励而不是一次意外的打击，这样会帮他打消顾虑，增强改正错误、做好工作的信心。

五、选择适当的场所

批评最好选在单独的场合，上级的办公室、安静的会议室、午餐后的休息室或者楼下的咖啡厅都是不错的选择。

每个人都会犯错，上级要有宽广的胸襟包容下级的过失，本着爱护下级的心态，同时注意上面的几个要点。当下级需要批评时，不要犹豫，果敢地去做。正确、适时地批评，对下级和部门都有正面的功效。

小资料

批评中的“四忌”

一忌恶语伤人。每个人都有自尊心，领导者批评下级同样应在平等的基础上进行，态度上的严厉不等于言语上的恶毒。只有无能的领导者才去揭人疮疤。同时，恰当的批评语言，还显示出一个领导者的心胸和修养。所以，批评下级时绝不可恶语相向，不分轻重。

二忌捕风捉影，主观行事。上级批评下级，要使下级心悦诚服，没有以权压人、以势压人之感，很重要的一条就是要做到实事求是。所以，上级批评下级，切忌捕风捉影，主观行事。这就要求领导者必须心胸豁达，最忌讳神经过敏、疑神疑鬼、听信流言、无中生有，必须牢记“没有调查就没有发言权”。

三忌喋喋不休，没完没了。有效的批评往往能一针见血地指出问题的实质，使下属心悦诚服，而絮絮叨叨的指责却会增加下属的逆反心理，而且即使他能接受，也会因为你缺乏重点的语言而抓不住错误的症结。所以，如果下属能自我反省，承认错误，就不应太过苛求。

四忌针对个人，伤及自尊。这条非常重要。正确的批评应该做到“对事不对人”，这也是一条被无数事例所验证的法则。虽然错误与犯错误的人密不可分，但对事不对人的批评却更容易为下属所接受。

子情境四　拒绝下级的技巧

拒绝下级的技巧

情景导入

巧妙的拒绝

有一天，一位下属在走廊里与主管不期而遇，下属忙停下脚步："哎呀，老板，终于碰上你了。有一个问题，我一直想向你请示该怎么办。"接下来，他如此这般将问题汇报一番……

这位主管一直在认真倾听，并不时点头，几分钟后，主管对下属说这是一个非常不错的问题，很想先听听他的意见。

"老板，我就是因为想不出办法，才不得不向你求援的呀。"

"不会吧？你一定能找到更好的方法，"主管看了看手表，"这样吧，这件事我一时半会儿也拿不出更好的主意，我现在正好有急事。明天下午四点后我有一点时间，到时你拿出几个解决方案来一起讨论讨论。"

告别前，主管还没有忘记补充一句："你不是刚刚受过'头脑风暴'训练吗？实在想不出，找几个搭档来一次'头脑风暴'，明天我等你们的解决方案。"

第二天，下属如约前来。从他的表情看得出，他似乎胸有成竹："老板，按照你的指点，我们已有了五个觉得都还可以的方案，只是不知道哪一个更好，现在就是请你拍板了。"

问题与思考：

1. 这位主管是如何巧妙地拒绝下属的？
2. 如果遇到这种情况，你会如何处理？

上级对下级说"不"时，既要保持自己的工作原则，又应保护下级的自尊心，激发下级工作的积极性，充分展现自己作为领导的风度。因此，必须注意以下几点。

一、顾及下级的感受

上级对下级说"不"尽管较为轻松容易，但是，如果一点都不顾及下级的感受，也不会赢得下级的尊重，带来的只有记恨和离心背德。

同时，上级拒绝下级时也要讲究"巧"和"善"。"巧"就是灵活多变，抓住对方的心理，顺坡下驴，使对方没觉察时就被你拒绝。而心怀"善"字，即使下级被你拒绝了，也不会怀恨在心，你友善的态度消除了他可能产生的敌意。

二、敢于说"不"，善于说"不"

有的时候，下级的观点、行为并不正确，而他自己却因为某种原因觉察不到，这时领导者就应勇敢地说“不”。如果对方是一个正直的人，他一定会很感激你，因为这也是对他的一种激励。你的行为肯定了他是一个正直的人，他能够认识、承认并改正自己的不足。在这一层意义上可以看出，说“不”其实是激励的孪生兄弟，它们的表现方式有所差别，达到的效果却是一样的。

三、做到真诚与委婉

当下级向你提出某种要求时，他心中通常也会有某些困扰或担忧，担心你会不会马上拒绝，担心你会不会给他脸色看。因此，在决定拒绝之前，上级首先要注意倾听下级的诉说。这样既能让对方有被尊重的感觉，也能在你婉转地表明自己拒绝的立场时，避免使他感觉受到了伤害，或避免使他觉得你只是在应付。同时，上级倾听后再拒绝，还可以针对下级的情况，建议他如何找到适当的解决方法，这同样能赢得下级的感激。所以，上级拒绝下级时一定要真诚。

除了真诚，上级拒绝下级时还要尽可能地委婉。可以适当运用以下几个技巧：

（1）假托直言。直言是对人信任的表现，也是与对方关系密切的标志。但是多数情况下，直言因逆耳而不能收到预期的效果。在这种情况下，要拒绝、制止或反对对方的某些要求、行为时，可以假托非个人的原因而加以拒绝，这样对方就容易接受。

（2）反复申诉。当集体利益或自己的权利受到了侵害时，上级要坚持自己的立场，但也不可急躁，应该学会在冲突的情境中有效地反复表达自己的意见。如此一来，也大多能够成功地做到委婉拒绝。

（3）模糊应对。这种方法很容易理解，即由于某种原因不愿意或不便于把自己的真实想法告诉对方时，就可以用模糊的语言来应对。

（4）热情应对。这种方式有一定的反差性，即明确表示你希望满足对方的要求，可实际上是心有余而力不足，请对方谅解，而不直接拒绝。这样做也能收到良好的效果。

（5）旁逸斜出。也就是说对对方提出的问题给予回避性的回答，而不直接否定对方提出的不合己意的问题。

子情境五　有效说服下级的技巧

情景导入

“相信只有你才能起死回生”

有一位上司想派一名下属去边远的地方主管业务。

上司是这样说的：“那里的业务已乱成一团麻，整个企业都已受到影响，如果不及时整顿，公司必将一败到底。因而我首先考虑了你，相信只有你才能起死回生。”

这位下属被派驻边远地区，心中原本不悦，但听到上司如此信任，委以重任，觉得自己是没有理由不好好干一番的。

问题与思考：

1. 这位上司采用了什么方法说服下属去边远地方工作？
2. 还有哪些方法可以用来说服下属？

领导过程有时就是说服的过程。领导在说服自己的下级时要掌握以下技巧。

一、适度褒扬，顺水推舟

每个人的内心都有自己渴望的“评价”，希望别人能了解，并给予赞美。身为领导者，应适时地给予下级鼓励，褒扬下级的某些能力，引导他们更加卖力地工作。当下级由于非能力因素借口公务繁忙拒绝接受某项工作任务之时，领导为了调动他的积极性和热情，可以这样说：“当然，我知道你很忙，抽不开身，但这种事情非你去解决才行，我对其他人没有把握，思前想后，觉得你才是最佳人选。”这样一来就使对方无法拒绝，巧妙地使对方的“不”变成“是”。这一说服技巧主要在于对对方某些固有的优点给予适度的褒奖，以使对方得到心理上的满足，减轻挫败时的心理困扰，使其在较为愉快的情绪中接受你的劝说。

二、设身处地，将心比心

许多说服工作遇到困难，并不是我们没把道理讲清楚，而是由于劝说者与被劝说者固执地据守本位，不替对方着想。如果换个位置，被劝说者也许就不会“拒绝”劝说者，劝说和沟通就会容易多了。领导者在劝说下级时，尤其应注意这一点，并自觉地运用到工作中，以清除无形的情绪障碍。领导者站在被劝说者的位置上瞻前顾后，同时又把被劝说者放在领导的位置上陈诉苦衷，抓住被劝说者的关注点，就能使他心甘情愿地接受劝说。

三、求同存异，缩短差距

平级之间、上下级之间或多或少都会存在“共同意识”。作为领导，为了有效地说服同事或下级，应该敏锐地把握这种共同意识，以便求同存异，缩短与被劝说者之间的心理差距，进而达到说服的目的。

四、推心置腹，动之以情

古人云：感人心者，莫先乎情。领导者的说服工作，在很大程度上可以说是情感的征服。只有善于运用情感技巧，动之以情，以情感人，才能打动人心。感情是沟通的桥梁，要想说服别人，必须跨越这一座桥，才能到达对方的心理堡垒，征服别人。领导在劝说别人时，应推心置腹，动之以情，讲明利害关系，使对方感到领导的劝说并不抱有任何个人目的，没有丝毫不良企图，而是真心实意地帮助被劝说者，为他的切身利益着想。

五、克己忍让，以柔克刚

当下级与自己的意见和看法相左时，作为领导，切忌用权力去压制下级，否则，下级的反抗会像收紧的弹簧一样随时扩张、爆发。高明的做法应该是克己忍让，对对方礼让三分，以柔克刚，让事实来“表白”自己。一旦领导这样做，其高风亮节必然会激起下级的羞愧之心，下级会由衷地佩服领导的度量，在无形中便接受了规劝与说服。这种容忍的风范和“四两拨千斤”的说服技巧常常能赢得下级真诚的拥护与尊敬。

六、先行自责，间接服人

领导欲将某一困难的工作任务交付下级时，明知可能不为对方接受，甚至还会引起他的非难，但此事又太重要实在非他莫属，要说服他十分困难，不妨在进入主题之前先说一句：“现在我要向你说这么一句话，虽然明知你会感到不愉快!”对方听了以后，便不好意思拒绝或非难你，因为你毕竟是领导。先行自责，就等于在对方的手脚上上了枷锁，使他无法拒绝你，无法拒绝你的意见，从而接受你的难题，达到间接说服人的目的。

七、适加作料，轻松诙谐

领导者说服别人，不能一律板着脸、皱着眉，这样很容易引起被劝说者的反感与抵触情绪，使说服工作陷入僵局。在工作中，上级说服下级时，可以适当点缀些俏皮话、笑话、歇后语，从而取得良好的效果。这种加“作料”的方法，只要运用得当，就能把抽象的道理讲得清楚明白、诙谐风趣，不失为说服技巧中的神来之笔。

八、为人置梯，保人脸面

领导者要改变下级已公开宣布的立场，首先要做的就是尽量顾全他的面子，使对方不至于背上出尔反尔的包袱，下不了台。假定领导者与下级在一开始没有掌握全部事实的情况下发生了分歧，作为领导者，为了劝服下级，可以这样给下级铺台阶：“当然，我完全理解你为什么会这样设想，因为你那时不知道那回事。”或者说：“最初，我也是这样想的，但后来当我了解到全部情况后，我就知道自己错了。”为人置梯，可以把被劝说者从自我矛盾中解放出来，使他体面地收回先前的立场。在实际工作中，领导者最好采取单独面谈的方式，让下级避开公众的压力，使其反省。这样，下级定会顺着你给出的梯子，走下他固执的高楼，并且还会因为你保全了他的脸面而对你心存感激。

技能训练

1. 假如你是一位主管，你的一名下属最近工作态度不是很积极，而且经常发表一些消极的言论，你打算怎么批评这名员工？

2. 假如你是公司某部门的负责人，有一项临时性的工作任务需要布置，当你把这项工作任务安排给员工小张时，没想到小张以各种理由拒绝接受这项工作。遇到这种情况，你会采取什么办法让小张接受这项工作任务？

情境八 与客户沟通技巧

知识目标

1. 掌握接近客户的技巧，熟悉与客户洽谈的技巧；
2. 掌握处理异议的技巧和说服成交的技巧。

能力目标

1. 具备接近客户的能力；
2. 具备与客户洽谈的能力；
3. 具备处理客户异议的能力；
4. 具备说服客户成交的能力。

素养目标

1. 培养不畏困难、坚持不懈的品质；
2. 培养诚实守信的品质，具备法制道德观念；
3. 树立尊重他人的理念。

能力测试

你受客户欢迎的程度如何？

请对下面的陈述做出“是”、“一般”或“否”的判断，测一测你受客户欢迎的程度。

1. 发型整洁。
2. 衣着得体。
3. 知道客户的业余爱好。
4. 了解客户所在工作的成就。
5. 能有针对性地称赞客户。
6. 言语得体，令客户愉悦。
7. 充分尊重客户的意见。
8. 了解客户所在行业的特点。
9. 知道困扰客户的瓶颈问题是什么。

10. 能及时为客户反馈产品改进方案。
11. 以客户为中心。
12. 与客户交谈时面带微笑，亲切自然。
13. 每天上班前自我沟通3分钟，保持愉悦、自信的工作状态。
14. 用友善的态度来面对客户所在公司的每一位员工。
15. 通过小赠品传递友好的信息。
16. 通过小赠品完成公司对外形象宣传。

计分方法：见表3-8-1。

表3-8-1　受客户欢迎程度测试计分方法

题号	1	2	3	4	5	6	7	8	9	10	11	12	13	14	15	16
是	2	3	4	4	5	3	3	4	5	4	3	3	5	3	2	2
一般	1	1	2	2	3	2	2	2	3	2	2	2	3	2	1	1
否	0	0	0	0	0	0	0	0	0	0	0	0	0	0	0	0

解析：

1. 总分为46～54分：你肯定是一位很受客户欢迎的业务员，你已熟练掌握了与客户沟通的技巧。

2. 总分为31～45分：你的沟通技巧受人称道，但还应进一步完善。

3. 总分为16～30分：你与客户的沟通能力已经有了一定的基础，但还有很多需要改进的地方。

4. 总分为0～15分：这是一个令人沮丧的得分，你与客户沟通的能力的确不怎么样。不过别灰心，认真学习，不断实践，你会有进步的。

子情境一　接近客户的技巧

接近客户的技巧

情景导入

神谷卓一接近客户的技巧

丰田公司的神谷卓一曾说："接近准客户时，不需要一味地向客户低头行礼，也不应该迫不及待地向客户推销商品，这样做反而会引起客户的逃避。当我刚进入公司推销业务时，在接近客户后，我只会向他们介绍我的汽车，因此，在初次接近客户时，我往往无法迅速地与客户进行沟通。在无数次的体验揣摩之后，我终于体会到，与其向客户直接推销商品，不如谈些有关客户的太太、小孩的话题或谈些社会新闻之类的话题，让客户喜欢自己才真正关系着销售业绩。因此，接近客户的重点是让客户对一位以推销为职业的业务员抱有好感，从心理上先接受他。"

问题与思考：

1. 从神谷卓一的谈话中，你得到了一些什么启示？
2. 对照你的工作，你有哪些改进的方案？

"接近客户的30秒，决定了推销的成败。"这是成功推销人的法则。那么，接近客户到底是什么含义呢？接近客户是否有一定的技巧可循呢？在接近客户时，我们应该注意哪些方面的问题呢？

一、如何使用接近语言

在接近客户前，首先要明确你的主题是什么，然后再根据你的主题选择适当的接近方法。例如，主题是想和未曾谋面的准客户约时间见面，那么你可以选用电话约见的方法；想约客户参观展示，可以采用书信约见的方法；想向客户介绍某种新产品，那么直接拜访客户就比较适合。

从接近客户到切入主题的这段时间，你要注意下列两点。

（一）迅速打开准客户的"心防"

由于人们对不太熟悉的人都会产生一种本能的防备心理，所以无形中就在准客户和业务员之间筑起了一道防卫的墙。只有先打开准客户的"心防"，客户才可能敞开心扉，用心与你交谈。打开客户心防的基本途径是：（1）让客户产生信任；（2）引起客户的注意；（3）引起客户的兴趣。

（二）学会在推销商品前先推销自己

推销人员的说服力不是仅仅依靠强有力的说辞，而是仰仗其言谈举止中散发出来的人性与风格魅力。

沟通故事

两种接近客户的方法

方法一：

业务代表A："您好，我是大明公司的业务代表周黎明，想要向您请教有关贵商店目前使用收银机的事情。"

商店老板："你认为我店里的收银机有什么毛病吗？"

业务代表A："并不是有什么毛病，我是想是否已经到了需要更新的时候。"

商店老板："对不起，我们暂时不想考虑换新的。"

业务代表A："不会吧！对面的张老板已更换了新的收银机。"

商店老板："我们目前没有这方面的预算，以后再说吧！"

方法二：

业务代表B："刘老板在吗？我是大明公司的业务代表李大勇，经常经过贵店。看到贵店一直生意都那么好，实在不简单。"

商店老板："您过奖了，生意并不是那么好。"

业务代表B："贵店对客户的服务态度非常亲切，刘老板对贵店员工的培训一定非常用心，对面的张老板对您的经营管理能力也相当钦佩。"

商店老板："张老板是这样说的吗？张老板经营的店也很不错，事实上，他也是我的学习对象。"

业务代表B："不瞒您说，张老板昨天换了一台新功能的收银机，非常高兴，才提及刘老板的事情，因此，今天我才来打扰您！"

商店老板："哦？他换了一台新的收银机？"

业务代表B："是的。刘老板是否也考虑更换新的收银机呢？目前您的收银机也不错，但是新的收银机有更多的功能，速度也较快，可以让您的客户不用排队等太久，因而会更喜欢光临您的店。请刘老板一定要考虑这台新的收银机。"

故事启发：

比较业务代表A和B接近客户的方法，我们很容易发现，业务代表A在初次接近客户时，直接询问对方收银机的事情，让人有突兀的感觉，遭到商店老板反问。然后该业务代表又不知轻重地抬出对面的张老板已购机这一事实来企图说服商店老板，更激发了商店老板的排斥心理。

反观业务代表B，他采用和客户共同对话的方式，在打开客户的"心防"后，才自然地进入推销商品的主题。业务代表B在接近客户前能先做好准备工作，能立刻称呼刘老板，知道刘老板店内的经营状况，这些细节令刘老板感觉很愉悦，他们的对话能很轻松地继续下去，这都是促使业务代表B成功的要件。

（三）注意接近用语

（1）叫出对方的姓名及职称；

（2）简单地进行自我介绍，清晰地说出自己和公司的名称；

（3）诚恳地请求对方能抽出一点时间见你；

（4）根据事前对客户的了解，选一些令客户感兴趣的话题与客户聊天；

（5）以自信的态度，清晰地表达出你拜访的理由，让客户感觉到你的专业能力和可信赖度；

（6）用赞美拉近和客户的心理距离，接着开始用问题引出客户的关注点、兴趣和需求。

二、突破关口的技巧

（一）面对接待员的技巧

到一家公司后，你最先面对的人就是这家公司的接待员。你与他（她）沟通的效果如何，往往会直接决定你在该公司能否成功地开展工作。

首先，你要用坚定清晰的语句告诉接待员你的意图。例如："你好，我是大明公司的业务代表周黎明，请你通知总务处陈处长，我来拜访他。"你要找的关键人士可能不在办公室，因此你要事先准备好几个其他的拜访对象，如陈处长不在时，你可拜访总务处的李科长或者张科长。

其次，要适时和接待员打招呼。和拜访对象完成谈话后，离开公司时，一定要向接待员打招呼，同时请教他（她）的姓名，以便下次见面时能立即叫出他（她）的名字。

（二）面对秘书的技巧

通过了接待员的第一关，推销人员通常还会遇到秘书的询问。与秘书交谈，也有一些特定的沟通技巧。首先要向秘书介绍自己，并说明来意。例如："我是大明公司的周黎明，我要向陈处长报告有关融资项目可行性计划的提案事项，麻烦你转达。"如果关键人士不在或正在开会，要先请教秘书的姓名，然后将名片或资料请秘书转交给拜访对象。

三、如何获取客户好感

（一）给客户良好的外观印象

一个人的眼、鼻、嘴及头发都会带给人深刻的印象，虽然每个人的长相是天生的，但是你也应进行一定程度的修饰，从而给客户很好的第一印象。

（二）要记住并说出客户的名字

名字的魅力非常奇妙，每个人都希望别人重视自己，而记住并说出客户的名字正是你重视他的一种表现。

（三）使客户有优越感

让人产生优越感最有效的方法是对他感到骄傲的事情加以赞美。若客户讲究穿着，你可向他请教如何搭配衣服；若客户是知名公司的员工，你可表示羡慕他能在这么好的公司上班。

（四）替客户解决问题

在与准客户见面前，若能事先知道客户面临哪些问题，有哪些因素困扰着他，能以关切的态度站在客户的立场上表达你对他的关心，让客户能感受到你愿意与他共同解决问题，他必定会对你立刻产生好感。

（五）保持快乐开朗

快乐是会传染的，没有一个人会对一位终日愁眉苦脸、深锁眉头的人产生好感。能以微笑迎人，能让别人也产生愉快的情绪的人，是最容易获得别人好感的人。

（六）利用小赠品赢得客户的好感

小赠品的价值不高，却能发挥很大的效力。小赠品表达的是对客户的尊重，不管客户是否喜欢小赠品，受人尊重必然会使客户对你的好感油然而生。

沟通素养

为客户着想

邻街有两家餐馆的汤做得都很好，但是第一家的生意冷冷清清，第二家的生意则红红火火。有一个客人想看看其中的奥妙。他首先来到第一家餐馆，要了一份他感兴趣的汤。入座不久，服务生将一大盆汤放在他面前。他一愣，问道："我怎么能喝得了这么一大盆汤？"服务生理直气壮地回答："你只说要一碗，没说要一小碗呀！"客人无奈，喝汤的心情也没有了，匆匆喝了几口，便按一大盆汤的价格付了钱后拂袖而去。过了几天，这位客人又去另外一家餐馆喝汤。他要了一份自己感兴趣的汤，不一会儿，服务员端上来一小碗汤，并说："如果不够，可再来一碗。"他只喝了一小碗汤，当然只付了一小碗汤的钱。这位客人终于弄清楚了这两家餐馆生意反差如此之大的原因。后来，只要想喝汤，他就去第二家餐馆。

只有切实为顾客着想，而不是想方设法算计顾客的商家，才能长久地赚钱。因此，在与客户沟通时一定要将心比心，站在对方的角度上去思考，这样才能赢得对方的好感。替别人着想是公共道德的基础，如果人们心中都只有自己，完全不顾他人，那也就不会有公共道德。这一点是任何民族、任何社会、任何时代都普遍适用的，也是人类社会生产中应该普遍遵循的基本公共生活准则。社会生活愈发展，人与人的关系愈密切，对文明的要求也就愈高，就愈要求人们自觉地把自己放到社会中，想到自己言行的社会影响，想到社会和他人。在世界越来越成为地球村的情况下，人们的一举一动都与社会、与他人有着密切的联系。

子情境二　与客户洽谈的技巧

与客户洽谈的技巧

情景导入

推销人员的卡片

一位推销人员在拜访一位客户之前，打听到这位客户非常挑剔，总喜欢提出异议。于是，经过精心准备之后，他满怀信心地去拜访这位客户。一见面，这位推销人员就很礼貌地说："我知道您是一位非常有主见的人，对于我的推销一定会提出不少好的建议。"他将事先准备好的 36 张卡片摊在客户面前，说："请随便抽出一张来读一下。"客户从中随手抽出一张卡片，卡片上写的正是一条异议。等这位客户把 36 条异议读完后，这位推销人员说："请把卡片翻过来读一下。"每张异议卡片的背后都标明了对异议的理解和解释。客户忍不住笑了起来。最终，双方成交了。

问题与思考：

1. 这位推销人员与客户洽谈时采取了什么技巧？对你有什么启发？
2. 如果你是这位推销人员，会采取什么方法与客户洽谈？

洽谈的技巧很多，对不同的商品、不同的客户可以采用不同的技巧。但所有的技巧都是围绕着激发客户的购买欲望而展开的。因此，推销人员应根据具体情况具体分析，灵活机动地运用已掌握的洽谈技巧去做好洽谈工作。

一、开谈技巧

（一）营造和谐的气氛

营造和谐的气氛，能为正式洽谈奠定良好的合作基础，为洽谈铺平道路。双方洽谈人员只有在和谐的气氛中，才能开诚布公地交谈。

（二）适时提出问题

在自我介绍和通过其他的一些表现取得客户的初步信任后，推销人员应巧妙地将谈话转入正题。提出问题是切入正题的一种有效方法。在表述方面，应确保陈述明确，防止对方误解，表述方式应力求新颖、出其不意，能促使对方深思。

二、洽谈中的倾听技巧

在洽谈中，倾听和讲话一样具有说服力。如果你想给对方一个让步，你只要倾听他说话就成了，倾听就是你能做的最省钱的让步。在洽谈中倾听对方讲话并非像人们想象的那么简单，必须掌握以下几条倾听技巧。

（一）要心胸开阔，抛弃那些先入为主的观念

在洽谈中，听取对方的发言时，不要为自己的好恶左右，也不要先入为主地听，而是要有鉴别、有重点地听。只有这样，才能正确理解客户讲话所传递的信息，准确把握讲话的中心，认真听取、接受客户的反对意见。

（二）要全神贯注，集中注意力

倾听客户讲话，必须集中注意力，同时要开动脑筋进行分析思考。由于心理原因，人的注意力并不总是稳定持久的，它会受到各种因素的干扰。因此，只有认真倾听客户讲话，善于控制自己的注意力，克服各种干扰，才能始终保持自己的思维跟上客户的思路。

（三）要学会约束自己，控制自己的言行

倾听时不要轻易插话而打断客户的讲话，也不要自作聪明地妄加评论。过多地讲话或打断别人讲话，不仅会影响自己倾听，也会影响对方对你的印象。因此在洽谈时，要学会倾听，善于倾听，并创造倾听的机会。

三、洽谈中的提问与答复技巧

（一）洽谈中的提问技巧

提问也是洽谈的重要内容，边听边问可以引起客户的注意，为他的思考提供既定的方向，也可以获得自己不知道的信息，还可以控制洽谈的方向，使话题趋向最终结论。但洽谈中提出什么问题，怎样提问题，何时提出问题要讲究技巧。

在提问时，要做到：（1）提出的问题最好是范围界限比较清楚的，使客户的回答

能有具体内容；（2）要提能够促进洽谈成功的关键性问题；（3）切忌提出令人难堪和不快，甚至有敌意的问题，以免伤害客户感情，使洽谈陷入僵局；（4）提问时态度要谦和友好，用词要恰当、委婉；（5）注意提问的时间性，不要随便打断客户的讲话，要耐心听完后再提问。

（二）洽谈中的答复技巧

在洽谈中要回答客户的问题，也不是一件容易的事。因为你不但要根据客户的提问回答，而且要把问题尽可能讲清楚。同时，对自己回答的每一句话都要负责任，因为客户可以把你的回答理所当然地理解为一种承诺。因此，在回答客户提问时，要掌握一定的技巧。

回答客户提问时有以下技巧：（1）回答时要有条理，言简意赅，通俗易懂；（2）对于一些不便回答的问题，应使用模糊语言，也可采取反攻法，要求对方先回答自己的问题。

总之，推销洽谈中的答复技巧不在于回答对方“对”或“错”，而在于应该说什么、不该说什么和如何说，这样才能产生最佳效果。

四、洽谈中的拒绝技巧

在洽谈中，不能总是无原则地妥协。当对方向己方提出某种要求和某项建议，希望己方答应，而己方由于种种原因不能答应时，则需要运用拒绝技巧。在拒绝对方时，应注意：

（1）拒绝的态度要诚恳，措辞要委婉。

（2）拒绝的内容要明确，应尽可能地用提出建议来代替拒绝。

（3）应讲明处境，引起同情，说明拒绝是不得已的。

（4）应从对方的角度来说明拒绝的利害关系。

具体来说，有以下几种拒绝技巧：

（1）把问题不断抽象化，可以达到含蓄拒绝的效果。

（2）笼统地答复对方的要求。

（3）学会说“是，是，不过……”，以使对方的说明欲望丧失。

（4）把对方的话题分段，然后逐句不漏地否定，达到拒绝的效果。

子情境三　处理异议的技巧

处理异议的技巧

情景导入

有什么不同？

情景一：

客户：“这台复印机的功能好像比别的牌子要差。”

销售人员：“这台复印机是我们最新推出的产品，它具有放大缩小的功能，纸张尺寸从 B5 到 A3，有三个按键用来调整浓淡，每分钟能印 20 张，复印品质非常清晰……”

客户：“每分钟 20 张实在不快，别的牌子复印速度每分钟可达 25 张，有六个按键能调整浓淡，操作起来好像也没那么困难，复印品质比你们的要清晰得多……”

情景二：

客户：“这台复印机的功能好像比别的牌子要差。”

销售人员：“请问您是觉得哪个功能比哪一品牌的复印机要差？”

客户：“××牌的复印机，有六个按键可以调整浓淡。”

销售人员：“复印机调整浓淡的按键过多，员工往往不知如何选择，常常造成误印。我们的复印机浓度调整按键只有三个，一个适合一般的原稿，一个专印颜色较淡的原稿，另一个专印颜色较深的原稿。”

问题与思考：

1. 这两个销售人员处理异议的方式有什么不同？

2. 假如你是销售人员，会如何处理客户异议？

从接近客户、调查、产品介绍、示范操作、提出建议到签约的每一个销售步骤，客户都有可能提出异议。越是懂得异议处理的技巧，推销人员越能冷静、坦然地化解客户的异议。每化解一个异议，就摒除了推销人员与客户之间的一个障碍，推销人员就越接近客户。

一、忽视法

客户提出一些反对意见，但并不是真的想要解决或讨论，而且这些意见和眼前的交易没有直接的关系，推销人员只要面带笑容地同意就好了，这就是“忽视法”。

对于一些“为反对而反对”或“只是想表现自己的看法高人一等”的客户意见，如果推销人员认真地处理，不但费时，还有节外生枝的可能，应采用忽视法，迅速地引开话题。

二、补偿法

潜在客户：“这个皮包的设计、颜色都非常棒，令人耳目一新，可惜皮料的品质不是最好的。”销售人员：“您真是好眼力，这个皮料的确不是最好的，若选用最好的皮料，价格恐怕要高出现在的五成以上。”

当客户提出的异议有事实依据时，推销人员应该承认并欣然接受，强力否认事实是不明智的举动。但是，推销人员要给客户一些补偿，让他取得心理上的平衡。

例如，客户嫌车身过短时，汽车的销售人员可以告诉客户：“车身短能让您停车非常方便，若您是大型的停车位，可同时停两部车。”

三、太极法

经销店老板："贵企业把太多的钱花在做广告上，为什么不把钱省下来，作为进货的折扣，让我们的利润好一些？"销售人员："就是因为我们投下大量的广告费用，客户才会被吸引到指定地点购买指定品牌，不但能节省您销售的时间，同时能让您顺带销售其他的产品，您的总利润还是最大的！"

太极法用在销售上的基本做法是，当客户提出某些不购买的异议时，销售人员能立刻回复说："这正是我认为您要购买的理由！"也就是销售人员能立即将客户的反对意见直接转换成为什么他必须购买的理由。

沟通故事

太极法应用实例

保险业：

客户："收入少，没有钱买保险。"

销售人员："所以您更需要购买保险，以获得保障。"

服装业：

客户："我这种身材，穿什么都不好看。"

销售人员："所以您需要买稍加设计的衣服，以修饰不完美的地方。"

儿童图书：

客户："我的小孩连学校的课本都没兴趣看，怎么可能会看课外读本？"

销售人员："我们这套读本就是为激发小朋友的学习兴趣而特别编写的。"

故事启发：

太极法能处理的异议多半是客户通常并不十分坚持的异议，是客户的一些借口。使用太极法最大的目的，是让销售人员能借处理异议而迅速地陈述产品能带给客户的利益，以引起客户的注意。

四、询问法

客户："我希望您的价格再降10%！"

销售人员："××总经理，我相信您一定希望我们给您百分之百的服务，难道您希望我们给的服务也打折吗？"

客户："我希望您能提供更多的颜色让客户选择。"

销售人员："××经理，我们已选择了五种最易被客户接受的颜色了，难道您希望有更多的颜色的产品增加您库存的负担吗？"

销售人员的词典中，有一个非常珍贵、价值无穷的词——“为什么?”不要轻易地放弃这个利器，也不要过于自信，认为自己已能猜出客户为什么会这样或为什么会那样，让客户自己说出来。

当销售人员问为什么的时候，客户必须回答自己提出反对意见的理由，说出自己内心的想法，必须再次审视他提出的反对意见是否妥当。此时，销售人员能听到客户真实的反对原因，能明确地把握客户反对的内容，也能有较多的时间思考如何处理客户的异议。

五、软化异议法

潜在客户：“这个金额太大了，不是我马上能支付的。”

销售人员：“是的，我想大多数的人都和您一样不容易立刻支付。如果我们能配合您的收入状况，在您发年终奖金时多支付一些，其余的根据您每个月的收入，采用分期付款的方式，那您支付起来一点也不费力。”

当自己的意见被别人直接反驳时，客户的内心总是不痛快的，甚至会被激怒，尤其是遭到一位素昧平生的销售人员的正面反驳。销售人员如果屡次正面反驳客户，会让客户恼羞成怒，就算说得都对，也没有恶意，还是会引起客户的反感。因此，销售人员最好不要开门见山地提出反对的意见。在表达不同意见时，尽量使用“是的……如果……”的表达句式，软化客户的异议。用“是的”同意客户的部分意见，用“如果”表达另外一种处理方式是否比较好。

沟通故事

哪种方式好?

请比较下面的两种说法：

A：“您根本没了解我的意见，因为状况是这样的……”

B：“平心而论，在一般的状况下，您说得都非常正确，如果状况变成这样，您看我们是不是应该……”

A：“您的想法不正确，因为……”

B：“您有这样的想法，一点也没错，当我第一次听到时，我的想法和您完全一样，可是如果我们做进一步的了解后……”

故事启发：

销售人员如果学会用 B 的方式表达不同的意见，将受益无穷。

“是的……如果……”源自“是的……但是……”的句式，因为“但是”这个词在转折时语气过于强烈，很容易让客户感觉到销售人员说的“是的”并没有包含多大诚意，销售人员强调的是“但是”后面的诉求，因此，使用“但是”时要多加留意，以免失去了处理客户异议的原意。

六、直接反驳法

客户：“这房屋的公共设施占总面积的比率比一般要高出不少。”

销售人员：“您大概有所误解，这次推出的花园房，公共设施占房屋总面积的18.2%，一般大厦公共设施占比平均达19%，我们要比平均值少0.8%。”

客户：“你们企业的售后服务不好，电话报修都姗姗来迟！”

销售人员：“我相信您知道的一定是个案，有这种情况发生，我们感到非常遗憾。我们企业的经营理念就是服务第一，在全省各地的技术服务部门都设有电话服务中心，随时联络在外服务的技术人员，能以最快的速度为客户服务，以实现电话报修后两小时之内一定到现场修复的承诺。”

在软化异议法中，我们已强调销售人员不要直接反驳客户。但有些情况下，必须直接反驳以扭转客户不正确的观点。例如，客户对企业的服务、诚信有所怀疑时，客户引用的资料不正确时，销售人员必须直接反驳。因为客户如果对企业的服务、诚信有所怀疑，销售人员拿到订单的机会几乎可以说是零。如果客户引用的资料不正确，销售人员能以正确的资料修正客户的说法，客户会很容易接受，反而对销售人员更信任。

使用直接反驳法时，在遣词用语方面要特别留意，态度要诚恳，对事不对人，切勿伤害客户的自尊心，要让客户感受到销售人员的专业与敬业。

以上介绍了六种处理异议的方法，熟悉这六种方法，能让销售人员面对客户的异议时更有自信，提高效率，但对异议秉持正确的态度，才能使销售人员面对客户异议时冷静、沉稳。只有冷静、沉稳，才能辨别异议的真伪，才能从异议中发觉客户的需求，才能把异议转换成销售机会。

子情境四　说服成交的技巧

情景导入

说服成交的技巧

许先生的黄山游

许先生打算国庆节期间去黄山旅游，他打电话去旅行社咨询，得到的回答有下面几种：

1. “没有，黄山国庆节旅游特别旺，很难拿到房间！”
2. “有的，您要不要去？”
3. “先生对黄山很喜欢啊！但是国庆节期间，黄山人满为患，去年我们旅行社回来的游客都抱怨：‘哪里是看山头，简直是在看人头嘛！’所以今年国庆节，我们特别设计了黄山的姊妹山——三清山3日游，有豪华的假期游，有舒适的三星级酒店，有经济的二星级酒店等，看看您喜欢哪种产品设计？”

问题与思考：

1. 以上哪种成交技巧要高明一些？使用的是什么技巧？

2. 还有哪些技巧可以促成交易？在什么情况下使用？

在客户管理中，掌握成交时机、适时促成交易是一项重要的任务，因为只有成交，商家才能有利可赚。

一、直接成交法

这一方法是指由销售人员直接邀请客户成交。例如："我能给您开票吗？"这一直接促成成交的方式简单明了，在某些场合十分有效。

使用直接成交法要把握好时机，若客户对商品有好感，也流露出购买的意向，发出购买信号，可又一时拿不定主意，或不愿主动提出成交的要求，销售人员就可以用直接成交法来促成客户购买。有时候客户对商品表示兴趣，但思想上还没有意识到成交的问题，这时销售人员在回答了客户的提问或详细地介绍了商品之后，就可以提出请求，让客户意识到该考虑购买了，即用直接成交法促成客户购买。

使用直接成交法可以充分利用各种成交机会，快速地促成交易，节省销售的时间，提高工作效率，同时也体现了销售人员灵活、机动、主动进取的精神。

二、假设成交法

此类方法是指销售人员在假定客户已经接受了商品价格及其他相关条件、同意购买的基础上，通过提出一些具体的成交问题，直接要求客户购买商品的一种方法。例如："假设用了这套设备，你们是不是会省很多电？而且成本有所降低，效率也提高了，这不是很好吗？"假设成交的主要优点是可以节省时间，提高销售效率，适当减轻客户的成交压力。

在运用假设成交法时，销售人员常常避开促成成交的主要问题，而从一些枝节问题或后续问题入手。例如，向客户提出含蓄的问题，提这类问题也是基于已假定客户做出了购买决定但尚未明确表示出来的前提。"您什么时候需要这种商品？""您需要多少？"这些都是促使客户做出购买决定的恰当提问。

三、选择成交法

这是指销售人员向客户提供一些购买方案，让客户在其中选择的一种方法。例如："您要这种型号还是那种型号？"销售人员在销售过程中应该看准客户的购买信号，先假定成交，后选择成交，并把选择的范围局限在成交的范围内。选择成交法的要点就是使客户回避要还是不要的问题。

在运用选择成交法时，销售人员应该让客户从中做出一种肯定的回答，而不要让客户有拒绝的机会。向客户提供选择时，尽量避免向客户提供太多的方案，最好是两项，最多不要超过三项，否则就不能达到尽快成交的目的。选择成交法可以减轻客户的心理压力，营造良好的成交气氛。从表面上看，选择成交法似乎把成交的主动权交给了客户，而事实上是让客户在一定的范围内进行选择。

四、唯一机会成交法

这一促使客户做出购买决定的方法，是指销售人员提请客户立即采取购买行动，以抓住即将消失的机会。例如："该款这个尺寸的服装我们已经不多了，它销得很快，我估计星期六肯定就卖完了。""这是最后 10 件，要买趁早。"再如："我们这种机型的空调只剩下三台了，我们最后的优惠时间也只有两个星期了……"运用唯一机会成交法时，还可以从付款条件、广告承诺、包装、现金折扣等方面入手。

五、保证成交法

这种方法是指销售人员直接向客户提出成交保证，使客户立即成交。所谓成交保证，就是指销售人员对客户允诺承担交易后的某种行为。例如，"您放心，这部彩电的质量由我们负责。""您放心，您这个服务全部是由我负责，我在公司已经有 3 年时间了。我们有很多顾客，他们都接受我的服务。"

当商品的单价过高，客户对此种商品并不是十分了解，对其特性、质量也没有把握，产生心理障碍，对于成交犹豫不决时，销售人员应该向客户提出保证，以增强其信心。这种情况是使用保证成交法的最佳时机。该方法可以消除客户成交的心理障碍，增强其成交信心，同时可以增强销售人员的说服力和感染力，有利于销售人员妥善处理有关成交的异议。

子情境五　直播沟通技巧

情景导入

美妆博主小美开启晚间护肤直播，开场热情洋溢，向粉丝问好，并介绍当晚将展示新合作品牌的护肤套装。直播过程中，她详细讲解产品成分与功效，展示使用方法时，手法专业且边操作边解说。当介绍到精华液时，有粉丝在弹幕提问："我是敏感肌，这款精华能用吗？"小美看到后，立刻停下手中动作，回答："这位宝宝，这款精华主打温和修护，不含刺激性成分，很多敏感肌用户反馈使用后没有不适，还能改善泛红呢。不过每个人肤质有差异，保险起见，你可以先在耳后试用下。"

接着，小美准备讲解面霜，发现直播间观看人数有所下降，便灵机一动说："家人们，等会给大家抽 3 个免单，只要在弹幕发送'我爱护肤'就有机会哦！"弹幕瞬间活跃起来。在推荐面霜价格环节，有粉丝留言："感觉有点贵呀。"小美微笑回应："宝宝们，这款面霜容量大，每次用量少，算下来性价比超高。而且我们直播间现在有专属优惠，买套装还送同款小样和美妆工具，超划算的！"

直播接近尾声，小美总结当晚介绍的产品，感谢粉丝支持，引导没关注的粉丝关注，告知下次直播时间与主题。

问题与思考：

1. 小美在回答敏感肌粉丝提问时，其沟通方式好在哪里？
2. 直播间人数下降时，小美用抽奖互动提升人气，这体现了什么直播沟通技巧？
3. 面对粉丝觉得产品贵的反馈，小美怎样沟通才能有效促进销售？

在数字时代，直播已成为一种极受欢迎的内容传播形式。从电商到娱乐，从教育到游戏，各行各业都在利用直播这一平台与观众互动，扩大影响力。因此，掌握直播沟通技巧对于商家来说至关重要。

一、开场沟通

（一）热情开场

用富有激情的语气和灿烂的笑容开启直播，让观众感受到你的活力和诚意。例如，"亲爱的小伙伴们！欢迎来到我的直播间，今天我可是带着满满的干货/惊喜来的哦！"

（二）简单介绍主题和流程

在开场时就把直播的主要内容和大致环节告诉观众，让他们心里有底。比如，"今天我们主要是分享一些春季穿搭技巧，会先给大家展示几套完整的穿搭，然后再一一讲解搭配要点哦！"

二、语言表达

（一）清晰流畅

说话速度适中，避免太快让观众跟不上，或者太慢使观众失去耐心。发音要准确，条理要清晰，用简单易懂的词汇。比如讲解产品时，可以说"这个产品有三个主要功能，第一个是……，第二个是……"

（二）生动形象

运用比喻、拟人、夸张等修辞手法来增添语言的趣味性。比如形容一款面霜很滋润，可以说"这款面霜就像给肌肤喝了一大杯冰水一样，让肌肤咕噜咕噜地喝饱水！"

（三）有感染力

适当提高音量、改变语调来强调重点内容。通过自己的情绪感染观众，让他们产生共鸣。例如，在推荐一个很划算的促销活动时，兴奋地说："这次的活动力度超级大，错过真的会后悔一年！"

三、互动环节沟通

（一）提问观众

通过提问来引导观众参与，如“大家有没有遇到过这样的问题呢?”或者“你们希望下一个产品是什么颜色的呢?”并且要及时回复观众的回答，哪怕只是简单地说“我看到很多小伙伴都说是，真的是英雄所见略同呢!”

（二）发起投票和竞赛

比如“我们来投票决定今天的幸运色吧!”或者“现在开始一个小竞赛，最先在弹幕中回答正确这个问题的小伙伴有奖品哦!”这样可以增加观众的参与度和兴奋感。

（三）回应评论和私信

关注观众的评论，无论是赞美、提问还是吐槽，都要以积极的心态去回应。如果遇到负面评论，不要急于反驳，而是先表示理解，再耐心解释。例如，“这位朋友提出的问题很犀利呢，不过我想跟你解释一下……”

四、结束语沟通

（一）总结要点

简要回顾直播的主要内容，比如“今天我们一起学习了化妆的基本步骤，从底妆到眼妆，再到唇妆，希望这些小技巧对大家有所帮助。”

（二）感谢观众

真诚地感谢观众的观看、支持和参与，如“非常感谢每一位来到直播间的小伙伴，是你们让这个直播间充满了活力。”

（三）引导关注和下次观看

可以说“如果大家还想看到更多有趣的内容，记得关注我哦，我们下次直播再见啦!”

小 资 料

直播沟通话术

直播沟通话术是主播在直播过程中与观众进行交流的语言艺术。一个优秀的主播不仅需要有内容，还需要通过恰当的话术来吸引观众的注意力。话术在直播中有着关键的作用，它能够营造轻松愉快的氛围，引导观众参与互动，提高直播的活跃度，有效地增强观众的黏性，提升直播的整体效果。常用的直播沟通话术主要有以下几种类型。

1. 互动话术

互动话术是指主播通过各种方式与观众进行互动的语言表达。这类话术能有效地拉近主播与观众的距离，提升观众的参与感。互动话术主要有提问式互动、抽奖式互动、投票式互动等形式。例如“大家觉得这个产品怎么样？有使用过的朋友可以分享一下经验吗?”属于提问式互动；“今天我们有个小活动，只要在弹幕中发送‘幸运’两个字，就有机会获得精美礼品哦!”属于抽奖式互动；“大家更喜欢这个颜色还是那个颜色呢?可以在评论区投票哦，我们来看看哪个颜色更受欢迎!”属于投票式互动。

2. 情感话术

情感话术是通过情感共鸣来与观众建立深层次联系的语言表达。这类话术能让观众产生共鸣，从而提升对主播的认可度和忠诚度。情感话术主要有共情式、鼓励式、感恩式几种。例如“我知道很多朋友都在努力工作、学习，其实我也一样，有时候真的觉得压力好大，但是每次看到你们的支持，就觉得一切都是值得的。”属于共情式情感话术；“看到有朋友在弹幕中说自己最近很辛苦，真的很佩服你的坚持，记住我们一直在支持你，加油!”属于鼓励式情感话术；“每次直播看到你们的留言和互动，心里真的特别温暖，谢谢大家一直陪伴我。”属于感恩式情感话术。

3. 专业话术

专业话术是主播在直播中展现专业知识和技能的语言表达。这类话术不仅能提升主播的专业形象，还能增加观众对内容的信任和认可。专业话术包括知识分享式、技能展示式和问题解答式几种。“今天要跟大家分享一下护肤的小知识，其实不同的皮肤类型需要不同的护肤品，油性皮肤的朋友可以选择控油效果好的产品，而干性皮肤的朋友则需要更多的保湿。”属于知识分享式专业话术；“接下来，我要给大家演示一下这个化妆技巧，首先我们要选择适合自己的粉底液，然后用美妆蛋均匀地拍开。”属于技能展示式专业话术；“有朋友问我怎么解决皮肤干燥的问题，其实很简单，多喝水、注意保湿，同时选择合适的护肤品非常重要。”这属于问题解答式专业话术。

技能训练

1. 请指出以下几种情景各采用了什么成交法。

情景一：一个化妆品推销员对一个正在比较各种口红颜色的顾客说：“您手上的这支口红很适合您的年龄和肤色。来，我替您装好。”

情景二：一位面馆的老板问顾客：“先生，是要一个鸡蛋还是两个鸡蛋?”

情景三：“请您现在多进一些货，我们保证这种产品很快就会售完。如果存货变质，我们保证调换新货。如果卖不掉，我们全部收回，保证贵公司没有任何损失。”

2. 某服装推销员小李为接近一家大商场的采购经理，对其进行了多次拜访，但都被拒绝了。原因是该商场多年来主要经营另一家公司的服装，采购经理认为没有必要改变固有的合作关系。这一次，小李在商场又“恰巧”遇到了这位采购经理，他说：“可否给我 10 分钟就一个业务问题提一点建议?”采购经理感到新奇，请小李到他的办公室坐下。小李拿出一种新式领带，请采购经理鉴赏，要求他为这种产品报一个公道的价格。采购经理仔细地看了每一条领带，然后作出认真的答复。接着，小李又进行了一番讲解。眼看 10 分钟快到了，小李拎起皮包准备告辞。然而，采购经理却留住了小李，经过洽谈，最终以略低于小李报价的价格订购了一大批领带。

思考：

(1) 推销员小李在多次被拒绝后采用了什么样的方法接近客户?

(2) 小李本次接近后能洽谈成交的关键因素是什么?

主要参考文献

1. 程庆珊，江友农. 商务沟通. 5版. 大连：东北财经大学出版社，2025.
2. 汝勇健. 沟通技巧. 5版. 北京：旅游教育出版社，2023.
3. 贾厚林，曾海娟. 沟通技巧（微课版）. 北京：人民邮电出版社，2023.
4. 杜慕群，朱仁宏. 管理沟通. 4版. 北京：清华大学出版社，2023.
5. IMS（天下秀）新媒体商业集团. 新媒体网络互动与沟通. 北京：清华大学出版社，2023.
6. 左小瑜，吴晓雯. 职场沟通技巧. 2版. 北京：清华大学出版社，2022.
7. 王建辉. 民航服务沟通技巧. 2版. 北京：航空工业出版社，2021.
8. 姜振宇. 微表情. 北京：中国友谊出版公司，2020.
9. 盛杨，刘李娥. 职业沟通技巧（微课版）. 上海：上海交通大学出版社，2020.

图书在版编目（CIP）数据

沟通技巧/谢红霞编著. -- 5 版. -- 北京：中国人民大学出版社，2025. 4. --（新编 21 世纪高等职业教育精品教材）. -- ISBN 978-7-300-34041-8

Ⅰ. C912. 11

中国国家版本馆 CIP 数据核字第 2025NE8087 号

"十四五"职业教育国家规划教材
"十三五"职业教育国家规划教材
新编 21 世纪高等职业教育精品教材 · 通识课系列
沟通技巧（第五版）
谢红霞　编著
Goutong Jiqiao

出版发行	中国人民大学出版社		
社　　址	北京中关村大街 31 号	**邮政编码**	100080
电　　话	010－62511242（总编室）		010－62511770（质管部）
	010－82501766（邮购部）		010－62514148（门市部）
	010－62511173（发行公司）		010－62515275（盗版举报）
网　　址	http://www. crup. com. cn		
经　　销	新华书店		
印　　刷	北京密兴印刷有限公司	**版　　次**	2011 年 8 月第 1 版
开　　本	787 mm×1092 mm　1/16		2025 年 4 月第 5 版
印　　张	18. 5	**印　　次**	2025 年 12 月第 2 次印刷
字　　数	426 000	**定　　价**	52. 00 元